Topos Taschenbücher
Band 238

Günter Benker (Hg.)

Die Gemeinschaften des Karmel

Stehen vor Gott – Engagement für die Menschen

Topos Taschenbücher

Originalausgabe

Die Deutsche Bibliothek – CIP-Einheitsaufnahme

Die **Gemeinschaften des Karmel** : Stehen vor Gott – Engagement für die Menschen / hrsg. von Günter Benker. – Orig.-Ausg., 1. Aufl. – Mainz : Matthias-Grünewald-Verl., 1994
(Topos-Taschenbücher ; Bd. 238)
ISBN 3-7867-1759-1
NE: Benker, Günter [Hrsg.]; GT

Reihengestaltung: Harald Schneider-Reckels und Iris Momtahen
Gesamtherstellung: Clausen & Bosse GmbH, Leck

Inhalt

Vorwort 9

I. Zur Geschichte des Karmel 11

1. „Leben in einer fruchtbaren Spannung" – Entstehung und Werdegang der Karmeliten von den Anfängen bis zur Teresianischen Reform
Stephan Panzer OCarm 11

2. Die Karmeliten (OCarm) von Trient bis in die Gegenwart – Etablierung im Rahmen des Bestehenden
Stephan Panzer OCarm 26

3. Der Teresianische Karmel (OCD) von seinen Anfängen bis zur Gegenwart
Ulrich Dobhan OCD 38

II. Leitbilder und Entwürfe karmelitanischer Spiritualität . . . 51

1. Die Regel des Karmel – Ein Lebensentwurf der Nachfolge Christi
Christian Körner OCarm 52

2. . Elija – Die kontemplativ-prophetische Dimension des Karmel
Michael Plattig OCarm 62

3. Maria – Patronin, Mutter und Schwester der Karmeliten
Ulrich Dobhan OCD 69

4. Das Buch der ersten Mönche – „Am Bach der Liebe verborgen"
Elisabeth Hense 74

5. Teresa von Avila – Leben aus der Freundschaft mit Gott
Ulrich Dobhan OCD 81

6. Johannes vom Kreuz – Sich von Gott in Gott umformen lassen
Reinhard Körner OCD 86

7. Jean de Saint-Samson und die Reform von Touraine – Liebevoll, feurig und wesentlich in Gott
Elisabeth Hense 91

8. Therese von Lisieux – „Mein Gott, ich liebe dich"
Veronika Elisabeth Schmitt OCD 101

9. Elisabeth von Dijon – Gemeinschaft mit dem dreifaltigen Gott
Veronika Elisabeth Schmitt OCD 108

10. Berührt von Gott – bewegt für Menschen
Spiritualität mit Folgen bei Edith Stein und Titus Brandsma
Felix M. Schandl OCarm / Theodor Vreeswijk OCarm. 112

III. Struktur und Lebensstil der Karmeliten 120
1. Die demokratische Verfassung des Ordens
Pankraz Ribbert OCarm 120
2. Schwerpunkte karmelitanischen Lebensstils 126
2.1. Gemeinsames Leben in Brüderlichkeit
Günter Benker OCarm 126
2.1.1. „Gemeinschaft anders leben" im Karmel St. Elija in Ohrdruf/Thüringen
Günter Benker OCarm 132
2.1.2. Der Titus-Brandsma-Karmel in Marienthal
Martin Segers OCarm 136
2.2. „Beten und beten lehren" – Die kontemplativ-apostolische Grundstruktur des Karmel
Reinhard Körner OCD 139
2.3. Prophetisches Engagement für ein Leben in Fülle
Richard Winter OCarm. 146
2.3.1. Offene Tür Erlangen (OTE) – Anlaufstelle für Menschen in seelischer und sozialer Not
Euchar Schuler OCarm 147
2.3.2. Bosnische Flüchtlinge in der Wiener Gemeinde „Maria vom Berge Karmel" – Prophetische Aufbrüche in einer Karmelpfarrei
Martin Eisenbraun OCarm. 153

IV. Die Karmelitinnen 158
1. Der kontemplativ-apostolische Lebensstil der Karmelitinnen
Veronika Elisabeth Schmitt OCD 158
2. Zwei Karmelitinnenklöster stellen sich vor 163
2.1. Karmel „Regina Pacis", Rödelmaier. 163
2.2. Karmel „Heilig Blut", Dachau 166

V. Die Karmelitanische Gemeinschaft 169
1.Karmelitanische Kongregationen. 170
1.1. Die Kongregation der Marienschwestern vom Karmel (SMC)
Hedwigis Jenauth SMC 170

1.2. Die Schwestern Unserer Lieben Frau vom Berge Karmel in Luxemburg (Tertiarkarmelitinnen)
Myriam Ney 172
1.3. Die Karmelitinnen vom Göttlichen Herzen Jesu (Karmel DCJ)
Pia Theresia Brühl DCJ 174
2. Gott und der Welt gehören - Das Säkularinstitut „Notre Dame de Vie"
Elisabeth Feldmann 176
3. Die „Karmelitanische Gemeinschaft" und die „Teresianische Karmel-Gemeinschaft" - zwei Laienbewegungen des Karmel
Evelyn Scriba 178
4. Jugendliche und Junge Erwachsene als Freunde des Karmel
Brigitte Sopp / Birgit Aust 180

VI. Karmel - eine internationale Gemeinschaft 184
1. Die weltweite Präsenz des Karmelitenordens
Richard Winter OCarm 184
2. Neuaufbrüche im Teresianischen Karmel
Ulrich Dobhan OCD 186
3. Unterwegs zu einem neuen Miteinander der verschiedenen Zweige des Karmel
Richard Winter OCarm 191
4. Verheißungsvolle und zukunftsweisende Projekte 193
4.1. Ein neuer Anfang - Die Karmeliten in der Tschechischen Republik
Clemens M. Vecheta OCarm / Ivan Hrusa OCarm 193
4.2. Carlos Mesters OCarm und das „Centro de Estudos Bíblicos" (CEBI) - Ein „Zentrum für Biblische Studien" inmitten Lateinamerikas
Eliseu Hugo Lopes, CEBI 198
4.3. Die Mission der Oberdt. Provinz der Karmeliten in Indien
Joseph Kotschner OCarm 201

Anhang
Adressen der Karmelitanischen Familie im deutschsprachigen Raum. 207
Ausgewählte Literatur. 215

Vorwort

Liebe Leserin, lieber Leser!

Der Name „Karmel“, der den Gebirgszug bei Haifa in Palästina bezeichnet, wo die gleichnamige Ordensfamilie der Karmeliten ihren Ursprung hat, heißt übersetzt „Baumgarten“. Dieses Wort und seine Bedeutung trifft nicht nur für das Karmelgebirge mit seiner üppigen Vegetation zu, sondern bildhaft auch für den dort entstandenen Karmel-Orden, der in seiner rund 800jährigen Geschichte eine reiche Vielfalt von Früchten hervorgebracht hat: verschiedenste Reformbewegungen und Ordenszweige mit bedeutenden Heiligen, die das Charisma des Ursprungs in ihrer jeweiligen Zeit neu verlebendigten und so wertvolle Entwürfe christlicher Lebensgestaltung, Spiritualität und Mystik schufen.
Den verschiedenen Lebensformen des Karmel ist eine sowohl kontemplative als auch apostolische Grundstruktur gemeinsam. Im Zentrum karmelitanischer Existenz und Lebensgestaltung stehen keine spezifischen Aufgaben und Aktivitäten, sondern es geht zuallererst und mit eindeutiger Priorität um das „Stehen vor Gott“, womit die Tradition des Karmel das Leben in der Gegenwart Gottes, das Freisein für ihn und die freundschaftliche Beziehung mit ihm umschreibt. Dies geschieht allerdings nicht in egoistischer Selbstgenügsamkeit, sondern im Kontext einer konkreten Gemeinschaft und in Offenheit für die Welt und die Menschen. Der Karmelit, die Karmelitin ist gerufen, „Tag und Nacht“, wie es die Regel ausdrückt, Gott zu suchen, das heißt immer und überall, bei allem Tun und Lassen, im Außerordentlichen besonderer Ereignisse wie im Gewöhnlichen des Alltags; es gilt, das Leben in all seinen Dimensionen und Bereichen mit allen Sinnen und Fähigkeiten ganzheitlich auf Gott hin auszurichten. Erst die lebendige Freundschaft mit Gott führt zu einem wirklich fruchtbaren Engagement für die Menschen, das sich je nach Lebensumfeld einer Gemeinschaft verschieden konkretisieren wird. Jedoch hat der Karmel auch bezüglich des Apostolats eine Priorität, und zwar die der der geistlichen Führung: Menschen auf ihrem Lebensweg und bei ihrer Suche nach Gott auf verschiedene und je angemessene Weise zu begleiten. Die reiche geistliche Traditi-

on des Ordens bietet diesbezüglich auch heute noch wertvolle Hilfen zur Orientierung und zur Unterscheidung der Geister.
Das vorliegende Taschenbuch möchte das eben kurz umrissene Charisma des Ordens näher bestimmen und einen Einblick in die Geschichte, in wichtige Strömungen der Spiritualität und in die heutigen Lebensformen des Karmel ermöglichen; dabei werden auch konkrete Projekte im deutschsprachigen Raum und auf internationaler Ebene vorgestellt. Darüber hinaus will dieses Buch einen Überblick geben über die in unserem Sprachgebiet vertretenen Gemeinschaften und Bewegungen der großen, weltweiten Karmelitanischen Familie. Schwestern und Brüder dieser Gemeinschaften sowie Freunde unseres Ordens haben an der Entstehung dieses Buches mitgearbeitet - ihnen allen, aber auch dem Matthias-Grünewald-Verlag, der uns zu dieser Publikation eingeladen hat, möchte ich an dieser Stelle ganz herzlich danken.
Auch Ihnen, liebe Leserin, lieber Leser, möchten wir danken für Ihr Interesse am Karmel und seiner Spiritualität und Sie einladen, das, was Sie eventuell angesprochen hat, weiter zu vertiefen. Dazu ist im Anhang dieses Buches weiterführende Literatur angegeben; außerdem stehen Ihnen auch die Schwestern und Brüder unserer verschiedenen Gemeinschaften zur Verfügung, deren Adressen Sie ebenfalls dem Anhang entnehmen können.
Wenn es den verschiedenen Zweigen des Karmel gelingt, das Charisma des Ordens - Stehen vor Gott und Engagement für die Menschen - überzeugend zu leben, wenn sie sich also darum bemühen, betende und geschwisterliche Gemeinschaften inmitten des Volkes zu sein und sich als solche den Fragen und Herausforderungen der jeweiligen Zeit und Gesellschaft zu stellen, dann wird der „Baumgarten" Karmel auch auf dem Weg in das dritte Jahrtausend Zukunft haben und neue Früchte tragen.

Günter Benker OCarm
Karmel St. Elija, Ohrdruf / Thüringen
am 17. September 1993, dem Fest des hl. Albert von Jerusalem, dem Regelgeber unseres Ordens

I. Zur Geschichte des Karmel

1. „Leben in einer fruchtbaren Spannung" – Entstehung und Werdegang der Karmeliten von den Anfängen bis zur Teresianischen Reform

Stephan Panzer OCarm

Entstehung auf dem Karmel

Der Karmel ist ein Orden, der von Beginn seiner Geschichte an durch große Spannungsbögen geprägt ist und vielleicht so erst seinen großen inneren Reichtum erworben hat. Dieses „Leben in einer fruchtbaren Spannung" setzt bereits bei den beiden Heiligen ein, die die Karmeliten vom Ort ihres Ursprungs her als ihre „Grundinspiratoren" betrachten: den alttestamentlichen Propheten Elija und die Gottesmutter Maria. Fassen wir also zunächst den Ort ins Auge, von dem dieser erste große Spannungsbogen in der Geschichte des Karmel seinen Ursprung nahm.

Entstanden sind die Karmeliten gegen Ende des 12. Jahrhunderts auf dem Berg Karmel in Palästina. Wahrscheinlich waren es ehemalige Kreuzfahrer und Pilger, die sich, nachdem das Hl. Land für das Christentum zurückerobert war, als Einsiedler einem „geistlichen Waffendienst" in der Nachfolge Jesu Christi zuwenden wollten. Dieses Ziel von Nachfolge war sehr stark mit den Inhalten des damaligen Feudal- und Lehenswesens verbunden. „In der Nachfolge Jesu Christi leben" (Regel des Karmel, Prolog) meinte, zu Christus in ein ähnliches Verhältnis zu treten wie ein Vasall zu einem Landesherrn. Daraus ergab sich die konkrete Folgerung, das Heilige Land – das Land nämlich, in dem Christus gelebt und gewirkt hatte – den Händen der „Ungläubigen" zu entreißen, zu schützen und in Treue zu ihm als dem eigentlichen Landesherren zu stehen.

Das Aufblühen des eremitischen Lebens wie auch die Kreuzzugs- und Pilgerbewegung in das Heilige Land im 11. und 12. Jh. waren somit zwei ganz wesentliche Triebkräfte, daß sich die ersten Karmeliten als eine Gruppe von Einsiedlern im „Wadi ain essiah" an der Westseite des Karmelgebirges niederließen. Ein literarisches Bild dieser Siedlung vermittelt die „Historia orientalis" des Jacques de Vitry (1216–1228 Bischof in Akko; Jerusalem war zu dieser Zeit von den Sarazenen bereits wieder zurückerobert):

„Andere führten in Nachahmung des hl. Anachoreten, des Propheten Elija, am Berg Karmel ein Einsiedlerleben, besonders in jener Gegend, die über der Stadt Porphyria liegt, die heute Haifa genannt wird, in der Nähe jener Quelle, die Eliasquelle heißt, ... wo sie in bienenkorbförmigen, bescheidenen Zellen gleichsam als Bienen des Herrn wie Honig geistliche Süßigkeit bereiteten."

Warum war es nun aber ausgerechnet der Karmel, jener markante Gebirgszug, der sich von der Höhe des heutigen Haifa ca. 15 km abwärts zwischen der Mittelmeerküste und dem Landesinneren hinstreckt, zu dem es unsere Einsiedler-Gruppe hinzog? Seine religiöse Prägung hat der Karmel durch die jahrhundertelange Verehrung des Propheten Elija, seit der Zeit um ca. 900 v. Chr., als er das Nordreich Israels zum Glauben an Jahwe zurückführte. Der Elija-Zyklus, wie wir ihn in 1Kön 17 bis 2Kön 2 in den Schriften des Alten Testaments vorfinden, gibt bis heute ein beredtes Zeugnis, welch nachhaltige Wirkung die Gestalt dieser „Prophet von Feuer" in der Glaubensgeschichte Israels hinterlassen hat. Elija trug sehr kämpferische Züge, die ihn vor dem Hintergrund der Vorstellung eines „Vasallendienstes für Christus" sicherlich sehr faszinierend wirken ließen: Er trotzte dem Baalskult der Königin Isebel und ihrer Priester (1Kön 19,1f), er sagte König Ahab die Vergeltung Jahwes an, weil er sich den Weinberg Nabots zu Unrecht angeeignet hatte (1Kön 21,17-26), und er führte durch ein Gottesurteil auf dem Berg Karmel das Volk Israel zum Glauben an Jahwe zurück (1Kön 18,20-40). In diesem Zusammenhang ist wohl auch das Kapitel 14 der Karmelregel über die „Geistlichen Waffen" als ein soziologischer Hinweis auf die Herkunft der Einsiedler auf dem Karmel eben als Pilger und Kreuzfahrer zu verstehen. Über diese kämpferischen Züge hinaus ist es wohl aber die Gotteserfahrung des Propheten Elija gewesen, die sich die künftigen Karmeliten - vor zahlreichen anderen „Heiligen Stätten" in Israel - für den Karmel als Siedlungsort entscheiden ließ. Gott zu begegnen nicht in „Sturm", „Erdbeben" und „Feuer", sondern in der Stille eines „sanften, leisen Säuselns" - wie es uns 1Kön 19,12 überliefert -, das war die große Erwartung, die nach dem Tod Elijas bereits in frühen christlichen Jahrhunderten Einsiedler auf den Berg Karmel gezogen hat; so ist uns aus byzantinischer Zeit ein Kloster griechischer Mönche bezeugt, das der hl. Margareta von Antiochien geweiht war; ihr Feiertag am 20. Juli fiel mit dem des Propheten Elija zusammen. Die Religionen und Konfessionen übergreifende spirituelle Bedeutung Elijas wird daran deutlich, daß seine Gestalt für die

Ausprägung des monastischen Lebensideals in der orthodoxen wie auch der lateinischen Kirche bedeutsame Akzente gesetzt hat und er zugleich von den Juden in ungebrochener Kontinuität als mächtiger Fürsprecher und Nothelfer verehrt wird. Gerade die Erzählung von der Himmelfahrt des Propheten Elija - wie sie uns in 2Kön 2 quasi als eine Vision seines Nachfolgers Elischa vorliegt - entwickelte sich zum Ausgangspunkt schillerndster Erwartungen an Elija als einen Gottesmann „zwischen Himmel und Erde", die bis in die Schriften des Neuen Testaments greifbar werden (so Mt 16,14 par.; 17,3 par.; 17,11f; 27,47; Lk 1,17 u.a.). Schließlich hat Elija auch im Islam eine reiche Wirkungsgeschichte entfaltet; der Karmel selbst wird im Arabischen mit „Gebel Mar Ylias" als „Berg des hl. Elija" bezeichnet.

Wie nun aber kamen die Karmeliten zu der Verbindung mit der Gottesmutter Maria, wie sie in ihrem Namen als „Brüder der Seligsten Jungfrau Maria vom Berge Karmel" aufscheint? Wäre nicht ein Titel wie „Söhne des Propheten Elija" näherliegend gewesen? Wie uns schon frühe Zeugen berichten, war es erstaunlicherweise tatsächlich nicht der Prophet Elija, dem die künftigen Karmeliten die Kapelle inmitten ihrer Siedlung aus losen einzelnen Zellen weihten, sondern die Gottesmutter Maria. Ein Pilgerführer aus den Jahren zwischen 1220 und 1229 schreibt hierzu: „Auf der Seite eben dieses Berges liegt ein sehr schöner und lieblicher Ort, wo die lateinischen Einsiedler wohnen, die Brüder vom Karmel heißen, und wo es eine kleine Kirche Unserer Lieben Frau gibt" (Cl. Kopp, Elias und das Christentum, S. 108). Offensichtlich war es also der besondere Schutz Mariens, dem sich die Karmel-Einsiedler in ihrem Vorhaben der Nachfolge Christi empfehlen wollten. Mit dieser Entscheidung stellten sie zugleich die Spiritualität ihrer Gemeinschaft in diesen ersten großen Spannungsbogen zwischen dem Propheten Elija aus dem Alten Testament, der das Volk Israel kompromißlos vor die Entscheidung zwischen Jahwe und den Baalen stellte (1Kön 18), und Maria, der Mutter Jesu, die im Hören auf Gottes Wort zusammen mit den Jüngern den Glauben erst lernen mußte (vgl. Lk 2,19; 8,21 u. 11,27f).

Nach ihrer Übersiedlung nach Europa - dazu später mehr - wird mit der räumlichen Trennung vom Berg Karmel die inspirierende Kraft Elijas für die junge Gemeinschaft abnehmen und die Gestalt Mariens mehr und mehr in den Vordergrund treten. Seine Fortsetzung findet dieser erste Spannungsbogen zwischen Elija und Maria später in dem Ringen, ob der Karmel mehr zur Kontemplation oder zu einem aktiven Wirken in der Kirche gerufen sei.

Sehr deutlich illustrieren läßt sich dieses Ringen an der Entwicklung der Regel des Karmel. Sie ist der erste schriftliche Niederschlag, der uns für die Spiritualität der Einsiedler auf dem Karmel vorliegt. Irgendwann in den Jahren zwischen 1206 und 1214 wandten sie sich nämlich an Albert von Vercelli, den lateinischen Patriarchen für das Hl. Land mit Sitz in Akko, und baten ihn, ihre Lebensweise als kirchliche Autorität zu bestätigen. An diesem Vorgang ist vor allem eines bemerkenswert: Die Einsiedler waren wohl schon so lange Zeit auf dem Karmel zusammen, daß ihnen die Formen ihres Gebets- und Gemeinschaftslebens tragfähig genug schienen, um für eine kirchliche Bestätigung reif zu sein. Prägnant gefaßt heißt dies: Nicht nach Vorgabe einer kirchlichen Regel ist das geistliche Leben der Gemeinschaft auf dem Karmel entstanden, sondern aus dem geistlichen Leben dieser Gemeinschaft ist eine kirchliche Regel erwachsen. Die Regel Alberts ist somit die Kodifizierung des Vorhabens (des „propositum", wie der Prolog der Regel sagt) der Einsiedler, Christus in der von ihnen erprobten Lebensweise nachzufolgen. Albert von Vercelli hatte als Ordensmann, Oberer und Bischof breitere Erfahrungen mit geistlichen Verbänden gewonnen; so hatte er bereits seiner eigenen Gemeinschaft, den Augustiner-Chorherren von Mortara, Konstitutionen wie auch den Humiliaten eine Regel gegeben. Letztere waren Teil der ganz Europa erfassenden Armuts- und Vita-Apostolica-Bewegung des 12. und 13. Jhs., derem religiösen Empfinden die herkömmliche, auf bloße Sakramentenspendung beschränkte Seelsorge nicht mehr genügen konnte. Mehr und mehr Laien begannen, sich von dem Bild des armen, umherziehenden und die Botschaft vom Reich Gottes verkündenden Jesus inspirieren zu lassen, und schlossen sich zu Gruppen zusammen, die das Evangelium für sich verwirklichen und auch anderen verkünden wollten. In dem Maß, in dem die etablierten Formen vom „Leben in der Nachfolge Christi" – etwa in sehr vermögenden Klöstern – an Glaubwürdigkeit und Attraktivität verloren, wurden diese Laienbewegungen zu einer Kraft, die sich in den bestehenden Rahmen von Kirche kaum mehr integrieren ließ. Die Regel für die Karmeliten hat Albert wohl um das Jahr 1209 – gesichert ist diese Datierung nicht – niedergelegt; mit ihr war die Bahn gelegt, daß die Einsiedler auf dem Karmel nicht mehr als eine „freischwebende" Laienbewegung, sondern als „regulares", also unter einer kirchlichen Lebensregel stehend, gelten konnten.

Patriarch Albert ging dabei vor allem auf das eremitische Lebenskonzept ein, das sich die Einsiedler auf dem Berg Karmel vorgenommen hatten: Er akzentuiert als Kernpunkt, daß jeder einzelne in seiner Zelle verweilen und „Tag und Nacht im Gesetz des Herrn betrachten und im Gebete wachen" solle (Kap. 7), und legt ferner großen Wert auf das Fasten (Kap. 12), den Verzicht auf Fleischgenuß (Kap. 13) und das ausgedehnte Stillschweigen (Kap. 16). An die Frömmigkeitspraxis der Wüstenväter in den frühen Jahrhunderten der Kirche erinnern die Empfehlungen zum Anlegen der „geistlichen Waffen" gegen die Nachstellungen des Bösen und zum Verrichten einer festen Handarbeit. Ferner finden sich aber auch Elemente aus der aktuell aufkommenden Mendikantenbewegung, die Albert in seine Regel einfließen läßt: die demokratische Wahl eines Priors (Kap. 1), die gemeinsame Suche nach einem Ort für die Niederlassung (Kap. 2), das Verbot von persönlichem Eigentum (Kap. 9) und das gemeinschaftliche Überprüfen der Lebensweise bzw. der Austausch über das Wachstum des geistlichen Lebens (Kap. 11). Und wenn auch die Einsiedler auf dem Karmel weiterhin in ihren einzelnen Hütten oder Höhlen wohnten, so ging die Regel Alberts doch davon aus, daß sie als Gemeinschaft zusammengehören wollten.

Von Ost nach West

In den Jahren etwa ab 1230 wurden die Karmeliten aufgrund zunehmenden arabischen Druckes gezwungen, ihre Siedlung auf dem Karmel zu verlassen und nach Europa zurückzukehren. Somit bot sich nach Gründungen auf Zypern, Sizilien, Südfrankreich und England die Rhein-Main-Verbindung als der natürliche Entwicklungsweg der jungen Gemeinschaft nach Mitteleuropa an. Als Keimzellen für die spätere Entstehung einer Nieder- und einer Oberdeutschen Provinz entstanden um 1252 ein Konvent in Köln und um 1256 einer in Würzburg.

Der Spannungsbogen zwischen Kontemplation und Aktion entfaltete sich nun in den Fragen der Anpassung eines „karmelitanischen" Lebens an die Verhältnisse in Europa. Hatten die Karmeliten entsprechend der Regel Alberts unter dem Leitmotiv gelebt, Tag und Nacht im Gesetz Gottes zu betrachten, und ihre Gründungen zunächst an recht abgelegenen Orten vorgenommen (wie Fortamia auf Zypern, Les Aygalades bei Marseille und Aylesford in England), so stießen sie

schon sehr bald auf gewaltige Schwierigkeiten, ihr früheres Leben unverändert fortzusetzen.
Das neue Ordensideal in Europa nämlich war für viele, wie oben bereits angesprochen, nicht mehr das des Eremitenlebens, sondern das einer Gemeinschaft von Brüdern, die inmitten der Menschen eine „vita apostolica“, ein (Wander-)Leben nach dem Vorbild der Apostel, führen wollten. Neben später als häretisch verurteilten Gruppen, wie den Katharern und Waldensern, gingen aus dieser Armuts- und Vita-Apostolica-Bewegung auch die Mendikantenorden wie die Franziskaner und Dominikaner hervor. Sie begannen, ihre Kirchen für die Öffentlichkeit zu öffnen, zu predigen und auf den Besitz von Immobilien und festen Einnahmen zu verzichten. Leben wollten sie nur vom Erwerb ihrer Arbeit und den Spenden der Gläubigen - hieraus leitet sich auch die Bezeichnung „Mendikanten“ bzw. „Bettelorden“ für diese neuen Gruppierungen in der Kirche ab.
Diese neuen Verhältnisse in Europa illustrieren sehr farbig, auf welche Schwierigkeiten die Karmeliten stießen, als sie in Europa Fuß fassen wollten. Zum einen fühlten sich viele Gläubige mehr zu dem neuen, offenen Seelsorgestil der Franziskaner und Dominikaner hingezogen, als von sich aus eine unbekannte Einsiedlergruppe aufzusuchen, von der man zuvor nie etwas gehört hatte. Zum anderen erschwerte es den Karmeliten ihr fremdländischer Herkunftsort und der Umstand, daß sie keinen „richtigen“ Gründer vorweisen konnten - wie etwa die Franziskaner den hl. Franziskus und die Dominikaner den hl. Dominikus -, zusätzlich, öffentliche Anerkennung zu finden.
Alles in allem hieß dies also: Ohne Anpassungen an die Verhältnisse in Europa würde die alte eremitische Lebensweise der Karmeliten im Westen wohl keine große Zukunft haben. Deshalb gaben die Karmeliten schon recht früh, im Jahre 1247, an Papst Innozenz IV. um eine Änderung ihrer Regel. Durch die Bulle „Quae honorem conditoris“ vom 1. Oktober 1247 eröffnete Papst Innozenz nun folgende Möglichkeiten: Er erlaubte die Gründung von Niederlassungen in Städten (Kap. 1 der Regel), gemeinsame Mahlzeiten im Refektorium (Kap. 4), den Besitz von Maultieren und Geflügel (Kap. 9); das vorgesehene Stillschweigen wurde auf die Nachtstunden zwischen Komplet und Prim verkürzt. Aufschlußreich ist auch die Erlaubnis, nun auf Reisen und bei Bettelgängen Fleisch essen zu dürfen (Kap. 13): Dieser Bezug auf Reisen und Bettelgänge wies den Karmeliten die Perspektive, sich - wie ein Bettelorden - dem seelsorglichen Dienst in der Kirche zuzuwenden.

Der Wahrnehmung dieser Möglichkeiten verdankten die Karmeliten zunächst die erste materielle Sicherung ihrer Existenz; zudem erleichterte ihnen die Bereitschaft, angesichts der großen Erfordernisse der Kirche in die Seelsorge einzutreten, auch ihre offizielle Anerkennung als Ordensgemeinschaft. In Fortsetzung des 4. Konzils im Lateran 1215, das die Gründung neuer Ordensgemeinschaften unter Verbot stellte, traf das 2. Konzil von Lyon 1274 die Entscheidung, daß alle Bettelorden außer den Franziskanern und Dominikanern aufgelöst werden sollten. Die Karmeliten und Augustinereremiten durften nur deshalb „in ihrem Stand verbleiben", weil sie schon vor 1215 gegründet worden waren – eine endgültige Bestätigung aber war das noch lange nicht! Ihre volle Anerkennung als Orden erreichten die Karmeliten erst im Lauf der nächsten 50 Jahre: 1286 unterstellte Papst Honorius IV. die Karmeliten der päpstlichen Protektion, 1298 erteilte Papst Bonifaz VIII. ihnen die gleiche uneingeschränkte Anerkennung als Bettelorden wie die Dominikaner und Franziskaner, 1317 gewährte Papst Johannes XXII. den Karmeliten die volle Exemtion von bischöflicher Jurisdiktion, und 1326 schließlich gewährte er ihnen dieselben Privilegien und Exemtionen, wie sie die Dominikaner und Franziskaner bereits innehatten.

Dank der Erweiterung der Karmelregel auf die Wahrnehmung von Seelsorge hin und der kirchlichen Anerkennung der Karmeliten als Ordensgemeinschaft erlebten die folgenden zwei Jahrhunderte bis zur Reformation eine beachtlichen Ausbreitung des Karmel im deutschen Sprachraum, die sich vom Neckar bis nach Ungarn und Polen hinein erstreckte.

Zur Gründung einer gesamtdeutschen Provinz (Alemania) kam es wahrscheinlich um 1265; diese wurde in der Folgezeit einige Male (1291 und 1318) in eine Nieder- und eine Oberdeutsche Provinz geteilt und danach jedesmal wiedervereinigt (1312 und 1327), bis im Jahre 1348 durch das Generalkapitel in Metz beide Provinzen eine bleibende Abgrenzung fanden; zusammen zählten sie 35 Konvente. Provinzial der gesamtdeutschen Provinz war von 1327 bis 1348 Sibertus de Beka, der für den Gesamtorden Beachtliches geleistet hat: Er erreichte, daß Papst Johannes XXII. 1326 den Karmeliten die bereits erwähnte volle Exemtion von der Jurisdiktion der Diözesanbischöfe aussprach, und verfaßte ein Ordinale für die Ordensliturgie, das bis 1580 im Gebrauch war. Zugleich war Sibertus der erste deutsche Karmelit, der in Paris den theologischen Doktorgrad erwarb.

Für das hohe Ansehen, das beide deutsche Provinzen im Mittelalter erwarben, spricht, daß hier zwischen 1362 und 1434 immerhin vier Generalkapitel stattfanden, darunter auch das zur Zeit des großen abendländischen Schismas (1378–1417), als die Ordensväter, die auf der Seite von Papst Urban VI. standen, im Mai 1385 nach Bamberg kamen.

Auf der Suche nach einer erneuerten Identität

Doch trotz dieses äußeren Wachstums mußten die Karmeliten in ihre erneuerte Identität in Europa erst hineinwachsen; deutlich wird dies wiederum an der Auseinandersetzung mit Elija und Maria, den beiden spirituellen Leitbildern des Ordens.
Zur Erklärung der Herkunft des Ordens verfaßte 1281 das Generalkapitel in London eine Erklärung, die seit der Zeit des Propheten Elija die ungebrochene Kontinuität eremitischen Lebens auf dem Karmel formulierte. Diesen Eremiten hätte Albert, der Patriarch von Jerusalem, eine Regel gegeben, nach der die Karmeliten bis heute lebten. Als sog. „Rubrica Prima" gewann diese Stellungnahme großes Gewicht und wurde in der Folgezeit bis zur Aussage weitergetrieben, daß Elija selbst der Gründer der Karmeliten gewesen sei. Erstmals hat diese These Johannes de Chemineto in seinem Speculum 1337 aufgestellt. Die Bedeutung Mariens für den Orden formulierte nun wiederum ein Generalkapitel nur sechs Jahre nach der „Rubrica Prima" in Montpellier 1287 so, daß „zur Nachfolge und Ehre [Mariens] unser Orden vom Berge Karmel gegründet wurde". Dieser Auffassung schlossen sich mit Clemens V. auch die Päpste der Folgezeit an und förderten die Bezeichnung „Frauenbrüder" für die Karmeliten entsprechend dem Titel des Ordens: „Brüder der Seligsten Jungfrau Maria vom Berge Karmel".
Eine sehr bildhafte Verknüpfung zwischen Elija und Maria entwarf der katalanische Provinzial Felipe Ribot in seiner Schrift „De institutione primorum monachorum" etwa um das Jahr 1380: In der über dem Meer aufsteigenden Wolke (1Kön 18,44) habe der Prophet ein Symbol für die Jungfräulichkeit Mariens entdeckt, der die Karmeliten nacheifern wollten; diese Vorstellung ist bis in die heutigen liturgischen Formulare am Hochfest Unserer Lieben Frau vom Berge Karmel hinein übernommen worden (Hymnus zur 2. Vesper am 16. Juli). Die Verehrung Mariens prägte in der Folgezeit immer mehr die Seelsorge der Karmeliten und sicherte ihnen in der Volksfrömmigkeit

einen festen Platz. Bereits am Ende des 14. Jhs. feierten sie das „Hochfest Unserer Lieben Frau vom Berge Karmel" anläßlich eines Disputes an der Universität Cambridge im Jahr 1374, durch den sie für den Karmel den besonderen Titel „marianisch" mit Erfolg reklamiert hatten. Zum Vergleich: Das Eigenfest des Propheten Elija wird erst im Missale Carmelitarum von 1551 auftauchen! Die Mariendevotion aber, die sich zum spezifischen Kennzeichen der Karmeliten entfaltet hat, war die Skapulierfrömmigkeit. Das Skapulier ist eine knöchellange Schürze, die über der Tunika des Habits getragen wird. Der Legende nach wurde es im Jahr 1251 dem Ordensgeneral Simon Stock in einer Vision von Maria mit der Verheißung verliehen, daß der gerettet werde, der mit dem Skapulier bekleidet sterbe. Diese Vision wurde später mit dem sog. Samstagsprivileg verknüpft, d.h. mit einer weiteren Verheißung Mariens, einen mit dem Skapulier bekleideten Verstorbenen am ersten Samstag nach seinem Tod aus dem Fegefeuer zu erlösen; in diesem Sinne soll Papst Johannes XXII. 1322 auch die sog. „Bulla Sabbatina" gegeben haben. Beide Visionen, besonders letztere, sind historisch kaum aufrechtzuerhalten. Zu ihrer Zeit aber war der ihnen zugrundeliegende Gedanke, mit bestimmten Mitteln am „Stand der Vollkommenheit" Anteil zu nehmen und sich das ewige Heil sichern zu können, sehr weit verbreitet und genoß gerade bei Laien höchste Akzeptanz.

Vor allem Marienbruderschaften und verschiedenste Zünfte fanden nunmehr ihre Heimat in den Karmelitenkirchen, und Predigt und Beichtseelsorge taten ein Weiteres, daß sich die Karmeliten wie die anderen Bettelorden auch zu religiösen Zentren in den Städten entwickelten; immer häufiger suchten Stifter und Wohltäter auch um eine Grabstätte in den Karmelitenkirchen nach. Auch an den Universitäten und im akademischen Leben zeigten die Karmeliten zunehmend Präsenz; so zählte etwa Johannes Brammart OCarm (ca. 1340–1407) zu den Mitbegründern der Universität Köln.

Im Zuge dieser Etablierung in der Seelsorge und dem öffentlichen Leben der Kirche gaben die Karmeliten ein zweites Mal um eine Modifizierung ihrer Regel ein. Am 15. Februar 1432 erteilte Papst Eugen IV. durch die Bulle „Romani Pontificis" den Karmeliten die Genehmigung, daß sie dreimal wöchentlich Fleisch essen dürfen (mit Bezug auf Kap. 13 der Regel), und milderte die Vorschrift zum ständigen Verweilen in der Zelle (Kap. 7) dahingehend, daß auch der Aufenthalt in Kirche und Kloster und deren Umgebung zu entsprechenden Zeiten erlaubt sei (expediert wurde diese Bulle erst 1435).

Zeitzeuge dieser Regelmilderung und von 1451–1471 selbst General der Karmeliten war Johannes Soreth. Seine „Expositio paraenetica in Regulam Carmelitarum" befürwortete diese Milderung als einen Schritt, eben das, was Lebenswirklichkeit des Ordens geworden war, einfachhin festzustellen und in die Regel als das Grundsatzdokument des Ordens aufzunehmen. Dieser Aufgabe ist die spirituelle Literatur der Karmeliten erstaunlicherweise nur mühsam nachgekommen: eine Synthese zwischen den eremitischen Anfängen des Ordens auf dem Karmel einerseits und seiner apostolisch-seelsorglichen Lebenswirklichkeit in Europa andrerseits zu leisten. Wahrscheinlich lag dies zuallererst an der grundlegenden Prägung, die die schon erwähnte Schrift „De institutione primorum monachorum" Felipe Ribots am Vorbild des Propheten Elija als des kontemplativen Einsiedlers am Bach Kerit auf die Idealvorstellung karmelitanischen Lebens ausgeübt hatte. Ein schwächerer Gegenakzent zu diesem Bild des Propheten Elija findet sich etwa bei Johannes Baconthorpe, Johannes von Chemineto oder bei Johannes von Hildesheim: Sie weisen darauf hin, daß Elija ja nicht nur auf dem Berg Karmel und in der Abgeschiedenheit gelebt, sondern auch in den Städten und Siedlungen gewirkt habe, und rechtfertigen somit ein aktives Engagement der Karmeliten in der Seelsorge.

Der zweite Grund für die ungebrochene Dominanz des kontemplativen Ideals in den geistlichen Schriften des Karmel liegt sicher darin, daß das Leitmotiv, Tag und Nacht über das Gesetz Gottes zu meditieren und im Gebet zu wachen, wie es das Kap. 7 der Regel formulierte, nach wie vor Kernstück der Regel und der Berufung des Karmel war, das es quasi als „Proprium" der Karmeliten gegenüber anderen Bettelorden aufrechtzuerhalten galt. Entsprechend waren die beiden eben skizzierten Zielvorstellungen Ribots, einerseits aktiv nach Heiligkeit zu streben und andererseits den „Strom der göttlichen Wonne" schon während des Lebens auf Erden zu kosten, die Quellen, die die mystische Tradition bzw. die Suche nach dem Umgang mit Gott im Karmel speisten. Die Spannung zwischen Kontemplation und Aktion bestand somit dergestalt weiter, daß das Leben der Karmeliten speziell nach der zweiten Regelmilderung 1432 von Teilen des Ordens als ein Abfall vom ursprünglichen Charisma betrachtet wurde.

Die Regelmilderung von 1432 war auch das Element, an dem vor allem sich der Reformgeist Teresas de Jesus entzündete, als sie mehr als 100 Jahre später in Avila den Gedanken faßte, ein Leben nach der ursprünglichen Regel (spanisch: „régla primitiva") zu führen. Für Teresa hieß das: Die Milderungen Eugens IV., also den Fleischgenuß und die erweiterte Bewegungsfreiheit im Kloster, nicht anzunehmen und dem kontemplativen Ideal des Karmel alleinigen Vorrang einzuräumen. Über diesen Anstoß hinaus waren es zudem die originalen Inspirationen Teresas, die das Alte und das Neue harmonisch miteinander verschmelzen ließen. In einer Art Gegenreaktion hatte die Regelmilderung von 1432 bereits vor Teresa das Entstehen der Mantuaner Reformkongregation stimuliert, die gleichfalls die Milderungen Papst Eugens IV. ablehnte; 1442 wurde sie durch die Bulle „Fama laudabilis" desselben Eugen IV. bestätigt. Einer der bedeutendsten Männer dieser Reform und von 1513–1516 selbst General der Karmeliten war der sel. Baptista Mantuanus Spagnoli, der sich durch sein literarisches Schaffen den Titel eines „christlichen Vergil" erwarb; er gilt als hervorragender Exponent eines christlichen Humanismus. Auch Martin Luther war während seiner Erfurter Studienjahre von der Lektüre Baptistas sehr beeindruckt, und noch heute zeigt die ständige Lutherausstellung im ehemaligen Erfurter Augustinerkloster eine Ausgabe seiner „Eklogen".

Das Aufkommen dieser ersten Reformkongregation in der Geschichte des Karmel weist natürlich darauf hin, daß es in der Observanz der Regel und der klösterlichen Disziplin zu größeren Einbrüchen gekommen sein muß. Pest, Kriege und das große abendländische Schisma waren äußere Anlässe, die die Karmeliten im 14. Jh. tatsächlich dem Niedergang zutrieben. Sie wirkten sich aus in materieller Verarmung, personaler und spiritueller Auszehrung wie auch dem Wetteifer zwischen Päpsten und Gegenpäpsten bei der Vergabe von Privilegien und Dispensen; all dies hatte eine Zerrüttung des Gemeinschafts- wie des religiösen Lebens im Karmel zur Folge. Trotz dieser äußeren Umstände lag wohl viel auch daran, daß - nach dem Urteil des Johannes Soreth - die Liebe vieler kalt geworden war.

Als ein kleinerer Spannungsbogen in diesem Ringen um die Identität des Karmel mag gelten, daß der Erfolg der Reformbemühungen Soreths an den Männerklöstern seines Ordens über seine Amtszeit hinaus nicht allzulange anhielt, während der von ihm gegründete weibliche Zweig des Karmel eine recht kontinuierliche Entwicklung genommen hat. Anläßlich eines Provinzkapitels in Köln nahm Johannes Soreth am 10. Mai 1452 die Beginen von Ten Elsen in Geldern, die zuvor bereits in enger Verbindung mit den Karmeliten standen, in den Orden auf; durch die Bulle „Cum nulla fidelium" Nikolaus' V. erhielt dieser Akt seine päpstliche Bestätigung. Fälle, daß sich Männer und Frauen teils mit, teils ohne Gelübde den Karmeliten anschlossen, sind bereits aus der Frühzeit des Ordens im 13. Jh. aus Italien und Spanien bekannt. Im rheinischen Raum hingegen waren es speziell die Beginen, die für die Gründung der Karmelitinnen zum konstitutiven Element wurden; selbst die Errichtung einer Schwesterngemeinschaft in Köln 1565 geht noch auf eine Beginage aus dem Jahr 1304 zurück, die die Karmeliten betreuten. Auch das Kloster zur Menschwerdung in Avila, in das am 2. November 1535 Teresa de Ahumada eintrat, war als sog. „beaterio" entstanden, erst 1513 zu einer regulierten Lebensweise übergegangen und hatte zur Zeit des Eintritts Teresas den Prozeß der Umformung zu einem „Kloster" im engeren Sinn noch nicht beendet; so waren die Schwestern in Avila zum Beispiel nicht zur strengen Klausur verpflichtet. Im niederrheinisch-belgischen Raum entstanden bis zum Tode des Generals Soreth Schwesterngemeinschaften in Geldern (1452), Dinant und Nieukerk (1455), Lüttich (1457), Bondon (1463), Haarlem und Huy (1466), Namur (1468) und Vilvoorde (1469). Auch in Frankreich, Italien und Spanien breiteten sich die Karmelitinnen zunehmend aus; sie verkörpern bis heute die kontemplative Tradition des Karmel.

Interessanterweise gewann in dieser Epoche des 14. und 15. Jhs., während der sich die Kirche mit als häretisch geltenden Lehrmeinungen und Gruppen stark auseinanderzusetzen hatte, die Gestalt Elijas für die Karmeliten wieder an prophetischem Profil. So forderte Thomas Netter von Walden, der 1414 Provinzial der Karmeliten in England wurde, unter Berufung auf den Propheten Elija seine Mitbrüder in der Niederdeutschen Provinz auf, ihm im Kampf gegen Wyclif und die englischen Lollarden Unterstützung zu leisten.

Der deutsche Karmel in der Reformation

Einen gravierenden Einschnitt in die Entwicklung des deutschen Karmel brachte die Reformation Martin Luthers, und wie viele andere Ordensgemeinschaften auch stürzte sie ihn in eine tiefe Krise. Allerdings fiel die Aufnahme der neuen Lehre durchaus unterschiedlich aus: Während sich unter dem Priorat Johann Froschs der Karmelitenkonvent St. Anna zum Zentrum des Protestantismus in Augsburg entwickelte, ist es Provinzial Andreas Stoß (ca. 1480–1540), dem Sohn des bekannten Nürnberger Bildschnitzers Veit Stoß, zu verdanken, daß die Oberdeutsche Provinz die Reformation überhaupt überstanden hat.

Wie breit das Feld der Konflikte und Motivationen war, das die Reformation bei den Karmeliten offenlegte, schildern die Acta, wie sie uns von Andreas Stoß für die Jahre von 1534 bis 1538 erhalten geblieben sind und in einer Bearbeitung Adalbert Deckerts in der Reihe „Archivum Historicum Carmelitanum" vorliegen. Daß Karmeliten um des Evangeliums willen den neuen Glauben annahmen, wie die Prioren Johann Frosch in Augsburg und Johannes Kantz in Nördlingen, war offensichtlich die Ausnahme; mehrheitlich spielte es eine große Rolle, daß man mit den Anfragen Luthers theologisch kaum zu Rande kam und die Zukunft des Ordenslebens spirituell wie materiell sehr fragwürdig erschien. Illustrieren läßt sich ersteres anhand Luthers Schrift über die Mönchsgelübde von 1522 wie auch an dem gravierenden Nachwuchsmangel dieser Jahre, und letzteres anhand der Tatsache, daß mit der Ausbreitung der Reformation die Einnahmequellen der Klöster durch Bettelgänge (Terminieren), Almosen, Ewigrenten und gestiftete Gottesdienste mehr und mehr versiegten.

In gleichem Maße stieg natürlich die Bereitschaft einzelner Brüder, sich um eine feste Anstellung außerhalb des Klosters zu bemühen, so etwa im Falle Thomas Amans aus Straubing. Zur Zerrüttung der Konvente trugen auch Dispensen vom Ordensleben bei, die von der Römischen Kurie oder den Apostolischen Legaten mehr oder weniger willkürlich erteilt wurden.

Massiven Druck auf die Klöster übten oft auch die Reichsstädte aus, die vielfach zu ersten Zentren des Protestantismus wurden. Die Karmeliten in Nürnberg, der Heimatstadt Stoß', hatten ihren Konvent bereits 1525 dem Großen Almosenamt der Stadt übergeben; in Augsburg wurde damals bereits das Abendmahl nach Wittenberger Art gefeiert. Im Jahr darauf bot Prior Richard Schneider sein Kloster der Stadt Weißenburg in Bayern zur Übernahme an; auch in Dinkelsbühl ergriff Prior Leonhard Schatzmann die Initiative und tauschte 1534 das Kloster gegen einen Pfarrerposten. In Esslingen/Neckar be-

mächtigte sich 1529 die Stadt des Karmelitenklosters. Sehr energisch war auch der Stadtrat in Heilbronn aufgetreten: Bereits 1524 ließ er die Ausstattung von Kirche und Kloster durch einen städtischen Pfleger inventarisieren und zog die vollständige Verwaltung des Klosters an sich. 1531 nahm der Stadtrat den Karmeliten auch die Pietà-Darstellung, die sog. „Madonna von den Nesseln", weg, zu deren Betreuung sie 1447 von der Stadt eigens gerufen worden waren, und übergab sie dem protestantischen Prediger Johannes Lachmann.
Andere Konvente gingen verloren, weil der Patronats- bzw. der Landesherr zum evangelischen Glauben übertrat: So kassierte Georg der Fromme, Markgraf von Bayreuth-Ansbach, nach seinem Konfessionswechsel 1527 das Kloster in Neustadt a. Kulm. Weniger religiöse denn materielle Gründe ließen den protestantischen Ritter Wolfgang von Sparneck über Jahre versuchen, das Karmelitenkloster Sparneck in seine Hand zu bringen.
Schließlich trugen auch die Bauernunruhen und die Türkenkriege zum Niedergang weiterer Konvente bei: 1525 verwüsteten Eschendorfer Bauern die Vogelsburg, und die Türkenkriege 1526/29 brachten den ungarischen Konventen Budapest und Eperjes im äußersten Osten der Oberdeutschen Provinz das Ende; Priwitz und Fünfkirchen bestanden zumindest bis 1535 bzw. 1536 weiter.
Dem unermüdlichen Einsatz und den weiteren Verhandlungen Andreas Stoß' ist es zu verdanken, daß immerhin 11 der zuvor 26 Konvente der Oberdeutschen Provinz die Reformation überstanden (Würzburg, Bamberg, Rottenburg, Dinkelsbühl, Ravensburg, Lienz/Tirol, Neustadt a.d. Saale, Straubing, Abensberg, Voitsberg/Steiermark und Heilbronn; die Vogelsburg bestand als Filiale von Würzburg weiter). Die sächsische Provinz – quasi im Heimatland Luthers – mit Konventen in Jena, Hettstedt, Pößneck, Querfurt, Magdeburg, Dahme, Stettin, Ohrdruf und Striegau wurde bereits 1531 von General Audet als „durch die Lutheraner zerstört" bezeichnet. Die Niederdeutsche Provinz, räumlich von Hessen bis Friesland reichend, hatte bis zum selben Jahr 1531 ihre Niederlassungen in Kassel, Spangenberg, Marienau, Straßburg und Ath verloren. Wenn die Niederdeutsche Provinz auch noch weitere Verluste hinzunehmen hatte, konnte sie dennoch viel von ihrer inneren Konsolidität bewahren: In dem Bericht nämlich, den General Audet 1550 für den Kardinalprotektor verfaßte, zählt er sie zu den observanten Provinzen des Ordens, und bereits 1546 hatte er ihren Provinzial Eberhard Billick aufgefordert, den verlorenen Resten der Oberdeutschen Provinz nach Möglichkeit

zu Hilfe zu kommen. Diese Initiative war praktisch die einzige Unterstützung, zu der General Audet für Oberdeutschland und die Anliegen des Andreas Stoß gekommen war; von einer persönlichen Visitation seiner Konvente hatte er abgesehen.

Anders als Andreas Stoß, dem im Ringen um den Erhalt der Konvente seine kirchenrechtlichen Qualifikationen zugute kamen, zeichnete sich sein Amtskollege Eberhard Billick (1499/1500–1557) in Köln vor allem durch seine theologisch-literarische Auseinandersetzung mit dem Protestantismus aus. Gerade in den Auseinandersetzungen der Jahre 1542–1547, als der Kölner Erzbischof Hermann von Wied gegen den Willen des Domkapitels, des Klerus und der Universität seine Diözese nach einem Plan von Martin Butzer und Philipp Melanchthon reformieren lassen wollte, lieferte Billick der Opposition gegen den Erzbischof wertvolle Unterstützung. Hermann von Wied verzichtete im Februar 1547 auf sein Amt, und die Erzdiözese Köln blieb fortan katholisch. Eberhard Billick starb am 12. Januar 1557 als designierter Weihbischof von Köln; gleichfalls war auch Andreas Stoß als Weihbischof von Bamberg im Gespräch gewesen. Der Marienaltar von der Hand seines Vaters Veit Stoß, den Andreas für die Karmeliten in Nürnberg in Auftrag gegeben hatte und der heute seinen Platz im linken Seitenschiff des Bamberger Doms gefunden hat, ist ein bleibender Hinweis auf die Verdienste dieses Mannes für seine Heimatdiözese.

In das nun folgende Jahrhundert der konfessionellen Ausdifferenzierung Europas zwischen 1555 und 1648 fallen auch zwei wesentliche Reformbewegungen des Karmel. Hier ist als erste die der Teresa von Jesus und des Johannes vom Kreuz zu nennen (auf die sog. Tourainer Reform wird in der Fortsetzung der folgende Beitrag eingehen). Ihr Anliegen war, die – bereits gemilderte! – Regel von 1247 als sog. „régla primitiva“ zu verwirklichen (siehe oben). Teresa war 1535 in das Karmelitinnenkloster zur Menschwerdung in Avila eingetreten und hatte dort 27 Jahre verbracht, bis sie am 24. August 1562 San José in Avila als erstes Frauenkloster eröffnen konnte, das nach dieser ursprünglichen Regel leben wollte. Im April 1567 traf General Giovanni Battista Rossi mit Teresa in Avila zusammen, erteilte ihr die Erlaubnis zu weiteren Gründungen und entsprach auch ihrer Bitte, zwei Konvente für Männer nach eben dieser Regel gründen zu dürfen. Sie entstanden 1568 in Duruelo und 1569 in Pastrana; einer der Männer der ersten Stunde war der damals erst 25jährige Johannes vom Kreuz. Im Zuge bald einsetzender jurisdiktioneller Streitfragen, denn General Rossi hatte die Gründungen Teresas räumlich aufdie Provinz Kastilien begrenzt und alle erforderlichen Genehmigungen allein sich vorbehalten, wie auch gravierender Konflikte zwischen den Reformplänen König Philipps II. und denen der Römischen Kurie kam es zu zunehmenden Spannungen zwischen dem Stammorden und den sog. „Unbeschuhten" - wie in Spanien Reformbewegungen unter Ordensleuten genannt wurden -, die 11 Jahre nach dem Tode Teresas 1582 zur vollständigen Trennung führten. Seitdem existieren - auch in Deutschland - der Stammorden (=OCarm) und der Teresianische Karmel (=OCD) als zwei unabhängige Zweige des Karmel nebeneinander.

2. Die Karmeliten (OCarm) von Trient bis in die Gegenwart – Etablierung im Rahmen des Bestehenden

Stephan Panzer OCarm

Die Karmeliten auf dem Konzil von Trient und die Entstehung der Tourainer Reform

Um den Titel unseres vorgängigen Beitrags „Leben in einer fruchtbaren Spannung" nochmals aufzugreifen, erbrachten die gut 300 Jahre, die wir dort betrachtet haben, für die Kirche und die Karmeliten eine Vielzahl an Ideen, Anfragen und Auseinandersetzungen. Das Trienter Konzil war nun das Ereignis, das nach Eintritt der konfessionellen Spaltung der nunmehr „römisch-katholischen" Kirche bis in unser Jahrhundert ihr Gepräge gegeben hat; zugleich kann es als eine Zäsur in der Ordensgeschichte der Karmeliten gelten. Sie hat sich m. E. nämlich von Trient bis zum letzten Konzil, dem II. Vatikanum, über weite Strecken hin in Gestalt einer „Etablierung im Rahmen des Bestehenden" vollzogen.
Als deutsche Karmeliten am Trienter Konzil (1545-1563) sind in den Jahren 1551/52 Eberhard Billick, der Provinzial der Niederdeutschen Provinz, und sein Mitbruder Alexander Blanckaert aus Köln zu nennen. Billick stand im Gefolge Adolphs von Schaumburg, des Erzbischofs von Köln, während Blanckaert als Vertreter der Regentin der Niederlande entsandt war. Zugleich waren die beiden Karmeliten zusammen mit Johannes Gropper von der Universität Köln beauftragt, eine Bestätigung und Erweiterung ihrer Privilegien zu erwirken. Einzelheiten über die Tätigkeit der beiden wären wohl aus den Auf-

zeichnungen ihres Sekretärs Jodocus von Haarlem zu erwarten, die als Manuskript in der Landesbibiliothek Düsseldorf vorliegen und bislang unveröffentlicht sind. Zeitzeugen bezeichneten Billick als hervorragenden Theologen auf dem Konzil.

Ein umstrittenes Thema in Trient waren die Beschlüsse zur Reform der Ordensleute (etwa die Festlegung des Mindestalters für den Klostereintritt) und des Klerus (etwa zur Priesterbildung und der Residenzpflicht), und entsprechend kostete es in den Jahrzehnten nach dem Konzil anhaltende Bemühungen, diese Konzilsdekrete dann „von oben" auch durchzusetzen. Diese Bedeutung päpstlicher oder anderer möglichst „zentraler" Autorität wird im Blick auf die Karmeliten am Beispiel der sog. „Tourainer Reform" deutlich, der wir uns im folgenden zuwenden wollen. Sie ist die Bewegung, die dem Stammorden der Karmeliten (=OCarm) für die nächsten 150 Jahre – also bis in den Vorabend der Säkularisation hinein – wertvolle Impulse gab.

Ihren Namen bekam die Tourainer Reform von der Stadt und gleichnamigen Karmelitenprovinz Tours in Frankreich. Die Bedingungen ihres Entstehens waren gekennzeichnet durch die langen Religionskriege, mehrfache Pestepidemien und eine starke wirtschaftliche Rezession in Frankreich zwischen 1562 und 1598. Erst unter König Heinrich IV. (1589–1610) kam es zu einem allmählichen Wiederaufbau und einer inneren Konsolidierung des Landes. Diese Jahre des Wiederaufbaus brachten für die Karmeliten zwei Fragen: zum einen, wie sie ihre teils zerstörten, teils beschädigten Kirchen und Klöster wieder aufbauen könnten, und zum andern, welche Schwerpunkte ihr religiöses Leben künftig aufweisen sollte. War besonderer Wert auf Liturgie, Chorgebet und die alten klösterlichen Ordnungen zu legen, oder sollten sie sich für die neuen Formen des „réveil français" in ihrem Gebets- und Gemeinschaftsleben öffnen und diese zu integrieren suchen? Diese Frage skizziert die gegensätzliche Position der beiden „Gründungsväter" der Tourainer Reform, Pierre Behourt und Philippe Thibault. Während Pierre Behourt seit seinem Noviziat 1582 in Rennes eine Restauration des alten Glanzes des Karmel gerade in Liturgie und Chorgebet suchte, setzte Philippe Thibault, der 1587 bei den Karmeliten in Angers eintrat, aufgrund seiner Kontakte zum Salon Acarie in Paris auf eine Erneuerung des spirituellen Lebens, wie etwa die methodische Meditation, die er bei den Teresianischen Karmeliten kennengelernt hatte. Thibault und seine Anhänger dachten mehrfach auch daran, direkt zu den Teresianischen Karmelitenen überzutreten, wurden dort aber unter der Begründung abgewiesen, man dürfe den Stammorden nicht seiner reformfähigsten Mitglieder berauben.

Zur Keimzelle der Tourainer Reform wurde nun der Konvent Rennes, den General Henrico Sylvio 1604 der Gruppe um Pierre Behourt zuwies; ihm schlossen sich bis 1608 Thibault und seine Anhänger an. General Sylvio war es gewesen, der im Sinne des oben angedeuteten „Zentralismus" erstmals nach dem Trienter Konzil eine Bestandsaufnahme und Vereinheitlichung der Lebenspraxis für den gesamten Karmelitenorden durchführen wollte, dabei seine Reformdekrete für alle Provinzen in nahezu unveränderter Form erließ und im Sommer 1604 eben auch die Tourainer Provinz visitiert hatte. Im Blick auf das Gebetsleben schärfte Sylvio das tägliche Chorgebet ein und forderte zusätzlich eine zweimal halbstündige Betrachtung und die geistliche Lesung des einzelnen. Was die Reformdekrete Sylvios zur ersten Grundlage der Reform von Touraine machte, war letztlich weniger ihr spiritueller Gehalt als der Umstand, daß ihre Gültigkeit nicht anfechtbar war. Sie verliehen den Reformkräften in Rennes die Rückendeckung für ihre weitere Entwicklung – bis 1635 erfaßte die Tourainer Reform von Rennes ausgehend die gesamte Tourainer Provinz –, eine Entwicklung, für die in den Folgejahren die „modernen" Ansichten Thibaults maßgeblich wurden. Was den Tourainern die Einführung ihrer Reform in die Oberdeutsche Provinz konkret erleichterte, war ihre Zusage zur Seelsorge im Dienst und Interesse des Bischofs. Sie bemühten sich um Predigt, Beichte und den Rosenkranz und um ein tätiges Leben, anders als die Teresianischen Karmeliten, die nur Predigten hielten: So „bewarben" sie sich in einem Vorstellungsgespräch im April 1647 beim Generalvikar in Bamberg. Ermöglicht war dieses akzentuierte Ja zur Seelsorge durch Gebetspraktiken wie die „Übung der Gegenwart Gottes" und das „aspirative Gebet" (siehe hierzu den Beitrag von E. Hense, S. 91), die eine bleibende innere Verbindung mit Gott „im Alltag" zu verwirklichen suchten. Einen weiteren Zug des oben angedeuteten nachtridentinischen Zentralismus innerhalb der kath. Kirche und zugleich den entscheidenden Durchbruch für die Tourainer Reform bedeutete die Entscheidung des Generalkapitels von 1645, daß fortan jegliche Reform innerhalb des Karmel nach den Konstitutionen der Tourainer Reform erfolgen sollte. Und dies waren die konkreten Neuerungen der Tourainer Konstitutionen für das Alltagsleben:

1.) Die Farbe des Habits wurde von einem sehr dunklen in ein helleres Braun geändert; zudem war fortan die Verwendung eines gröberen und billigeren Stoffes vorgeschrieben. Diese Farbänderung ließ nun das äußere Erscheinungsbild der „Reformierten Karmeliten" dem der Teresianischen Karmeliten sehr ähnlich werden und sollte deshalb noch für zahlreiche Konflikte sorgen.

2.) Die Vorschriften zu Fasten und Fleischgenuß wurden dahingehend verschärft, daß während festgelegter Zeiten des Jahres das Fasten von drei auf vier Tage in der Woche erhöht und der Fleischgenuß entsprechend von vier auf drei Tage in der Woche reduziert wurde.

3.) Das gebotene Schweigen von der Komplet bis zur Prim des folgenden Tages wurde zeitlich nicht ausgedehnt, durch die Weisung aber ergänzt, auch dort nur kurz und leise zu sprechen, wo das Schweigen nicht ausdrücklich geboten sei.

4.) Eine weitere Neuerung bildete der Umstand, daß die Karmeliten nun ihrem Vornamen ein Attribut beifügten, meist den Namen eines Heiligen oder ein Ereignis aus dem Leben Jesu oder Mariens. So nannte sich Gabriel Dumont (lat.: Montanus), der die Tourainer Reform 1648/49 von Belgien nach Deutschland brachte, Gabriel ab Annuntiatione BMV, also: Gabriel von der Verkündigung Mariens.

5.) Signifikant für das Selbstverständnis der Tourainer Reform aber ist, daß sie in ihren Konstitutionen im Anschluß an die drei Kapitel über Armut, Keuschheit und Gehorsam je noch ein Kapitel über das gemeinsame und dann das private Beten des einzelnen erstellt hat. Quasi als Kontrapunkt zur sonstigen barocken Akzentuierung äußerer liturgischer Vollzüge legte sie sehr großen Wert auf das persönliche Gebet des einzelnen wie auch auf die gemeinsame Betrachtung von 1 1/2 Stunden am Tag.

Diese Konstitutionen der Tourainer Reform von 1646 blieben - auch für Deutschland - bis 1904, also bis in unser Jahrhundert, in Kraft.

Daß die Tourainer Reform in die Ober- und die Niederdeutsche Provinz wie auch nach Polen nun definitiv eingeführt werden sollte, beschloß das Generalkapitel 1648. Für dieses Projekt ernannte der neue General Johannes Antonio Philippini den oben bereits erwähnten Gabriel ab Annuntiatione BMV aus Gent zum Generalkommissar; er erhielt die Vollmacht, die amtierenden Prioren auszutauschen, belgische Karmeliten nach Deutschland einzuführen, Brüder von einem Kloster in ein anderes zu versetzen, nach eigenem Ermessen Novizen aufzunehmen und seine Kandidaten zum Empfang der kirchlichen Weihen vorzustellen. Für die Niederdeutsche

Provinz sollten Aachen und Trier als erste der Reform zugeführt werden, in Oberdeutschland Bamberg und Straubing. Und um Gabriel noch weiter den Weg zu ebnen, setzte General Philippini zugleich die gesamte Provinzleitung der Oberdeutschen Provinz noch während des Generalkapitels fest. Trotz dieser Fülle seiner Vollmachten aber stieß Gabriel in beiden deutschen Provinzen auf massive Widerstände im Hinblick auf die Reform.

Zum Erfolg seiner Mission verhalf ihm die Appellation an möglichst hohe Autoritäten: In Bamberg fiel die weltliche und die geistliche Obrigkeit in der Gestalt von Fürstbischof Melchior Otto zusammen, dessen Unterstützung sich Gabriel versicherte. Für Aachen wandte sich Gabriel an den Kölner Erzbischof Ferdinand, während für Straubing Kurfürst Maximilian I. von Bayern als dem Landesherren eine dominierende Rolle zukam; auf ihn übte Gabriel sehr starken Druck bis hin zu der Drohung aus, ihn vor das Reichskammergericht in Speyer zu ziehen. Trier schließlich schien sich sehr bald in das Unvermeidliche zu fügen. Der Reform gewonnene, aber „unsichere" Konvente besetzte Gabriel im Zweifelsfall mit Prioren, die er aus Belgien importierte: so Jodocus a Circumcisione Domini in Bamberg und Andreas a Matre Dei in Straubing. Mitbrüdern, die die Reform nicht annehmen wollten, blieb die Möglichkeit, sich in ein anderes Kloster versetzen zu lassen, sich um eine Missionsstelle zu bewerben oder aber in einen anderen Orden überzutreten. Welch positive Wertschätzung diesbezüglich besonders den Teresianischen Karmeliten zukam, belegen die knapp 50 Übertrittsgesuche, die Mitglieder des Stammordens (auch aus den anderen Provinzen des Ordens über Deutschland hinaus) in der Zeit zwischen 1605 bis 1658 bei ihnen einreichten.

Gleichfalls in die Richtung des oben angeführten Zentralismus weist der Umstand, daß sich Gabriel auch seine Kontakte zu Papst Alexander VII. (Fabio Chigi) im Sinne seines Reformauftrages zunutze machte; ihn hatte Gabriel bereits als Apostolischen Nuntius in Köln bzw. Aachen kennengelernt. Alexanders päpstlichem Rückhalt hat Gabriel es u.a. zu verdanken, daß ihn das Provinzkapitel der Oberdeutschen Provinz 1656 zum Provinzial wählte. Dies trug wesentlich dazu bei, daß die Tourainer Reform bis 1661 auch noch die restlichen Konvente der Oberdeutschen Provinz erfaßte (Würzburg, Rottenburg, Neustadt/Saale, Lienz, Voitsberg, Heilbronn, Abensberg, Wien und Dinkelsbühl).

Die Würdigung der Tourainer Reform geschieht in der Literatur gewöhnlich durch die Dokumentation äußerer Erfolge: zum einen durch die Zunahme der Provinz an Mitgliedern, zum anderen durch Bau- und Renovierungstätigkeiten in den einzelnen Klöstern.
Tatsächlich erlebte die Oberdeutsche Provinz (für Niederdeutschland liegen uns keine Angaben vor) in den ersten drei Generationen nach Einführung der Reform einen enormen personellen Aufschwung. Während die Provinz 1648/49 nur 56 Mitglieder zählte, waren es 1660, also etwas mehr als zehn Jahre später, bereits 157 und um 1700 gar 344 Brüder. Interpretieren läßt sich dieser personelle Zuwachs zumindest soweit, daß das Gebets- und das Gemeinschaftsleben der Karmeliten offensichtlich wieder an Attraktivität gewann und junge Leute anzog.
Um- und Neubaumaßnahmen sind nach der Reform in fast allen Konventen durchgeführt worden: In Bamberg wurde die alte Zisterzienserinnenkirche St. Theodor von Osten nach Westen „gewendet" und 1706 neu eingeweiht, in Straubing 1684–1710 Kloster und Kirche neu gestaltet, in Dinkelsbühl 1687–1732 wie auch in Abensberg Kloster und Kirche umgebaut. Bis 1703 wurden auch in Neustadt/Saale Kirche und Konvent renoviert und 1719–1724 das Würzburger Karmelitenkloster St. Barbara neu gebaut. Von Würzburg aus betreuten die Karmeliten 1658–1765 die Pfarrei Hausen und die Wallfahrt Fährbrück. Einer persönlichen Initiative Gabriels ist es zu verdanken, daß die Karmeliten 1660 die Kirche St. Joseph „ob der Laimgruben" im heutigen 6. Wiener Gemeindebezirk erwarben und so in Wien wieder ansässig wurden, nachdem Kaiser Maximilian II. das alte Karmelitenkloster am Hof 1568 den Jesuiten übergeben hatte.
Nehmen wir über diese äußeren Erfolge hinaus das Frömmigkeitsleben der Karmeliten in den Blick, so ist wohl zuallererst die neu belebte Marienverehrung und die wachsende Verbreitung der Skapulierbruderschaften zu benennen. Marianische Ordensbruderschaften hatte es bereits im Mittelalter an fast allen Karmelitenklöstern gegeben, Skapulierbruderschaften aber konnten erst entstehen, nachdem die Ordenskonstitutionen von 1586 verfügt hatten, daß zur Gewinnung von Bruderschaftsablässen das Tragen des Karmel-Skapuliers Voraussetzung sei, und nachdem der bereits erwähnte General Henrico Sylvio 1599 an der Karmelitenkirche San Martino ai Monti in Rom (nahe Maria Maggiore) die Erz-Bruderschaft des Skapuliers offi-

ziell errichtet hatte. Die erste Skapulierbruderschaft auf deutschem Boden entstand am Fest Mariä Lichtmeß 1613 in Straubing (zur Entstehung der Skapulierfrömmigkeit siehe S. 18f). An zusätzlichen Marien-Devotionen hatten die Straubinger Karmeliten zudem noch die sog. „Nesselmutter" - einen Pietà-Bildstock, der 1442 unter Brennesseln vor den Stadtmauern Heilbronns aufgefunden, in der Heilbronner Karmelitenkirche als wundertätig verehrt und 1661 nach Straubing übertragen wurde - und ferner eine „Maria Crescens", eine Mariendarstellung, auf der nach frommem Glauben das Kind auf dem Arm seiner Mutter gewachsen sein soll.
Über Maria hinaus spielte bei den Karmeliten aber auch die Verehrung weiterer Heiliger eine große Rolle, etwa der hl. Anna und des hl. Joseph. In Abensberg entwickelte sich eine bedeutende St.-Josephs-Bruderschaft (bestätigt 1664), die v.a. die Prominenz der Stadt anzog; 1745 trat eine solche auch in Bamberg ins Leben. Erwähnenswert ist auch die breite Vielfalt von Zunft-Bruderschaften, die bei den Karmeliten eine Heimat fanden: in Straubing die Bäckerknechte, Schützen, Fronfischer, Tuchmacher, Kürschner, Kaltschmiede, Bader und Schuhmacher, in Würzburg die Schneider, Zimmerleute, Steinmetzen, Seiler, Hutmacher und Kärner, in Neustadt/Saale die Schreiner, Schuhmacher und Weber.
Eigene Altäre zu Ehren des hl. Joseph und der hl. Anna gab es zudem in Würzburg, Neustadt/Saale, Straubing und Dinkelsbühl. Große Verehrung in den bayerischen Karmelitenkirchen genossen weiterhin der hl. Johannes Nepomuk wie auch - vor allem in den fränkischen Klöstern Würzburg, Bamberg und Neustadt/Saale - die hl. 14 Nothelfer. Im Blick auf die speziell karmelitanischen Heiligen waren es natürlich Teresa von Avila (1515-1582, 1622 heiliggesprochen) und Maria Magdalena von Pazzi aus Florenz (1566-1607, 1669 heiliggesprochen), die die Karmeliten am stärksten inspirierten. Die Aufmerksamkeit, die demgegenüber Johannes vom Kreuz (1541/42-1591) fand, war in beiden Zweigen des Ordens, dem Stammorden (OCarm) und dem Teresianischen Karmel (OCD) erheblich geringer; hieran vermochte auch seine „späte" Heiligsprechung 1726 wenig zu ändern. An die Verpflichtung auf ihr prophetisches Erbe durch Elija und Elischa (vgl. dazu I.1.1.) erinnerten die Karmeliten in Bamberg, Neustadt/Saale, Abensberg und Straubing durch Statuen dieser ihrer „geistlichen Väter" am Hochaltar; in Dinkelsbühl zeigten die Deckengemälde der Kirche Szenen aus dem Leben der beiden Propheten.

Die Einführung der Tourainer Reform verlieh neben dem spirituellen auch dem wissenschaftlichen Leben wertvolle Impulse. Namentlich waren es die von Gabriel ab Annuntiatione eingeführten Belgier, die das Studienwesen in der Oberdeutschen Provinz neu aufbauten; es folgte methodisch der Scholastik, war aber inhaltlich an keine vorgegebene Lehrmeinung gebunden. Unter den eigenen Ordenstheologen hatte das Generalkapitel von 1593 die Werke des Johannes Bacon [thorpes] (gest. ca. 1348) und des Michael von Bologna (gest. 1400) zum Studium empfohlen, die auf die klosterinternen Hausstudien in Würzburg und Straubing (später in Abensberg und Bamberg) bis zur Mitte des 18. Jhs. größere Wirkung ausübten. Als großer deutscher Theologe unter den Karmeliten galt Sebaldus a S. Christophero.
Die Fülle und die Bedeutung dessen, was die deutschen Karmeliten in dieser Zeit vom Beginn der Reform 1648/49 bis zur Säkularisation an Predigt-, Andachts-, spiritueller und theologischer Literatur hervorgebracht haben, ließ sich bis dato kaum abschätzen. Mit Hilfe des von A. Deckert und M. Hösler bearbeiteteten Schematismus der Oberdeutschen Karmelitenprovinz wird in Zukunft eine gezielte Auswertung dieser Literatur möglich sein.
Die positiven Wirkungen der Tourainer Reform fanden ihr Ende durch Separationsbewegungen innerhalb der Oberdeutschen Provinz seit 1730/31. In jenem Jahr trennten sich alle österreichischen und schlesischen Konvente von der Provinz; 1771 erhoben sich Straubing und Abensberg zu einem eigenen bayerischen Vikariat. Die Säkularisation 1802/03 schließlich führte die völlige Auflösung der Niederdeutschen Provinz herbei und ließ von Oberdeutschland nur Straubing als „Aussterbekloster" bestehen.
Was die Tourainer Reform den beiden deutschen Provinzen direkt nach den schweren Schäden des Dreißigjährigen Krieges (1618–1648) an personeller wie spiritueller Lebenskraft zugeführt hat, ist wohl deutlich geworden. Daß diese Reform im Bewußtsein ihrer Zeitgenossen aber nur verhältnismäßig geringe Bedeutung erlangte, mag wohl mit an zwei Gründen gelegen haben: zum einen ist sie dem Willen Thibaults entsprechend innerhalb des Ordens verblieben und hat ihn von innen her erneuert, zum andern hat sie weder ihre Gründungsväter, Pierre Behourt und Philippe Thibault, noch ihre spirituell hervorragenden Gestalten, wie Jean de Saint-Samson, den blinden Laienbruder, seligsprechen lassen. Demgegenüber konnten etwa die Teresianischen Karmeliten viel stärker ein eigenes Profil entwickeln, denn sie waren seit 1593 ein selbständiger Orden und

hatten seit 1622 in der Gestalt Teresas eine eigene „heilige Gründerin".

Vom Aussterbekloster Straubing hinaus in die Neue Welt - Der deutsche Karmel von der Säkularisation bis zur Gegenwart

Mit Datum vom 14. Juli 1802 waren im Zuge der Säkularisation in Bayern 52 „Individuen" - Patres und Brüder aus Abensberg und Straubing - verurteilt, sich im Straubinger Karmelitenkloster zur Ruhe zu setzen und ihrem kommenden Ende entgegenzusehen. Kirche und Kloster selbst waren enteignet und teilweise Straubinger Schulen zur Verfügung gestellt, der Konvent selbst auf wenige Räume zurückgedrängt und mit einem Ausgehverbot belegt, die Annahme von Meßstipendien und seelsorgliches Wirken außerhalb der Klosterkirche verboten. Mit dem Schwinden der Hoffnung, je wieder eine bessere Zukunft als Ordensmann zu erleben, stieg die Anzahl der Brüder, die das Kloster verließen und sich um einen Seelsorgeposten in oder außerhalb der Diözese Regensburg bewarben; zudem versprach der Staat jedem, der aus dem Kloster ausschied, ein einmaliges Überbrückungsgeld.

Allein der unbeugsamen Hoffnungskraft des Petrus Heitzer (1777-1847), seit 1815 Prior in Straubing, ist es zu verdanken, daß sich die Karmeliten in diesen Jahrzehnten nicht völlig auflösten. Er erhielt nach mehrfachen Versuchen 1841 von König Ludwig I. die Genehmigung, daß Straubing als Kloster wiedereröffnet werden durfte. Nach weiterem Auf und Ab wurde 1902 von Straubing aus das schwerbeschädigte Bamberger Kloster zurückgekauft, 1907 Wien wiederbesiedelt und 1922 auch eine Gründung in Springiersbach an der Mosel vorgenommen. Diese vier Niederlassungen bildeten den Kernbestand für die Wiedererrichtung der „Oberdeutschen Provinz" am 19. Juli 1922.

Erstaunlicherweise aber gingen von Straubing in demselben Jahrhundert der Säkularisation noch zwei beachtliche missionarische Initiativen aus. Bereits im Dezember 1802 - neun Monate nach der Aufhebung Abensbergs und der Überführung aller „Individuen" nach Straubing - richtete die röm. Kongregation für die Ausbreitung des Glaubens (Propaganda Fide) eine Anfrage an die Karmeliten, ob jemand in ihren Dienst treten wolle; es wären Missionsstellen in Stralsund in Schwedisch-Pommern zu vergeben. Wohl auch durch die

Perspektivlosigkeit und ungewisse Zukunft des Straubinger Klosters motiviert, meldete sich P. Wendelin Zink; er war 1777 in Mangolding bei Regensburg geboren, 1796 bei den Karmeliten in Abensberg eingetreten und am 4. Januar 1801 zum Priester geweiht worden. Bereits im März 1803 erhielt Zink sein Ernennungsdekret und brach nach Stralsund auf; er leistete dort 37 Jahre wahre Aufbauarbeit - bis 1761 durfte in Stralsund überhaupt kein kath. Geistlicher auftreten - und starb dort am 30. Mai 1840.

Aufbauarbeit für den Karmelitenorden selbst leisteten zwei zweitere Straubinger Brüder, Cyrillus Knoll und Franz Xaver Huber. Sie brachen 1864 nach Nordamerika auf, um den Karmel in die sog. „Neue Welt" zu bringen. Johannes Evangelista Knoll wurde 1813 in Schellenberg bei Perasdorf in Bayern geboren, 1838 für die Diözese Regensburg zum Priester geweiht und trat 1846 als P. Cyrillus in den Straubinger Karmel ein. Vier Jahre später wurde er Prior und nahm 1857 auf Anfrage des dortigen Erzbischofs hin die Gründung eines Klosters in Budapest vor; 1861 aber wiesen die städtischen Behörden Knoll aus Budapest aus und brachten dieses Unternehmen somit zu einem schnellen Ende.

Die guten Nachrichten aber, die die Straubinger Ursulinen von ihrer Neugründung in Louisville/Kentucky berichteten, verliehen Knolls missionarischem Geist neuen Auftrieb. So ließ er sich zum Generalkommissar zur Gründung neuer Konvente in Nordamerika ernennen und trat zusammen mit P. Franz X. Huber Anfang Mai 1864 die Überfahrt nach Amerika an. Nach einem kurzen Aufenthalt bei den Ursulinen in Louisville wandten sich die beiden Pioniere nach Leavenworth in Kansas und ließen sich die Pfarrei St. Joseph zuweisen. Schon bald schlossen sich Knoll und Huber zwei weitere Priester an, und so konnten sie 1867 auch die Pfarrei St. Bonifatius in Scipio als zweite Station übernehmen; in Kansas bestand damals aufgrund der Indianermission wie auch der wachsenden Anzahl weißer Siedler großer Seelsorgebedarf. In Scipio nahm Cyrillus Knoll 1865 die Arbeit auf, und hier fand er nach seinem Tod am 22. Dezember 1890 auch seine letzte Ruhestätte. Bis zur Errichtung der Chicago-Provinz des Karmelitenordens am 9. Februar 1890, die Knoll ein dreiviertel Jahr vor seinem Tod noch erleben konnte, gab es allerdings noch manch wechselvolles Auf und Ab. Auf der einen Seite waren 1868 englische und irische Kräfte zur Unterstützung nach Amerika gekommen, und 1886 brachte P. Bonifatius Peters von einer Deutschland-Reise 17 junge Männer für eine Mission in Texas mit, auf der anderen Seite aber sorgten Cholera, Mißernten, innere Streitigkeiten und finanzielle Probleme immer wieder für Rückschläge. Dennoch entwickelte sich die Chicago-Provinz in den letzten 100 Jahren zu einer der größten des Ordens und hat ihm mit dem deutschstämmigen Pius Mayer (1902–1912), sowie mit Hilarius Doswald (1931–1947), Kilian Healy (1959–1971) und John Malley (seit 1983) bislang schon vier Generalprioren gestellt.

Doch nicht nur im vergangenen, sondern auch in diesem Jahrhundert zeigte die Oberdeutsche Provinz starke missionarische Impulse – dies noch, bevor das II. Vatikanische Konzil den Horizont kirchlichen Denkens lehramtlich von Europa auf die ganze Welt hin erweitert hat. Die Richtung dieser Impulse zeigen folgende Sätze:

„ ‚Ich habe noch eine Pfarrei, die ist die größte meiner Diözese, alles Neuland, und alles muß dort noch organisiert werden. Es ist diese hier mit einer Fläche von 12.000 qkm. Sie heißt Paranavaí.' – Kurz entschlossen antwortete ich meinem neuen Bischof: ‚Die möchte ich, ich bitte Sie aus Liebe zu unserem Orden um diese Pfarrei' ". Mit diesen Worten schildert P. Ulrich Gövert, wie es im Sommer 1951 zur Gründung der deutschen Karmelitenmission in Brasilien kam. P. Ulrich war bereits 15 Jahre im Norden Brasiliens tätig, bevor er sich – wie oben beschrieben – dem Bischof von Jacarezinho (Bundesstaat Paraná) vorstellte, um nun im Süden dieses riesigen Landes eine Niederlassung des Karmel zu gründen. So wurde P. Ulrich am 2. September 1951 durch einen Delegaten des Bischofs in die Pfarrei Paranavaí eingeführt. Der Bau von provisorischen Kirchen, Wohn- und Unterrichtsräumen an möglichst allen Gottesdienststellen – immerhin hatte die Pfarrei Paranávai die Größe einer mittleren deutschen Diözese – war die erste große Aufgabe, um die sich P. Ulrich und seine Helfer während der ersten Jahre bemühten; an Seelsorge war mehr als die Spendung der Sakramente kaum möglich. 18 km von Paranavaí entfernt lebten in Graciosa an die 40 Familien deutschstämmiger Siedler; sie boten an, gerodeten Grund für den Bau eines Seminars zur Verfügung zu stellen, wenn sie einen deutschen Pater als bleibenden Seelsorger erhielten. So wurde Graciosa 1953 zur zweiten festen Station der deutschen Karmelmissionare; mit dem Beginn des Schuljahres 1959 wurde dem Seminar ein staatlich anerkanntes Gymnasium angegliedert. 1967 eröffneten die Karmeliten eine Niederlassung in Curitiba, der Hauptstadt des Staates Paraná, 1968 wurde die Pfarrei Paranavaí zur selbständigen Diözese erhoben. Als den Karmeliten am 4. Oktober 1991 aus Anlaß ihrer 40jährigen

Präsenz in Paranavaí der Titel „Honra ao Merito" verliehen wurde, geschah dies sicher als Ausdruck der öffentlichen Anerkennung für das, was sie für die religiöse, aber auch die soziale Entwicklung der Stadt und ihrer Umgebung getan hatten.

Daß der Aufbau und die Ausbreitung des brasilianischen Kommissariates in dieser Weise gelingen konnte, ist auch den insgesamt 14 deutschen Patres und Brüdern zu verdanken, die die Mutterprovinz im Laufe der Jahre nach Brasilien geschickt hat. 1984 wurde eine Gemeinschaft in Dourados im westlichen Nachbarstaat Paranás, Mato Grosso do Sul, gegründet; die Leitung der Diözese Dourados ist seit dem Jahr 1990 unserem Mitbruder P. Albert Först OCarm als residierendem Bischof anvertraut. Das Kommissariatskapitel 1993 billigte eine Neugründung im Norden Brasiliens, im Staat Rondônia, in der Diözese Ji-Paraná. Das Anliegen dieses Konventes ist dabei nicht nur die Übernahme einer neuen Pfarrei, sondern eines Arbeitsbereiches, der dem karmelitanischen Charisma entspricht (Laienspiritualität, Bibelschulung und Liturgie).

Das zweite missionarische Projekt, dem sich die Oberdeutsche Provinz in der Gegenwart widmet, soll hier nur kurz skizziert werden (siehe ausführlicher S. 201ff). Nicht wie im Fall Brasiliens deutsche Missionare in ein fremdes Land zu schicken, sondern umgekehrt den christlichen Glauben von „Einheimischen" verkünden zu lassen, war der bestimmende Gedanke dafür, daß in den Jahren 1973, 1974 und 1976 je eine Gruppe junger Inder nach Bamberg kam, hier Deutsch lernte und das Theologiestudium aufnahm, um dann in ihre Heimat zurückzukehren und dort den Karmel zu begründen. So entstanden in Kerala (Südindien) Niederlassungen in Karukadam (1982), Kartikulam (1983) und Bangalore (1988). Die überaus positive personelle Entwicklung dieser Gründungen und die zunehmende Enkulturation des Karmel auf diesem faszinierenden Subkontinent wird den Orden als ganzen künftig sicher sehr bereichern.

Die Wiedererrichtung der Niederdeutschen Provinz 1969 nach ihrer völligen Auflösung durch die Säkularisation 1802/03 wurde seit den 20er Jahren dieses Jahrhunderts von den Niederlanden aus vorbereitet; konkret ergriff der sel. Titus Brandsma die Initiative, 1924 das alte Karmelitenkloster in Mainz zurückzuerwerben. In der Nachkriegszeit entstanden weitere Gründungen in Essen (1953), Köln-Ehrenfeld (1954), Kamp-Lintfort (1954), Wegberg (1956) und Duisburg (1960). Arbeitsbereiche der Karmeliten liegen hier neben den Pfarreien auch in der Telefon-, Betriebs- und Krankenhausseelsorge oder in der Sozialarbeit mit Schwerpunkt Jugendpflege. Seit 1978 unterhält die Provinz in Kamp-Lintfort das „Edith-Stein-Haus", in dem Meditationstage, Glaubenskurse, Schulendtage und Exerzitien stattfinden. Die jüngste Gründung der Niederdeutschen Provinz erfolgte 1986 in Marienthal mit dem Ziel, ein stärker kontemplativ ausgerichtetes Leben mit der Arbeit in einer kleineren Pfarrei zu verbinden.

Zur Oberdeutschen Provinz der Karmeliten zählen heute Konvente in Bamberg (1903), Straubing (1841), Wien (1906), Bad Reichenhall (1934; an diesen vier Konventen gibt es auch Drittordensgemeinden), Springiersbach (1922), Beilstein/Mosel (1948), Fürth (1951), Erlangen (1967) und Ohrdruf/Thüringen (1991). Die Provinz betreut derzeit auch einige Pfarreien zuzüglich ihrer Filialgemeinden. In der außerordentlichen Seelsorge sind wichtig: die Beicht- und Studentenseelsorge, das Spätberufenenwerk „Theresianum" und das Jugendbildungshaus „Marianum" in Bamberg, die Stadtjugendstelle und die Betreuung der „Marianischen Männersodalität" (Bruderschaft) in Straubing, das Exerzitienhaus „Carmel Springiersbach" in Springiersbach, die Telefonseelsorge/Offene Tür und der „Jugendtreff am Anger" in Erlangen.

Ein letzter Blick soll abschließend den Frauen im Karmel, den Karmelitinnen, gelten, die in der karmelitanischen Geschichtsschreibung bislang meist im Hintergrund verblieben. Zu beiden deutsche Provinzen gehört in diesem Jahrhundert nämlich auch wieder je ein Schwesternkloster: Duisburg (1961) zur Nieder- und Erlangen-Büchenbach (seit 1969, von 1949–1969 in Schlüsselau bei Bamberg) zur Oberdeutschen Provinz. Von einer Spaltung, wie sie 1991 fundamentalistische Kreise spanischer Herkunft unter Johannes Paul II. bei den Teresianischen Karmelitinnen herbeiführten, blieben die Schwestern des Stammordens glücklicherweise verschont.

3. Der Teresianische Karmel (OCD) von seinen Anfängen bis zur Gegenwart

Ulrich Dobhan OCD

Teresas Reform- oder besser gesagt Gründungswerk ist in erster Linie eine Frucht ihrer inneren Entwicklung und ihrer religiösen Erfahrung und nicht einfach eine Reaktion „einer der größten Gestalten der Gegenreformation" auf die Reformation, wie man immer wieder lesen kann. Durch teilweise sehr leidvolle innere Erfahrungen und Enttäuschungen mit sich selbst kommt sie zur Überzeugung, daß die Lebensweise in ihrem Kloster für sie nicht die richtige ist. So wird sie zur Gründerin, zunächst eines Klosters für Schwestern in Avila im Jahre 1562, dann auch für Brüder: 1568 beginnen Johannes vom Kreuz und Antonio de Jesús in Duruelo nach ihren Vorstellungen mit einer neuen Lebensweise. So ist Teresa eine der wenigen Frauen, die einen Männerorden gegründet hat. Sie verhilft damit einer bereits im 15. Jahrhundert innerhalb des Ordens und in Spanien starken Reformbewegung zum Durchbruch, setzt aber mit Hilfe des hl. Johannes vom Kreuz ganz bestimmte, persönliche Akzente. Ihr Werk ist nicht einfach eine Re-Formation, sondern originelle Neuschöpfung. Die offensichtlich unvermeidlichen Spannungen mit ihrem Stammorden, die nicht zuletzt in der unterschiedlichen Reformpolitik der römischen Kurie und des spanischen Hofes ihre Wurzeln haben, führen 1581 zur Errichtung einer eigenen Provinz, der „Unbeschuhten", wie man in Spanien damals allgemein die Anhänger von Reformbewegungen nannte, und 1593 zur totalen Abtrennung vom Stammorden; seit dieser Zeit gibt es zwei Karmelitenorden.

Der geschichtliche Rahmen

Als Teresa am 4. Oktober 1582 starb, gab es, dank ihres Engagements, 15 Männerklöster mit ca. 300 Brüdern und 17 Frauenklöster mit ca. 200 Schwestern, die dem Reformzweig des Karmelitenorden angehörten. Provinzial war seit 1581 Jerónimo Gracián, ihr „Lieblingssohn", der neben Johannes vom Kreuz wohl am besten verstanden hatte, worum es der Madre ging. 1581 waren, noch mit ihrer tatkräftigen Mitwirkung, Konstitutionen für die Schwestern erarbeitet worden, in denen sie nicht ohne Mühe ihre Vorstellungen einbringen konnte. Andererseits gab es bereits in diesen ersten Jahren deutliche Anzeichen von Differenzen und Gegensätzen.

Ausbreitung der Teresianischen Reform

Mit der Wahl von Nicolò Doria zum Provinzial im Jahre 1585 traten diese Gegensätze offen zutage. Sie gründeten hauptsächlich in einem fast gänzlich anderen Verständnis von Teresas Absichten und Werk.

Etwas vereinfachend können wir sagen, daß Gracián und Johannes vom Kreuz in der Schule Teresas deren spezifische Vorstellungen von Ordensleben verstanden hatten, die als ein am Evangelium orientierter christlicher Humanismus bezeichnet werden können: Eingehen auf den einzelnen, Einfühlsamkeit und Verständnis bei der Leitung der Klöster, gegenseitige Achtung, Betrachten des anderen als Sohn bzw. Tochter Gottes. P. Doria, der über weitreichende Verbindungen verfügte und ein hervorragender Organisator war, fühlte sich bereits seit seinem Eintritt in Teresas Gruppe den damals in Spanien vorherrschenden Reformvorstellungen verpflichtet, deren Kennzeichen Strenge in der Lebensführung, Bußübungen, Disziplin, Unterordnung und hierarchischer Leitungsstil waren. So blieben ernste Spannungen und Spaltungen nicht aus.
Bei den Brüdern kam es 1600 zur Errichtung einer spanischen Kongregation, die sich in Spanien und den neu entdeckten Ländern Lateinamerikas ausbreitete und - so könnte man vielleicht sagen - mehr auf der Linie von P. Doria lag, und einer italienischen Kongregation, die für die Verbreitung des Werkes Teresas in den anderen Ländern sorgte, also auch ihren Missionseifer aufgriff. Bei den Schwestern stiftete das unkluge Eingreifen Dorias in die Konstitutionen beim Kapitel 1590 in Madrid Unfrieden und Spaltungen, die sich bis in unser Jahrhundert auswirkten. Prominenteste Opfer dieser Kämpfe wurden Johannes vom Kreuz, der beim Kapitel 1591 ausgeschaltet wurde und nur durch seinen frühzeitigen Tod am 14. Dezember 1591 vor der Abschiebung nach Mexiko bewahrt blieb, und Jerónimo Gracián, den Doria 1592 aus dem Orden ausschloß.
Dennoch wurden in dieser Zeit viele Klöster gegründet. 1584 wurde von Doria in seiner Heimatstadt Genua der erste Brüderkonvent außerhalb Spaniens gegründet, ein Jahr später brach eine Gruppe von Brüdern nach Mexiko auf, eine andere gelangte im gleichen Jahr in den Kongo, deren Wirken P. Doria 1587 jedoch ein Ende setzte. Im gleichen Jahr entstanden in Lissabon und 1590 in Genua die ersten Klöster der Schwestern außerhalb Spaniens. 1597 wurde die Errichtung eines Männerklosters in Rom erlaubt, Santa Maria della Scala. Die drei in Italien (Genua und Rom) gelegenen Klöster bildeten den Grundstock der italienischen Kongregation, der es erlaubt wurde, unabhängig von den Oberen in Spanien Konvente auf der ganzen Welt zu gründen, außer in den spanischen Landen.
Die *spanische Kongregation* zeichnete sich durch Regeltreue, Zurückgezogenheit und die begrenzte Ausübung von Apostolat aus; eigentli-

che Missionstätigkeit war nicht erlaubt. Eine Folge dieses Lebensstils in Zurückgezogenheit waren beachtliche schriftstellerische Leistungen von Professoren in den Ordenskollegien von Salamanca (die Salmanticenses) und Alcalá de Henares (der Cursus Complutensis). Am Ende des 17. Jahrhunderts gehörten etwa 120 Konvente, in denen an die 4000 Brüder lebten, und 71 Schwesternklöster zu dieser Kongregation. 1773 wurde die *Kongregation von Portugal* durch Abtrennung von der spanischen errichtet, die jedoch nach sechzig Jahren wieder einging. Ihr gehörten in Europa bis zu zwanzig Brüderkonvente und zehn Schwesternklöster an sowie drei Konvente in Brasilien und einer in Angola; die Schwesternklöster in Brasilien, 1780 war das erste in Rio de Janeiro entstanden, waren den Ortsbischöfen unterstellt.

Die Ausbreitung der *italienischen Kongregation* erfolgte zunächst nicht so schnell, doch gehörten ihr 1614 bereits 300 Mitglieder an, die auf ganz Europa verteilt waren. In diesem Jahr war durch Tomás de Jesús in Köln das erste Kloster der Unbeschuhten Karmeliten auf deutschem Boden gegründet worden. 1617 wurde die Kongregation in sechs Provinzen aufgeteilt: drei in Italien, Polen, Frankreich und Belgien-Deutschland; dazu kam noch eine Mission in Isfahan, wohin sich die Karmeliten 1604 auf Wunsch des Papstes begaben. 1626 folgten weitere neue Provinzen: Neapel und Köln, zu der die Konvente in Köln, Wien und Prag gehörten. Die erste Neugründung dieser Provinz war 1627 das Kloster in Würzburg. Weitere Gründungen auf deutschem Reichsgebiet folgten. 1650, also fünfzig Jahre nach der Errichtung der Kongregation, gab es vierzehn Provinzen mit 149 Klöstern, in denen über 2300 Brüder lebten; dazu kamen noch ca. 100 Missionare in Persien, Indien, Arabien, Syrien, Libanon, England, Holland sowie drei Missionsseminarien in Rom, Löwen und Malta und das 1631 für den Orden wiedergewonnene Kloster auf dem Berg Karmel. Zur Zeit ihrer größten Ausdehnung, kurz vor dem Ausbruch der Französischen Revolution, bestand die italienische Kongregation aus 23 Provinzen mit ca. 4270 Mitgliedern. Bereits 1701 war die österreichische Provinz abgetrennt worden; 1740 wurde die verbliebene deutsche Provinz aufgeteilt in die Kölner und in die Bayerische Provinz. Dazu kamen noch folgende neue Provinzen: 1665 Gallo-Belgien, 1677 Venedig, 1681 Wallonisch-Belgien, 1686 Normandie und Toskana, 1734 Litauen, 1740 Lothringen, 1761 Flandern. Zu den genannten Missionen sind noch dazugekommen: Griechenland, Mesopotamien, Indien, China, Louisiana.

Auch bei den *Schwesternklöstern der italienischen Kongregation* kam es zu

einer weiteren Ausbreitung, vor allem durch einige hervorragende Schwestern, die sich auch durch das unkluge Eingreifen Dorias und die Streitereien unter den Brüdern nicht eingrenzen ließen: Anna vom hl. Bartholomäus García und Ana de Jesús Lobera, die beide noch in der unmittelbaren Nachfolge Teresas standen und zusammen mit anderen Schwestern deren Werk nach Frankreich trugen und am 17. Oktober 1604 den Karmel von der Menschwerdung in Paris gründeten, der seinerseits zum Stammkloster vieler teresianischer „Taubenschläge" wurde. Weitere bedeutende Gründungsschwestern der italienischen Kongregation im 17. Jahrhundert waren Maddalena di Gesù Maria Centurioni, Paola Maria di Gesù Centurioni, Isabella vom Hl. Geist aus Antwerpen, wo 1626 Anna vom hl. Bartholomäus gestorben war, Teresa von Jesus Marchocka und Eletta di Gesù Tramazzoli, um nur die wichtigsten zu nennen. Von Prag wurde 1711 mit Hilfe von Anna Maria Lindmayr ein Kloster in München gegründet. 1656 gehörten zur italienischen Kongregation fast fünfzig Klöster, die meisten davon in Italien, und vor der französischen Revolution, 1780, 102, von denen 73 dem Orden und 29 den Ortsbischöfen unterstellt waren. Einige von ihnen waren trotz der strengen Klausur zu Zentren geistlicher Ausstrahlung geworden, wie die Klöster Regina Coeli in Rom, Turin, Wien oder Prag.
Eine Besonderheit bildeten die *Klöster in Frankreich*. Dort suchte Kardinal Pierre Berulle mit allen Mitteln, den Schwestern die Leitung der Unbeschuhten Karmeliten zu entziehen, die 1608 in Avignon und 1611 in Paris gegründet worden waren. Opfer dieser dem Geist Teresas widersprechenden Maßnahmen Berulles wurden besonders die aus Spanien gekommenen Stifterinnen, von denen die beiden Annas nach Belgien auswichen und dort neue Klöster gründeten. So ist es auch in Frankreich zu schmerzlichen Auseinandersetzungen um das Erbe Teresas gekommen, das jedoch dank der guten geistlichen Grundlagen, die die Gründerinnen aus Spanien gelegt hatten, und der Schriften Teresas im wesentlichen unverfälscht blieb. Am Vorabend der Französischen Revolution gab es in Frankreich 62 Klöster, die den vom Apostolischen Nuntius ernannten Oberen und Visitatoren unterstellt waren.
Wichtig für die Ausbreitung des Teresianischen Karmel in Deutschland wurden die sog. *„English convents"*. 1619 wurde mit Hilfe der sel. Anna vom hl. Bartholomäus in Hopland-Antwerpen ein Kloster für Engländerinnen gegründet, die wegen der Verfolgung in ihrer Heimat nicht in Klöstern leben konnten. Zu ihnen gehörte auch die Schwe-

ster von Mary Ward. Dieses Kloster wollte eine heute als unklug erachtete Änderung der Konstitutionen der Schwestern der italienischen Kongregation nicht annehmen, so daß es 1623 durch ein päpstliches Breve der Jurisdiktion der Brüder entzogen wurde. Anna vom hl. Bartholomäus versuchte zwar alles, um die Schwestern wieder für den Orden zu gewinnen, doch hatte sie keinen Erfolg, im Gegenteil; es wurde zum Stammkloster vieler Karmel, darunter auch mancher in Deutschland. Auch die ersten Klöster in England, 1794, und das erste Kloster in den USA, Port Tobacco - Baltimore 1790, gehen auf dieses Kloster in Hopland-Antwerpen zurück. Beide wurden ihrerseits wieder zu Ausgangspunkten vieler Neugründungen.

Dazu kommen noch weitere Klöster, die sich *rechtlich unabhängig von den Brüdern* entwickelten: 1604 in Puebla (Mexiko) mit zahlreichen Tochterklöstern, 1606 in Bogotá, von wo aus sie sich weiter in Kolumbien und dann auch nach Ecuador, Kuba und Lima ausbreiteten. Der Carmel Alto dieser Stadt wurde zu einer erfolgreichen Missionszelle für zahlreiche Neugründungen in ganz Lateinamerika.

Für *Deutschland* haben wir am Ende des 18. Jahrhunderts folgende Situation: Zu den beiden Provinzen des Teresianischen Karmel, Köln und Bayern, gehören folgende Konvente: Köln, Würzburg, Koblenz, Heidelberg, Neuburg an der Donau und Mannheim bzw. München, Augsburg, Regensburg, Schongau und Reisach. Schwesternklöster gab es in Köln (Maria Loreto in der Kupfergasse und Maria vom Frieden in der Schnurgasse), Düsseldorf, Münstereifel, Neuburg an der Donau, Aachen und München.

Niedergang und allmähliches Neuaufblühen - heutiger Stand

Die Französische Revolution und die von ihr ausgelösten, überwiegend sehr gewaltsamen Ereignisse und Entwicklungen setzten dieser positiven Entwicklung des Teresianischen Karmel in ganz Europa ein abruptes Ende. Nur ganz wenige Klöster überlebten diese Zeit, in Deutschland nur das Kloster der Brüder in Würzburg. Ein wichtiges Ereignis für die Neubelebung des männlichen Zweiges des Teresianischen Karmel war die Auflösung der Kongregationen und ihre Vereinigung zu einem Orden durch Pius IX. am 12. Februar 1875. An der Spitze des Ordens stand nun der in Rom residierende Ordensgeneral. Maßgebend wurden die Konstitutionen der italienischen Kongregation. Der von seiten des Ordens am meisten verdiente Mann um diese

Vereinigung ist der damalige Ordensgeneral Gerolamo Gotti, zuvor Generalprokurator der italienischen Kongregation und später Kardinal. Beim Generalkapitel 1889 nahmen bereits vier italienische Provinzen, zwei französische sowie die Provinzen Flandern, Österreich, Bayern (1835 als Semiprovinz und 1882 als Provinz wieder errichtet), England, Irland und Brabant teil. Zusammen mit den spanischen Mitbrüdern zählte der Orden 1443 Mitglieder. Neue bzw. wieder errichtete Provinzen kamen in der Folgezeit rasch dazu.

In *Deutschland* gab es um diese Zeit folgende Klöster der Brüder: Würzburg (heute Junioratskloster), Regensburg (1836), Reisach (1837), Geleen/Niederlande (1876) und Schwandorf (1889); 1899 folgten Regensburg-Kumpfmühl (1987 aufgelöst), 1906 Neumarkt (seit 1984 Noviziat) und 1922 München (seit 1935 Pfarrei). Der Konvent in Geleen/Niederlande war als evtl. Refugium bei einer Auflösung der Klöster im Kulturkampf gedacht, wurde aber dann, wie so oft, zum Ausgangskonvent der heutigen Provinz Niederlande (1935 errichtet). Ebenso wurde der 1906 von Bayern aus in Holy Hill/USA gegründete Konvent, dem 1914 eine zweite Gründung in Milwaukee folgte, zusammen mit dem von der Provinz Katalonien in Washington gegründete Konvent zur Keimzelle der Provinz Washington, die sich ihrerseits wieder auf den Philippinen ausbreitete. Bemühungen der Bayerischen Provinz, im Rheinland wieder Fuß zu fassen, scheiterten trotz einiger hoffnungsvoller Versuche in Düren (1920), Köln (1950) und Essen, wo von 1962 bis 1970 tatsächlich ein Konvent bestand. Die einzige Erweiterung des Bestands an Konventen der Bayerischen Provinz bildet der zu DDR-Zeiten in Jauernick bei Görlitz entstandene und 1986 nach Birkenwerder bei Berlin verlegte Konvent, der seit der Wiedervereinigung Deutschlands 1990 regulär zur Bayerischen Provinz gehört und heute eine kleine Pfarrei und ein Exerzitienhaus betreut. Zur Bayerischen Provinz gehören heute rund 50 Mitglieder.

Auch der weibliche Zweig des Teresianischen Karmel in Deutschland hat sich langsam erholt und ist heute mit mehr Klöstern denn je vertreten. 1844 kamen aus Gmunden am Traunsee die ersten Karmelitinnen nach der Säkularisation nach Deutschland und besiedelten das leerstehende Zisterzienserinnenkloster in Würzburg-Himmelspforten; 1906 gründeten sie den Karmel in Vilsbiburg. 1850 entstand in Köln von Lüttich her wieder ein Karmelitinnenkloster, das jedoch 25 Jahre später infolge des Kulturkampfes wieder aufgehoben wurde. 1870 hatte die Kommunität in Neuss ein Kloster gründen können, das aber fünf Jahre später auch aufgelöst und nach Roermond/Niederlande verlegt wurde. Die Kölner Kommunität wich nach Echt / Niederlande aus und gründete so den heute dort noch bestehenden Karmel. 1896 kamen wieder Karmelitinnen nach Köln zurück, diesmal aus Aachen, wo bereits 1859 von Belgien her ein Kloster gegründet, durch den Kulturkampf auch aufgehoben und 1894 wieder gegründet worden war. Diese dritte Kölner Stiftung faßte in Köln-Lindenthal Fuß; dort war am 14. Oktober 1933 Edith Stein eingetreten. Nach der vollständigen Zerstörung des Klosters 1944 machte sich die Kommunität an den Wiederaufbau ihres Klosters am historischen Platz in der Schnurgasse, wo bereits 1637 ein Kloster entstanden war. Diese Kölner Stiftung erwies sich im Lauf dieses Jahrhunderts als wirklich „ruhmreich", womit die überlieferte Prophezeiung der sel. Anna vom hl. Bartholomäus bezüglich der ersten Kölner Gründung sich doch noch bewahrheitete. Von Österreich her, Mayerling und Wien, war 1902 der Karmel in Aufkirchen entstanden, der 1931 das Kloster in Welden gründete; von hier aus startete 1967 ein Gruppe Schwestern nach Mityana in Uganda.

Auch im übrigen Orden ist in diesem Jahrhundert ein Aufschwung zu verzeichnen. In Spanien und Italien konnten die früheren Provinzen zum Teil wieder errichtet werden, so daß es heute in jedem Land je sechs gibt, die vor allem in Lateinamerika, Afrika, Indien bzw. Japan, Madagaskar und auch Afrika Niederlassungen gründeten. Beim Generalkapitel 1991, wo zum ersten Mal in der Geschichte des Teresianischen Karmel ein Nicht-Europäer zum Ordensgeneral gewählt wurde, waren 33 Provinzen und sieben weitere Zirkumskriptionen vertreten, die auf 65 Länder der Erde verteilt sind und 3704 Mitglieder umfassen (Stand vom 31.12.1990). An erster Stelle steht dabei immer noch das Heimatland der Madre Fundadora mit 587 Mitbrüdern, doch schon dicht gefolgt von Indien mit 568 Mitbrüdern und Italien mit 546 Mitbrüdern. Das zeigt, daß die Zukunft des Teresianischen Karmel vor allem in den Missionsländern liegt, und tatsächlich kann im Hinblick auf die Ausbreitung des Ordens in Lateinamerika, Afrika und Asien von einem wahren „Frühling" gesprochen werden, der allerdings auch nicht vor „Frosteinbrüchen" bewahrt bleibt.

Bei den Schwestern gab es Anfang 1993 869 Klöster in 84 Ländern mit rund 13.280 Mitgliedern. Auch hier zeigt sich eine Zunahme in Ländern der Dritten Welt, während in Westeuropa und den USA die meisten Klöster an Überalterung leiden und kaum Nachwuchs haben. So gibt es in diesen Ländern starke Bemühungen zur Zusammenlegung von Klöstern, was durch das Bestehen von Föderationen und Assoziationen erleichtert wird. Ein besonderes Problem stellt die Tatsache dar, daß die vom Konzil gewünschte Erneuerung der Konstitutionen mit zwei unterschiedlichen Texten endete. Die durch die „Erklärungen" von 1977 herbeigeführte weitgehende Einheit unter den Klöstern, durch die jahrhundertealte Abspaltungen endlich überwunden schienen, ist dadurch leider wieder zerstört worden. 125 Klöster haben die 1990 approbierten Konstitutionen angenommen und sich dadurch aus der rechtlichen Verbundenheit mit dem Teresianischen Karmel hinausbewegt, während die übergroße Mehrheit von 744 Klöstern diese Einheit bewahrt und bekräftigt hat.

Die Ausprägung des Ordensideals

Die Spannung Aktion – Kontemplation

Der geschichtliche Überblick hat gezeigt, daß der Orden in den ersten Jahren seiner Unabhängigkeit an den Gegensätzen zwischen Doria und Gracián sehr gelitten hat. Dabei ging es sicher auch um die Spannung zwischen Aktion und Kontemplation, doch war diese Auseinandersetzung sehr von den persönlichen Eigenschaften der beiden Protagonisten geprägt. Letztendlich, und das können wir vielleicht erst mit dem Abstand von 400 Jahren so deutlich sagen, ging es damals um die rechte Art zu glauben: Für Teresa und Johannes vom Kreuz, und in deren Gefolge die Schwestern und P. Gracián, bedeutete Christsein in erster Linie ein Leben in einer persönlichen Beziehung mit dem menschgewordenen Gott, im Sinne des „trato de amistad" Teresas (Leben 8,5) oder der „atención amorosa" Juans (2 Aufstieg 12,8; 13,4.6), also das Verweilen bei einem Freund bzw. das liebende Aufmerken. Für Doria und seine Anhänger, die mehr auf der Linie der allgemeinen kastilischen Ordensreformen standen, lag das Heil in der Regelobservanz, in Rigorismus und Bußübungen, wobei da letztlich die Versuchung, sich selbst zu erlösen und Gott angenehm zu machen, nie ganz fehlte. Als offizielle Linie hat sich im Orden mehr die Sicht Dorias durchgesetzt, und das heißt, daß das Charisma Teresas und Juans nicht voll zur Entfaltung gekommen ist. So finden wir in den Konstitutionen und offiziellen Schreiben immer wieder Hinweise auf den Vorrang des Lebens in Gemeinschaft mit Gott, auf die Betrachtung usw., womit eine gewisse Zweiteilung des Lebens nicht vermieden wurde. Das spezifische Charisma der „Ordenseltern", wodurch sie sich von den damals allgemein üblichen religiösen Vorstellungen und Praktiken eindeutig abhoben, hat sich, was seine rechtliche Ausformulierung anbelangt, in der Vorschrift niedergeschlagen, täglich zwei Stunden Betrachtung zu halten. Auch das hat, bei aller Berechtigung und guten Absicht, zu einer gewissen Verrechtlichung und unangemessenen Verdinglichung des Ordenscharismas geführt. Daß sich Teresas und Juans Charisma dennoch bewahrt und gehalten hat, haben wir ihren Schriften zu verdanken; daß wir es heute deutlicher und schärfer in den Blick nehmen können, den neuen historisch-kritischen Studien über sie.

Es scheint, daß wir erst infolge des Konzils mit seiner Aufforderung, zu den Quellen zurückzukehren, wieder näher an die beiden charismatischen Gestalten des Karmel herankommen. Und dabei können wir eine interessante Feststellung machen: Nach der Grundidee der beiden gibt es zwischen Aktion und Kontemplation keinen Gegensatz, denn wenn das gesamte Leben „Verweilen bei einem Freund" oder „liebendes Aufmerken" auf den Geliebten ist, dann hat es keinen Sinn, das Leben in „Aktion" oder „Kontemplation" aufzuteilen. (Siehe „Gründungen" Kap. 5.) Wenn es nicht so wäre, bliebe es wohl immer eine Frage, wie Teresa die letzten zwanzig Jahre ihres Lebens durchstehen konnte mit den unzähligen Reisen, Krankheiten, Verhandlungen, der Abfassung ihrer Schriften und den schätzungsweise 16.000 Briefen, die sie in dieser Zeit geschrieben hat. Oder wie es Johannes fertiggebracht hat, die Jahre seines Aufenthaltes in Andalusien, 1578 bis 1588, zu überstehen mit der breit gefächerten apostolischen Tätigkeit, seinen endlosen Reisen, den Renovierungsarbeiten am Konvent in Granada und der Niederschrift seiner Bücher, und außerdem nach verbürgten Aussagen in diesen Jahren 20.000 km zurückzulegen, in seiner Zeit als Provinzvikar von Andalusien – durchschnittlich jeden Tag 15 km! Die Antwort lautet: Die Freundschaft mit Gott machte es möglich, und das bedeutet: „Aktion" und „Kontemplation" fallen zusammen und ermöglichen sich gegenseitig. Bruder Lorenz, der heiligmäßige Bruder aus dem Pariser Konvent, 1692 gestorben, hat das genau verstanden, wenn er schreibt: „Es ist ein großer Irrtum zu glauben, die Zeiten des Gebetes müßten sich von den anderen Zeiten unterscheiden. Wir sind in gleicher Weise verpflichtet, uns mit Gott in der Zeit der Arbeit durch die Arbeit wie zur Zeit des Gebetes durch das Gebet zu vereinen" (N. Herman, Die wahre Freude, Zürich 1969, S. 41).

Die Einsiedeleien

In der geistlichen Tradition des Karmel bilden die Einsiedeleien einen ganz spezifischen Bestandteil. Ausgangspunkt ist Teresas Praxis, daß es in den Klöstern ihrer Schwestern kleine Klausen gab, wohin sich die Schwestern von Zeit zu Zeit zurückziehen sollten, um ganz für sich sein zu können – sicher auch ein gutes Mittel zur Bewahrung des seelischen Gleichgewichts ihrer Schwestern. Bei den Brüdern führte diese Idee zur Errichtung von Einsiedlerkonventen, in denen ein rein kontemplativer Lebensstil geführt wurde, der aber nicht einem Selbstzweck dienen sollte, sondern im Dienst von apostolischen Aufgaben stand, wenn es wohl auch wahr ist, daß diese Einrichtung manchmal einer Aufteilung des Lebens Vorschub leistete. In der Blütezeit gab es in der spanischen Kongregation neun, in der italienischen elf Einsiedeleien. Im allgemeinen sollten diese „Desiertos" oder „Eremi", von denen es heute im Orden fünf gibt, den Brüdern die Möglichkeit zur Sammlung geben, bevor sie eine neue apostolische Aufgabe übernahmen oder in die Mission gingen; sie sollten also auch dazu helfen, die Einheit von Aktion und Kontemplation zu leben.

Missionen

Für Teresa war es ein Freudentag, als am 5. April 1582 die ersten Missionare in den Kongo aufbrachen, wo sie wegen eines Seesturmes allerdings nie ankamen. Doch ist damit klar, daß für die Gründerin dieses Apostolat von Anfang an zum Wesen der Berufung der Brüder gehörte. Durch das Verbot Dorias wurde diese Initiative unterbunden, und obwohl selbst Päpste, wie z. B. Paul V., immer wieder dazu aufforderten, blieb der Missionseifer Teresas unter ihren Söhnen toter Buchstabe, weil diese glaubten, daß er nicht mit ihrem Werk vereinbar sei. Heute können wir es als Fügung betrachten, daß durch die Abspaltung der italienischen Kongregation dieses Anliegen der Madre dennoch verwirklicht und in Rom sogar ein eigenes Missionsseminar gegründet wurde. Schließlich waren Karmeliten auch maßgeblich an der Errichtung der Kongregation „Propaganda Fide“ beteiligt. Die Ernennung der hl. Therese von Lisieux zur Patronin der Missionen im Jahre 1927 ist eine offizielle Anerkennung des Missionsgedankens als eines integrierenden Bestandteils des Charismas Teresas.

Asketisch-mystische Literatur

Auf den Philosophie-Kurs der Karmeliten von Alcalá de Henares und den Cursus Theologicus von Salamanca wurde oben schon hingewiesen. Neben Werken über allgemeine theologische Themen sind hier vor allem geistliche Autoren zu nennen, deren Schriften zum Teil bis heute von Interesse sind: Juan de Jesús María San Pedro y Ustarroz (1564-1615), Domingo de Jesús María Ruzola (1559-1630), José de Jesús María Quiroga (1562-1629), Tomás de Jesús Díaz Sánchez Dávila y Herrera (1564-1627), der uns schon als Gründer des Männerklosters in Köln begegnet ist, Philippe de la Trinité Esprit (1603-1671) u.a. Grundzüge dieser Autoren aus der sog. Teresianischen Schule der Spiritualität sind folgende: Es ist unbedingt notwendig, sich dem Beten, also dem liebenden Verweilen bei Gott großherzig und mit Regelmäßigkeit zu widmen. Dieses Verweilen bei Gott im Gebet darf sich nicht in den eigentlichen Gebetszeiten erschöpfen, sondern muß aus dem Leben ein Beten machen, und muß wahrhaftig sein, d.h., es erfordert ein schlichtes Hören auf das Wort Gottes. So kann der Mensch bis zur Schwelle der Mystik gelangen, bis zur sog. erworbenen Kontemplation. Die eingegossene Kontemplation wird nicht als eine außerordentliche Gnade gesehen, sondern als wesensverwandte Ergänzung der christlichen Vollkommenheit, für die sie aber nicht unverzichtbar ist. Vor allem aber kommt es darauf an, daß sich der Mensch auf den Einbruch Gottes in sein Leben durch Askese disponiert, also durch Werke der Liebe, Loslösung, Verzicht, Zurückgezogenheit.
Nach dem Niedergang dieser Schule in der zweiten Hälfte des 18. Jahrhunderts beschränkte sich die Aktivität der Ordensautoren im letzten Jahrhundert auf die Neuausgabe der alten Schriften. Berühmte Namen geistlicher Autoren in diesem Jahrhundert sind Gabriel von der hl. Maria Magdalena De Vos, vor allem mit seinem auch ins Deutsche übersetzten Werk „Geheimnis der Gottesfreundschaft“, Marie-Eugène de Jésus-Enfant Grialou mit seinem umfangreichen Traktat „Ich will Gott schauen“, Silverio de Santa Teresa, der Heraus-

geber der „Obras completas“ der beiden großen Heiligen und Autor der „Historia del Carmen Descalzo“, Bruno de Jésus Marie, der geniale Schriftleiter der „Etudes Carmelitaines“. In diesem Zusammenhang wären auch einige Zeitschriften für Spiritualität zu nennen, wie die „Revista de Espiritualidad“ (Madrid), „Rivista di Vita Spirituale“ (Rom), „Innerlijk leven“ (Gent), „Spiritual life“ (Washington), „Mount Carmel“ (London), „Christliche Innerlichkeit“ (Wien-München). Das Apostolat der Spiritualität mit seinen verschiedenen Ausdrucksformen, wie Publikation, Exerzitienhäuser, Häuser des Gebets und Gebetsgruppen, ist in den neuen Konstitutionen als vorrangig empfohlen, und das ist sicher ganz im Geist der Madre Fundadora.

II. Leitbilder und Entwürfe karmelitanischer Spiritualität

Karmelitanischer Spiritualität liegt eine Grundspannung zugrunde, die Spannung zwischen dem eremitischen Anfang des Ordens und seiner späteren Angleichung an die Mendikantenbewegung mit der Übernahme von seelsorglichen Aufgaben.

Praktisch alle Reformen der Geschichte berufen sich auf den eremitischen Anfang des Ordens gegen zu starke „Verweltlichung" bzw. zu starke Betonung der seelsorglichen Aufgaben.

Letztlich steckt dahinter die Spannung zwischen Kontemplation und Aktion, die beide in ein rechtes Verhältnis gebracht werden müssen, soll Spiritualität ausgeglichen und ausgewogen sein.

Dabei geht es immer um die Beziehung zu Gott bzw. das Leben in der Nachfolge, in der „Fußspur" Jesu Christi. Aufgabe der Karmelitinnen und Karmeliten ist es, kontemplative, ihrem Ursprung verbundene Menschen zu werden, die in Aktion, die Fragen der Zeit ernst nehmend, nach der aktuellen Gestalt ihres Erbes in der jeweiligen Zeit suchen. Karmelitinnen und Karmeliten sollten daher Menschen sein, die im Umgang mit Gott „geübt" sind, Experten der Innerlichkeit und des Gebetes, kurz: kontemplative Menschen. Doch bedeutet gerade dies, soll es echt sein, daß diese Kontemplation nicht jenseits von Zeit und Raum geschieht, vielleicht in einer Entrückung, sondern, daß Innerlichkeit und Gebet immer eingebettet sein müssen in ihre konkrete Situation, in die konkrete Geschichte der Menschen und der Welt, in die sozialen, wirtschaftlichen und politischen Verhältnisse der jeweiligen Zeit.

So finden sich im Lauf der Geschichte viele, durchaus unterschiedliche Gesichter des Karmel. So treffen wir auch heute, aufgrund unterschiedlicher Herausforderungen in unserer Welt, auf verschiedene Formen, sich diesen Herausforderungen zu stellen (siehe die Kapitel III und IV). Was aber all diesen Ausformungen des Karmel in Geschichte und Gegenwart gemeinsam ist, ist die Suche nach Gott, vor dessen Angesicht sich die Karmelitin, der Karmelit weiß (vgl. 1Kön 17,1). Diese Suche und dieses Stehen vor Gott, der Wandel in seiner Gegenwart, werden im Lauf der Geschichte unterschiedlich akzentuiert, sei es das prophetische Eintreten für Gott (Elija), die Offenheit für das Wort Gottes (Maria), die Einsamkeit der Wüste (Buch der ersten Mönche), die Freundschaft mit Gott (Teresa von Avila), der

Aufstieg zum Berg Karmel (Johannes vom Kreuz), die Gestaltung des Alltags aus Gottes Gegenwart (Tourainer Reform), der kleine Weg (Therese von Lisieux) oder der Widerstand gegen ein unmenschliches und gotteslästerliches Regime (Titus Brandsma) im Lebenseinsatz für das jüdische Volk (Edith Stein). Auch heute ergeben sich auf dieser Basis unterschiedliche Antworten, sei es, Gott in einem klausurierten Leben der Kontemplation zu suchen (Karmelitinnen), sei es der Versuch, Gemeinschaft alternativ zu leben (Marienthal und Ohrdruf), sei es, die Menschen in Kursen und Exerzitien Beten zu lehren (Birkenwerder und Springiersbach), sei es, sich der konkreten Nöte von Menschen anzunehmen im Gebet (Karmelitinnen), im sozialen Dienst (Drittordensgemeinschaften), im Zuhören (Offene Tür) oder in der Aufnahme von Flüchtlingen (Wien), oder sei es im Einsatz für die Menschen auf internationaler Ebene in Osteuropa, in Afrika, Asien und Lateinamerika.

All diese bunte Vielfalt, diese vielen Facetten beleuchten das eine Grundcharisma des Karmel, nämlich eine Gemeinschaft von Menschen zu sein, die ihr Leben der leidenschaftlichen Suche nach Gott verschrieben haben.

In diesem Sinne sind die Karmelitinnen und Karmeliten aufgrund ihrer Tradition und Geschichte heute berufen, im Sinne Karl Rahners, Mystikerinnen und Mystiker zu werden, Fromme von morgen, die etwas erfahren haben von Gott und deshalb um so konsequenter und engagierter nach ihm suchen. (Karl Rahner schrieb bereits 1966: „Der Fromme der Zukunft wird ein Mystiker sein, einer der Gott erfahren hat, oder er wird nicht mehr sein.")

Diese lebendige Vielfalt karmelitanischer Spiritualität in Geschichte und Gegenwart soll in den folgenden Kapiteln umrißhaft skizziert werden.

1. Die Regel des Karmel – Ein Lebensentwurf der Nachfolge Christi

Christian Körner OCarm

Fast 800 Jahre ist die Regel des Karmel alt. Während dieser Zeit war sie unzähligen Frauen und Männern Quelle der Inspiration für ein geistliches Leben und ihrer Suche nach Gott. Sie steht zwar nicht in der Reihe der bekannteren und großen Ordensregeln, die ihren Namen Augustinus, Benedikt oder Basilius verdanken, trotzdem hat dieser Text bis heute nichts von seiner geistigen Tiefe und Lebendigkeit verloren.

Entstehung des Textes

Von seiner äußeren Form her ist der Regeltext ein Brief des Patriarchen Albert von Jerusalem, der zuständigen kirchlichen Autorität, an die Eremitengemeinschaft am Berg Karmel, zu der sich aus Europa stammende Kreuzfahrer, Pilger oder Büßer zusammengefunden hatten. Er enthält als Antwort eine Lebensregel („vitae formula") für ihre bereits bestehende Gemeinschaft, worum sie Albert gebeten hatten. So schreibt er: „Da ihr uns ersucht habt, euch euerem Vorschlag gemäß eine Lebensregel zu geben, sollt ihr in Zukunft folgendes beobachten: ..." (Prolog) Er geht also auf ihren Vorschlag, ihr Vorhaben (propositum), das heißt schon gelebte Erfahrungen der Eremiten, ein und gibt ihnen dafür Weisungen. Noch ist die „vitae formula" keine Ordensregel im strengen Sinn, aber der Patriarch von Jerusalem gibt in seiner Form der Gesetzgebung auch eine Art kirchlicher Anerkennung für die Laienbewegung am Karmel. Sie war dadurch jedoch noch kein „Orden" im heutigen Sinn des Wortes.
Albert brachte in diese Lebensregel seine geistliche und juristische Erfahrung ein. Geboren in der Mitte des 12. Jahrhunderts, wurde Albert von Avogadro im Jahre 1180 zum Prior der Regularkanoniker von S. Croce in Montara (Pavia) gewählt. 1184 wurde er Bischof von Bobbio und ein Jahr später von Vercelli (1185–1205). Beratend arbeitete er an der Regel der Humiliaten mit und erstellte Konstitutionen für verschiedene Gemeinschaften. 1205 wurde er zum Patriarchen von Jerusalem ernannt und residierte ab 1206 in Akkon, wo er 1214 bei einer Prozession ermordet wurde. Die Eremiten am Karmel mußten demnach ihre „vitae formula" irgendwann zwischen 1206 und 1214 erhalten haben. Das genaue Jahr ist nicht bekannt.
Wie geht nun Albert auf das „propositum" der Gemeinschaft ein, die ihr asketisches Ideal am Karmel verwirklichen will?
Zum ersten greift er auf die Spiritualität der Wüstenväter zurück: „Albertus hielt das Leben der Eremiten für eine Prüfung und einen Kampf gegen die bösen Mächte ... Ganz in Übereinstimmung mit der klassischen Spiritualität der Wüstenväter sah er dieses Ringen als den Kampf des ‚Soldaten Christi', der sich mit der entwaffnenden Haltung Christi wappnet (Kap.14) und aus dieser Haltung heraus

beständig mit Ruhe arbeitet (Kap. 15-16)." (Steggink, Karmelregel, S. 4) Wichtiger Bestandteil dabei war, „daß jeder einen eigenen, abgesonderten Raum zum Leben hatte (Kap. 3) und sich dort Tag und Nacht vom Wort des Herrn aus besann (Kap. 7)" (ebd.).

Zum zweiten betont Albert das Gemeinschaftsleben und gibt damit den Laieneremiten eine gemeinschaftliche Struktur (vgl. Kap. 1-13). In der „vitae formula" Alberts werden deshalb wichtige Grundelemente der in seiner Zeit wachsenden Spiritualität der Mendikantenbewegungen deutlich. Auf einzigartige Weise vereinigt er somit eremitische und gemeinschaftlich-demokratische Werte in seiner Lebensregel. So ist die gemeinschaftliche Struktur der Brüder auf dem Karmel von folgenden Grundsätzen geprägt: Vorsteher der Gemeinschaft ist nicht, wie z.B. in der Regel Benedikts, ein Abt, sondern ein von den Brüdern selbst gewählter Prior, der im Geist des Dienstes die Gemeinschaft leiten soll (Kap. 17-18). Es gibt „kein Gehorsamsverhältnis zwischen Vater und Sohn, sondern eine Haltung gegenseitiger Treue im Rahmen und zugunsten des gemeinsamen Ziels." (Steggink, Karmelregel, S. 5) Deshalb werden auch wichtige Fragen des Gemeinschaftslebens in gegenseitigem Einverständnis geregelt und gemeinsam besprochen (vgl. Kap.1; 2; 3; 11).

Ein weiterer wichtiger Punkt ist das Fehlen einer Unterscheidung von Priestern und Nicht-Priestern. „Priestersein wird in keiner Weise erwähnt, noch wird es berücksichtigt. Für sie gibt es weder eigene Vorschriften noch Vorrechte. Es wird lediglich unterschieden zwischen denen, die lesen können, und denen, die das nicht können (Kap. 8)" (ebd.).

Von ihren rechtlichen Bestimmungen her gesehen, ist die „vitae formula" Alberts original, ohne Abhängigkeit von bestehenden Regeln. Albert schreibt im spirituellen Kontext seiner Zeit, inspiriert von der Heiligen Schrift und Gedanken Cassians.

Für die Eremitengemeinschaft am Karmel wurde es immer wichtiger, daß ihre Lebensform auch vom Papst anerkannt wurde. Grund dafür war eine Entscheidung des 4. Laterankonzils (1215), die sich gegen die Gründung weiterer Orden richtete. Bestätigungen erfolgten schließlich unter Papst Honorius III. 1226, Gregor IX. 1229 und Innozenz IV. 1245. Die endgültige Anerkennung der „vitae formula" als Regel blieb aber noch aus.

Während dieser Zeit kam es aufgrund der politischen und religiösen Situation im Hl. Land zu existentiellen Veränderungen für die Karmeleremiten. Um das Jahr 1238 begannen sie deshalb, sich in Europa niederzulassen. Ihrer Lebensform entsprechend waren diese ersten Gründungen (Zypern, Sizilien, Provence und England) vorwiegend in einsamen Gegenden. Doch ihr Leben als Eremitengemeinschaft entsprach nicht mehr in allem ihrer Erfahrung vom Berg Karmel. Keineswegs ohne bedenkliche Stimmen näherten sie sich daher der auf die gesellschaftliche Situation in Europa antwortenden Mendikantenbewegung an. Dies sollte natürlich auch Konsequenzen für ihre Lebensregel haben. Der Bitte des Generalkapitels von Aylesford (England) 1247 um rechtliche Berücksichtigung der neuen Lage entsprechend, beauftragte Papst Innozenz IV. die beiden Dominikaner Hugo de St.Cher und Wilhelm, Bischof von Antarados, Alberts Lebensregel zu ergänzen.

Die wichtigsten Einfügungen sind:
- Kap. 1: Dem Gehorsamsgelübde werden die beiden anderen evangelischen Räte Ehelosigkeit und Armut hinzugefügt.
- Kap. 2: Niederlassungen müssen nicht unbedingt in der Einsamkeit sein, sondern auch dort, wo Grundstücke geschenkt werden. Damit ist die Tür zum Leben als Mendikanten geöffnet.
- Kap. 4: Es sieht jetzt die gemeinsame Mahlzeit im Refektorium vor.
- Kap. 9: Es erlaubt nun, bestimmte Haustiere zu halten. Damit wird die Bestimmung über die Armut gemildert. Dieses Zugeständnis wurde bereits 1229 durch Gregor IX. gemacht.
- Kap. 13: Es verweist deutlich auf das Leben der Mendikanten, wenn eingefügt wird, daß beim Betteln auf Reisen Fleischgenuß erlaubt ist.

Mit der Bulle „Quae Honorem Conditoris" vom 1.10.1247 wird die „vitae formula" Alberts mit den Einfügungen und Modifizierungen endgültig bestätigt und dadurch zur Regel im eigentlichen Sinn. Ebenso wird darin unterstrichen, daß die Karmeliten nun als Orden gelten. In späterer Zeit wurden auf Bitte des Ordens weitere Zugeständnisse bzw. Milderungen der Regel gewährt. Der Text der Regel wurde aber durch diese Milderungen nie verändert.

Die Nachfolge Christi als Grundprinzip der Regel

Die Karmelregel gibt schon im Vorwort (Prolog) den Weg und das Ziel zugleich an. Es ist die Nachfolge Jesu Christi – „in obsequio Jesu Christi vivere" (2Kor 10,5). Nicht nur an dieser Stelle wird die Vorliebe der Regel deutlich, Wichtiges in aller Kürze zu sagen: Es geht um Jesus Christus und die Beziehung zu ihm. In seiner Nachfolge, seiner Gefolgschaft, in seiner Fußspur oder wie immer man „obsequium" übersetzen mag, soll der Christ leben „und ihm mit reinem Herzen und gutem Gewissen treu dienen" (1Tim 1,5).

Auch der Kontext des ursprünglich paulinischen „Lebens in der Nachfolge Jesu Christi" ist ganz von der absoluten Ausrichtung auf Christus geprägt (vgl. 2Kor 6,4–7; 10,3-6; 1Thess 5,8; Eph 6,10–11; 14,16–17): Der Christ soll sich als Gottes Diener erweisen (vgl. 2Kor 6,4); in diesem Dienst ist er von Gott selbst ausgerüstet mit Gottes Kraft und den „Waffen der Gerechtigkeit" (2Kor 6,7). Paulus beschreibt im Epheserbrief diese „geistlichen Waffen" für den Dienst vor Gott. Sie sind wie eine Rüstung Schutz gegen alles, was dem Glauben widrig ist (Eph 6,10f.14.16f.). Auch für Johannes Cassianus war der Soldat Christi bekleidet mit der Waffenrüstung Gottes, ein Bild, um den Kampf des Mönches in der Einsamkeit zu beschreiben (Collatio VII,5). In Kapitel 14 der Regel greift Albert die Worte des Paulus auf und gibt sie in eigener Komposition denen wieder, die „fromm in Christus leben wollen" (2Tim 3,12). Die Teile der „Rüstung" schützen vor allem, was der Nachfolge widrig sein kann: der Gürtel der Wahrheit, der Panzer der Gerechtigkeit, der Schild des Glaubens, der Helm des Heiles und das Schwert des Geistes.

Die militärischen Begriffe mögen den modernen Leser der Karmelregel vielleicht befremden, aber: „Es geht in der bildlichen Sprache um Grundhaltungen, die mit dem Bild des Militärischen nur die Stärke und Wehrfähigkeit gemeinsam haben, jedoch ansonsten genau deren Gegenteil sind: entwaffnend." (Steggink, Karmelregel, S. 31) Eine Sprache, die zur Zeit der Kreuzzüge, als die Regel entstand, sicher anders verstanden wurde als heute. Überhaupt hatten Begriffe wie Gefolgschaft oder Dienst (obsequium) andere Bedeutungshorizonte als in unseren „aufgeklärten" Demokratien. Das Beziehungsgeflecht der Bevölkerungsgruppen war geprägt von den Gesetzen der feudalen Gesellschaft. Das Volk stand im Dienst eines Herren mit bestimmten Verpflichtungen, wofür dieser gewisse Schutzleistungen gewährte. Im damaligen Verständnis war dies ein weltlicher Herr oder Gott. Für die Eremiten auf dem Karmel bedeutete „Leben in der Nachfolge Jesu Christi" diese personale Beziehung zum Herrn des Landes, dem König Jesus Christus. Und zwar nicht nur durch das religiöse Vorhaben begründet, sondern auch durch den Ort seines Lebens, Leidens und Sterbens. Folglich ist der Weg des Dieners dem Weg des Herrn entsprechend: Es ist vor allem Nachfolge des armen und gekreuzigten Jesus Christus. In seinem Dienst stehen heißt somit entwaffnend sein wie er in Armut, Fasten, Einsamkeit und Gebet, um seinem Reich in Frieden und Gerechtigkeit zu dienen. Es geht gewissermaßen um eine Intensivierung der Beziehung zu seiner Person, um eine Umformung in Christus. Richtschnur dieses Prozesses kann deshalb nur Christus selbst sein, sein Wort und sein Gesetz. In der Sprache der Regel bedeutet dies: „Tag und Nacht im Gesetz des Herrn betrachten und im Gebete wachen" (Kap. 7) und die Beziehung zu ihm täglich im Psalmengebet und der Eucharistie zu feiern (Kap. 8 u. 10). Auf diesem Weg der lebendigen Verbindung mit Christus ist vor allem die Treue zu ihm ein wichtiges Element: „Ihm mit reinem Herzen und gutem Gewissen treu dienen" (Prolog); „fromm in Christus leben" (Kap. 14); „alles, was immer ihr zu tun habt, geschehe auf das Wort des Herrn hin" (Kap. 14); „erwäget stets im Geist und übt in der Tat, was der Herr im Evangelium sagt" (Kap. 17).

Bei all diesen Weisungen für den Weg mit Christus wird auch das Ziel angezeigt: Es ist wiederum Christus, der wiederkommende Herr. Der Weg mit ihm und zu ihm ist nach Ansicht der Regel jedoch kein „Spaziergang", sondern ein manchmal recht harter Weg, eine „Prüfung" (vgl. 1Petr 5,8) für alle, die ihn ernst nehmen (vgl. Kap14). Christus und die personale Beziehung zu ihm ist also das Grundprinzip, von dem her alle Weisungen für die Karmeleremiten zu verstehen sind. Obwohl die Regel von der Spiritualität der Zeit geprägt und für eine bestimmte Gruppe gegeben ist, kann dies auch Impuls für eine gläubige und ganzheitliche Christusnachfolge in jeder Zeit und an jedem Ort sein.

Es ist klar, daß das Grundprinzip der Regel, ihr ausgesprochener Christozentrismus, Auswirkungen auf die Organisation derer haben muß, die „in obsequio Jesu Christi" leben wollen. Von der Regel werden sie als Brüder bezeichnet. Und das ist sicher nicht als rechtlicher Begriff, sondern vielmehr als Programm der Gemeinschaft zu verstehen, was an den Kapiteln 1–13 sichtbar wird.

Auch im täglichen Miteinander soll der Mittelpunkt deutlich werden, um den sich die Brüder versammelt haben; denn einer Christusbeziehung ohne Entsprechung im „Bruder" würde ein wesentliches Element fehlen. Für die Brüder am Karmel war es schließlich Christus selbst, der einen von ihnen als Prior einsetzt (Kap. 18): „Die tiefere Bedeutung bestehet darin, daß der Prior als Symbol des Lebens-in-der-Gemeinschaft-in-der-Fußspur-Jesu auch ganz besonders das Symbol des endgültigen Motivs und Fundament dieses Lebens ist: der Person Jesu." (Steggink, Karmelregel, S. 41) Zum Verständnis der

Rolle des Priors in der Regel siehe auch den Beitrag von Pankraz Ribbert „Die demokratische Verfassung des Ordens“ (S. 120ff).

Werte auf dem Weg der Gemeinschaft

An erster Stelle ist in diesem Zusammenhang das *Wort Gottes* selbst zu nennen. Schon der Text der Regel ist dafür ein eindrucksvolles Zeugnis. Mosaikartig ist er aus mehr als einhundert direkten oder indirekten Anspielungen auf Bibelstellen oder Zitaten aus dem Alten und Neuen Testament zusammengesetzt. Wie schon oben erwähnt, spielen dabei die Paulusbriefe eine wichtige Rolle. Albert verwendet die Worte der Schrift, wie wenn es seine eigenen wären. Offensichtlich will er diese Nähe zum Wort Gottes den Brüdern vom Karmel nahelegen. Die Regel hält sie an, die Schrift einzeln und in Gemeinschaft zu betrachten: bei der gemeinsamen Mahlzeit (Kap. 4), Tag und Nacht im persönlichen Betrachten (Kap. 7), beim Stundengebet (Kap. 8), bei der täglichen Eucharistie (Kap. 10). Und sie faßt in Kap. 14 zusammen: „Das Wort Gottes möge überströmend sein in eurem Mund und im Herzen; und alles, was ihr zu tun habt, geschehe auf das Wort des Herrn hin“ (vgl. Kol 3,16; Röm 10,8; Kol 3,17).
Albert will einen vom Wort Gottes geprägten Lebensstil, der einen damit vertrauten Umgang schafft, ja den ganzen Tagesablauf bestimmt. Jeder Bruder soll in seiner Zelle oder in ihrer Nähe „Tag und Nacht im Gesetz des Herrn betrachten und im Gebete wachen“ (Kap. 7; vgl. Ps 1,2). Betrachtung meint hier in erster Linie ein Vertraut-Sein mit der Schrift, aus dem Gebet wird, das heißt Dialog mit Gott, der den Alltag des einzelnen und der Gemeinschaft prägt: „Meditatio bedeutete dann ein ‚Wiederkäuen der im Gedächtnis eingeprägten Worte der Schrift mit Herz und Mund‘, eine Beschäftigung, die auch während der Handarbeit verrichtet wird. So gehen die Worte der Schrift, vor allem jedoch die Psalmen in Fleisch und Blut über. Sie leben im Wort der Schrift.“ (Steggink, Karmelregel, S. 23) Der Regeltext ist dafür selbst das beste Beispiel und zugleich Ermunterung, das Wort Gottes ganz in den Mittelpunkt des Lebens zu stellen. Es soll den Alltag (Kap. 7 u. 15) und den ganzen Menschen erfassen.
Von dieser Haltung her sind sicher auch die Kapitel über die Arbeit (Kap. 15) und das Schweigen (Kap. 16) zu verstehen. Hier wird ein konkreter Bezug zur Alltäglichkeit hergestellt. Die in der Regel be-

schriebenen Hinweise zur Nachfolge „werden nicht im luftleeren Raum eingeübt, sondern in einem arbeitsamen Leben. Der Eremit soll immer mit einer Arbeit beschäftigt sein." (Steggink, Karmelregel, S. 34) Am Karmel selbst war dies Handarbeit. Durch die Übersiedelung nach Europa und die veränderte Lebenssituation bedingt, wurden es die den Bettelorden entsprechenden seelsorglichen Aufgaben. Das 16. Kapitel empfiehlt dann in einer Aneinanderreihung von Schriftzitaten das Schweigen. Das „Silentium" soll eine Sensibilität für das Wort Gottes schaffen, die sich darüber hinaus in einer Haltung des sehr „sorgfältigen Umgehens mit der Kommunikation" auswirkt (Steggink, Karmelregel, S. 37). Beide Kapitel sind als praktische Anweisungen für den Alltag zu sehen, als Hilfen, die sowohl die persönliche als auch die gemeinschaftliche Umformung in Christus unterstützen. Es geht um eine Haltung der Aufmerksamkeit, des Freiseins für die Gegenwart Gottes und des anderen.

In der täglichen *Eucharistie* (Kap. 10) wird das „vivere in obsequio Jesu Christi" gefeiert und erhält seine Nahrung. So treffen sich die Brüder, sonst in einzelnen Zellen, täglich im zentral gelegenen Oratorium zur Eucharistiefeier. Darin wird die Gegenwart Christi im Alltag der Gemeinschaft und des einzelnen konkret und sichtbar erfahren, allein schon durch die Lage des Oratoriums „inmitten der Zellen" (Kap. 10).

Ein weiteres, für das Leben der Gemeinschaft wichtiges Fundament ist die regelmäßig (wöchentlich) wiederkehrende *Überprüfung des gemeinsamen Lebens* und die gegenseitige Korrektur im gemeinschaftlichen Gespräch (Kap. 11). Nicht zufällig steht der Aufruf zur Umkehr nach dem Kapitel über die tägliche Eucharistiefeier. Wiederum findet der Christozentrismus der Regel seine Konkretion. Diesmal in der Versöhnung der Brüder untereinander und in der liebevollen Zurechtweisung. In einer nicht gerade friedvollen Zeit haben die Brüder sich ja entschlossen, aus dem Wort Gottes zu leben und die geistlichen Waffen zu gebrauchen, die letztendlich zum Frieden führen.

In diesen Zusammenhang gehört schließlich auch die *Relativierung bestimmter Vorschriften*, die auf die jeweilige Situation des einzelnen Rücksicht nimmt, aber auch vor Übereifer warnt (vgl. Kap. 8–10). Die prägnante Kürze der Regel bestätigt sich in Kapitel 12, welches diese ausgewogene Haltung mit dem alten juristischen Grundsatz zusammenfaßt: „Not kennt kein Gebot". Genauso wird am Ende des Textes vor Übertreibung gewarnt. Dies geschieht wahrscheinlich nicht nur, um Eiferer zu bremsen, sondern eher im Hinblick auf eine

gesunde Ausgeglichenheit zwischen dem Streben des einzelnen und dem Leben der Gemeinschaft. Die von der Tradition der Wüstenväter her als „Unterscheidung der Geister“ bekannte Einstellung sorgt für eine gewisse Bodenständigkeit, „denn kluge Zurückhaltung lenkt die Tugend in die rechte Bahn.“ (Epilog)
Nach dem Modell der Karmelregel führt also das Leben des Eremiten hin zur Gemeinschaft, in ihr soll sich authentische Jüngerschaft, d.h. der persönliche Weg der in Gebet und Askese gesuchten Christusbeziehung, zeigen und bewähren. Dabei haben die einzelnen Weisungen der Regel unterstützenden Charakter und sind Hilfestellung im Reifungsprozeß des einzelnen sowie der Kommunität.

Auf dem Weg nach Jerusalem

Daß bei all diesen Gedanken Anklänge an die Urgemeinde von Jerusalem festzustellen sind, hat Anfang der achtziger Jahre der italienische Karmelit Bruno Secondin OCarm hervorgehoben. Die Karmelitenregel entstand in einer Zeit, in der viele Menschen in das Hl. Land pilgerten („peregrinatio hierosolymitana“), um dort die heiligen Stätten zu besuchen. Die Stadt Jerusalem war damals nicht nur Bild des himmlischen Jerusalems, sondern auch Symbol für das Ideal der ersten Christengemeinde. Vergleicht man nun die Kapitel 7-11 des Regeltextes mit dem Leben der Urgemeinde in Jerusalem, wie es uns in der Apostelgeschichte überliefert ist (vgl. Apg 2;4), lassen sich folgende Anklänge nachweisen: das Hören des Wortes Gottes (Kap. 7; vgl. Apg 2,42), das Gebet (Kap. 7-8; vgl. Apg 2,42.46), die Gütergemeinschaft (Kap. 9; vgl. Apg 2,44f; 4,32-35), die tägliche Eucharistiefeier (Kap. 10; vgl. Apg 2,42-46), die Eintracht (Kap. 11; vgl. Apg 2,42.44.46; 4,32), die zentrale Lage des Oratoriums als Ort der Gegenwart des Herrn (Kap. 10; vgl. Apg 2,46; 5,12; 13,1-3; vgl. auch Ez 46,13; 48,8).
Ausgehend von diesen und weiteren Verbindungen zwischen Regel und Apostelgeschichte, sieht Secondin die erste christliche Gemeinde von Jerusalem als Modell für die Karmeleremiten. War in der Tradition allein das immer fundamental bleibende Kapitel 7 über das unablässige Beten als das Herz der Regel betrachtet worden, sieht nun er den Mittelpunkt in den Kapiteln 7-11. Die bauliche Anlage an sich, das private und gemeinschaftliche Hören des Wortes und die Versöhnung finden ihren höchsten Ausdruck in der Eucharistie als

zentrales österliches Geschehen. Diese Beziehung zu Christus, ausgedrückt in den Werten der Regel, führt den einzelnen und die Gemeinschaft zu einer Reife im Sinne des Evangeliums.
Ein solches Bild von klösterlicher Gemeinschaft zeichnet übrigens auch das Zweite Vatikanische Konzil in seinem Dekret über die zeitgemäße Erneuerung des Ordenslebens „Perfectae caritatis" Nr. 15: „Das Leben in Gemeinschaft nach dem Beispiel der Urkirche, in der die Menge der Gläubigen ein Herz und eine Seele war (vgl. Apg 4,32), soll, genährt durch die Lehre des Evangeliums, durch die heilige Liturgie, vor allem die Eucharistie, in Gebet und Gemeinsamkeit des Geistes beharrlich gepflegt werden (vgl. Apg 4,42). Die Ordensleute sollen als Glieder Christi im brüderlichen Umgang einander mit Achtung zuvorkommen." Hier mag ein Idealbild gezeichnet sein, hinter dem jede Gemeinschaft, gewiß auch die karmelitanische, ein Stück weit zurückbleiben wird. Ähnliches gilt für die Regel als Lebensmodell. Deshalb schließt der Regeltext mit dem Hinweis: „Wenn einer aber darüber hinaus noch mehr verlangt, wird es ihm der Herr bei seiner Wiederkunft vergelten." (Epilog)

Zusammenfassung

Die Einsiedler auf dem Karmel fanden im Lebensmodell Alberts ihren Weg der Nachfolge Christi bestätigt. Daß Christus darin eine zentrale Stellung findet, ist eng an das Hl. Land, die Spiritualität der Epoche der Kreuzzüge und verschiedene geistige Strömungen, wie z.B. die Pilgerfahrt nach Jerusalem oder die Armutsbewegungen, gebunden. Die Wirkungsgeschichte dieses kurzen geistlichen Textes geht aber über die erste Niederlassung am Karmel und die entsprechenden Zeitumstände hinaus. In seiner Gebetstradition greift der Karmel deshalb immer wieder auf seine inspirative Quelle zurück, bis hin zu seiner Reform unter Teresa von Avila. Es besteht kein Zweifel, „daß sie die Regel nicht nur zur juridischen Grundlage ihrer Reform machen wollte, sondern auch zur geistlichen. Ihr Einfluß ist in all ihren Schriften deutlich festzustellen. Sie verweist auf sie oder zitiert aus ihr mehr als 50mal - öfter als aus jeder anderen Quelle mit Ausnahme der Hl. Schrift" (Edwards, Die Regel des hl. Albert, S. 37). Allen, die das Leben vor dem lebendigen Gott aus der Traditon des Karmel beschreiben, geht es immer um die im Mittelpunkt der Regel verankerte Nachfolge Christi und den Weg, den sie dazu empfiehlt.

Die gleiche Tradition bezeichnet diesen Weg als „vacare deo" – Freisein für Gott, ausgehend von der Regel, deren Lebensmodell ganz von Seiner Gegenwart durchdrungen ist. Die hier angestrebte Haltung ist zeitlos und kann auch dem „modernen" Menschen Anregung für ein Leben vor dem lebendigen Gott geben. Denn damals wie heute ist das Wort Gottes Zeugnis für das Handeln des lebendigen Gottes an seinem Volk. Damals wie heute ruft das Wort zur Nachfolge in einer Gemeinschaft von Schwestern und Brüdern, die Gott suchen und in einer friedlosen Zeit anfang- und bruchstückhaft dem kommenden Herrn entgegengehen (vgl. Kap. 14; Epilog).

2. Elija – Die kontemplativ-prophetische Dimension des Karmel

Michael Plattig OCarm

Der Ort, den die ersten Karmeliten für ihr Einsiedlerleben wählten, der Berg Karmel, schlägt die Brücke zum Propheten Elija. Der Karmel war nach 1Kön 18,1–46 der Ort des Gottesurteils, der Ort der entscheidenden Konfrontation zwischen Elija, dem Propheten Jahwes, und den Priestern des Baal. Elija heißt übersetzt: „Mein Gott ist Jahwe" und ist damit gleichsam eine Kurzformel seines Wirkens, seiner Botschaft, das Volk Israel vom Baalskult, gefördert vom Königshaus, besonders von Isebel, Tochter des Königs von Tyrus und Gemahlin des Königs Ahab, zu Jahwe, dem wahren Gott Israels, zurückzuführen.
In der Karmelregel allerdings wird Elija nicht ausdrücklich erwähnt. Die Verbindung der Karmeliten mit dem Propheten Elija bezeugt zuerst Jacques de Vitry (1216–1228 Bischof von Akkon) in seiner „Historia Hierosolimitana": „Andere führten in Nachahmung des hl. Anachoreten, des Propheten Elija, am Berg Karmel ein Einsiedlerleben, besonders in jener Gegend, die über der Stadt Porphyria liegt, die heute Haifa genannt wird, in der Nähe der Quelle, die Elijasquelle heißt, ... wo sie in bienenkorbförmigen, bescheidenen Zellen, gleichsam als Bienen des Herrn, wie Honig geistliche Süßigkeit bereiteten."
Die Bezeichnung des Propheten Elija als „hl. Anachoreten" (= Einsiedler) weist darauf hin, daß die geistliche Verbindung der Eremiten des Karmel zu Elija nicht nur durch den Ort begründet war, sondern auch durch eine von den griechischen und lateinischen Kirchenvätern ausgehende Tradition, die in Elija den ersten Einsiedler und

Wüstenvater sah, besonders wegen seines Rückzuges an den Bach Kerit (1Kön 17,2–7). Die Zeugnisse sind vielfältig, stellvertretend sei hier Athanasius genannt (Vita Antonii, VII. Kapitel): „Antonius sagte bei sich, der Asket müsse in dem Lebenswandel des großen Elija wie in einem Spiegel beständig sein eigenes Leben sehen."

Elija als „Gründer" des Karmel

Die Situation in Europa, auf die die Karmeliten nach ihrer Übersiedlung trafen, brachte sie einigermaßen in Verlegenheit. Sie konnten keine prägende spirituelle Gestalt als Gründer benennen wie die anderen neuen Orden des Mittelalters, die Franziskaner und Dominikaner. Sie wußten schlichtweg keine Antwort auf die Frage, wann und von wem sie gegründet wurden. Um dies zu klären, wurde auf dem Londoner Generalkapitel 1281 eine offizielle Erklärung verfaßt und den Konstitutionen beigefügt, in der es hieß: „Wir erklären und beschwören, daß ohne jeden Zweifel seit der Zeit, da die Propheten Elija und Elischa in frommem Wandel auf dem Berg Karmel lebten, heilige Väter sowohl des Alten als auch des Neuen Testaments, welche die Kontemplation himmlischer Dinge in die Einsamkeit desselben Berges zog, dort bei der Elijasquelle in heiliger Buße ununterbrochen und erfolgreich ein erbauliches Leben geführt haben. Ihre Nachfolger waren es, die Albertus, der Patriarch von Jerusalem, zur Zeit Innozenz' III., zu einer Gemeinschaft zusammenfaßte, indem er ihnen eine Regel gab, welche Papst Honorius, der Nachfolger Innozenz', und viele andere Päpste nach ihm durch ihre Schreiben sehr ehrfürchtig bestätigten und so diesen Orden approbierten. Indem wir auf diese Regel Profeß ablegen, dienen wir, ihre Nachfolger, in verschiedenen Teilen der Welt dem Herrn, bis auf den heutigen Tag."

Noch ist nicht ausdrücklich von Elija als Gründer die Rede, der Orden beruft sich lediglich auf eine Tradition, die mit dem Karmel verbunden ist.

Es dauerte nicht mehr lange, bis aus der Tradition die Legende von der Gründung durch Elija wurde. Das „Speculum" des Jean de Cheminot von 1337 dürfte das erste Werk sein, das Elija und seinen Schüler Elischa ausdrücklich Gründer des Ordens nennt. Von da an entwickelt sich diese Tradition immer stärker und wird mit zahlreichen Legenden versehen. Propheten, frühe Päpste, Bischöfe, Märtyrer werden, um die historische Kette zu schließen, posthum zu Karmeliten ernannt. Dies führt bis zu bildlichen Darstellungen des Besuchs der Hl. Familie auf dem Berg Karmel, wo sie von den Karmeliten mit Vortragskreuz und Weihrauchfaß herzlich begrüßt werden (Retabel im Historischen Museum in Frankfurt/Main etwa aus dem Jahr 1500).

Elija und die Spiritualität des Karmel

Was die Rolle Elijas in der Anfangszeit anlangt, so sind nur Vermutungen möglich, sie dürfte sich entlang der aufgezeigten Tradition der Kirchenväter bewegt haben.
Ansonsten haben die Texte und Berichte dieser ersten Jahrzehnte eher den Charakter von Verteidigungsschriften, denn die Anerkennung der Karmeliten als offizieller Orden und ihre Berufung auf Elija als Gründer war nicht unumstritten, vor allem Dominikaner und Franziskaner witterten unliebsame Konkurrenz und bestritten die Behauptungen der Brüder vom Karmel.
In den Rahmen dieser Auseinandersetzungen gehört auch das „Buch der ersten Mönche"; das Einsiedlerleben, d.h. das Leben der Karmeliten, hat demnach ein zweifaches Ziel: „Das eine können wir - mit Hilfe der göttlichen Gnade - durch eigene Anstrengung und durch Übung der Tugenden erreichen. Es besteht darin, Gott ein reines und heiliges Herz anzubieten, das frei ist von jeder Sünde. Dieses Ziel erreichen wir, wenn wir vollkommen sind und verborgen in Kerit, d.h. in der Liebe, von der der Weise sagt: ‚Die Liebe deckt alle Verfehlungen zu' (Spr 10,12). Zu diesem Ziel wollte Gott Elija führen, darum hat Er zu ihm gesagt: ‚Verbirg dich am Bach Kerit' (1Kön 17,3). Das andere Ziel dieser Lebensweise wird uns als unverdientes Geschenk von Gott gegeben. Es besteht darin, daß wir nicht erst nach dem Tod, sondern schon in diesem sterblichen Leben ein wenig die Kraft der göttlichen Gegenwart und die Freude der himmlischen Herrlichkeit in unserem Herzen verkosten und in unserem Geist erfahren dürfen. Das bedeutet, trinken aus dem Strom der göttlichen Wonne. Dieses Ziel hat Gott Elija versprochen, als Er sagte: ‚Aus dem Bach sollst du trinken.' (1Kön 17,4). Um dieses doppelte Ziel zu erreichen, muß der Mönch das prophetische Einsiedlerleben umfangen."
In einem Brief des Provinzials von England, Thomas Netter of Wal-

den, von etwa 1420, taucht erstmals eine andere Seite der Gestalt Elijas auf, nämlich das prophetisch-aktive Element, sein Kampf für den rechten Glauben. Netter bedauert, daß nur wenige Karmeliten in diesem Geist ihres Vaters Elija leben und handeln.
Die prägende Gestalt im 15. Jahrhundert war Johannes Soreth (1451–1471 Generalprior). Er unterstützte die Reformbewegung von Mantua, die die Rückkehr zur ursprünglich kontemplativen Lebensweise zum Ziel hatte. In seinem Regelkommentar von ca. 1462 schreibt er: „Wenn ihr die Söhne Elijas seid, dann tut die Werke Elijas." Wobei hier die typisch eremitischen „Werke" gemeint sind: Beten, Fasten, Rückzug in die Einsamkeit etc.
Teresa von Avila beruft sich ca. 100 Jahre später ausdrücklich auf die ursprünglich eremitisch-kontemplative Ausrichtung des Ordens: „Obwohl wir alle, die wir dieses heilige Gewand vom Karmel tragen, zum Gebet und zur Kontemplation berufen sind - denn dies war unser Anfang, von diesem Stamme kommen wir, als Nachfahren jener heiligen Väter vom Berge Karmel, die in solch großer Einsamkeit und solcher Verachtung der Welt diesen Schatz suchten, diese kostbare Perle, von der wir sprechen -, sind es doch auch unter uns nur wenige, die sich dafür bereit machen, auf daß der Herr sie uns schauen lasse." (Innere Burg, 5. Wohnung, 1. Kapitel) Selbstverständlich ist Elija für Teresa „unser Vater", doch gewinnt er für sie nur am Rande inspirierende Kraft.
Ähnliches gilt für Johannes vom Kreuz, den vor allem die Gottesbegegnung des Propheten (1Kön 19,8-13) faszinierte: „Du über alles zarte Berührung des Wortes, mir um so zarter angesichts der Gewalt, mit der du Berge umwälztest und Felsen am Berge Horeb allein mit dem Schatten der dir vorausgehenden Macht zerschmettertest, um dann mit zarter Kraft dich dem Propheten im Säuseln milder Luft zu offenbaren!"(LebendigeFlamme, 2,17)
Für den Teresianischen Karmel bleibt Elija als „Vater" wichtig, jedoch prägen Teresa von Avila und Johannes vom Kreuz wesentlich stärker seine Spiritualität.
Im 17. Jahrhundert bricht der von Anfang an schwelende Konflikt um Elija als Gründer der Karmeliten auf, vor allem durch das Werk des Jesuiten Papenbroek. Die Dokumente der Karmeliten halten der kritischen Prüfung nicht stand, trotzdem beharren sie auf ihrem Standpunkt. Als der Streit zu eskalieren droht, verbietet Papst Innozenz XII. 1696 Jesuiten und Karmeliten, gegeneinander zu schreiben, und verfügt 1698 Stillschweigen über den Ursprung der Karmeliten.

Neben diesen Kontroversen um die Geschichte des Ordens bringt das 17. Jahrhundert die nach ihrem geographischen Ursprung benannte Reform von Touraine (Tours in Nordfrankreich) hervor. Johannes a Samsone, der blinde Laienbruder und langjährige Novizenmeister der Reform, sah in Elija das Modell eines Lebens in Gemeinschaft mit Gott, er betonte sehr stark dessen kontemplative Haltung. Philippe Thibault, der Organisator der Reform, unterstrich die Bedeutung des Apostolates als eines integralen Bestandteils des Ordenslebens, wobei Aktivität als die Frucht des Gebetes, der Kontemplation, zu verstehen ist. Für diesen Zusammenhang wurde Elija zum Vorbild, der einerseits „vor Gott stand", am Bach Kerit ein Leben in Einsamkeit führte und Gott auf dem Horeb im „leisen Säuseln" begegnete, damit dem 7. Kapitel der Karmelregel entspricht, das den Karmeliten anweist, „Tag und Nacht im Gesetz des Herrn zu betrachten und im Gebete zu wachen", andererseits trat Elija mutig vor den König, prangerte dessen Abfall von Jahwe an, rief im Namen Gottes das Volk auf dem Karmel in die Entscheidung und bekannte am Horeb: „Mit leidenschaftlichem Eifer bin ich für den Herrn, den Gott der Heere, eingetreten"(1Kön 19,10), was zum Wappenspruch der Karmeliten wurde.

Zu Beginn des 20. Jahrhunderts nehmen auch die Karmeliten offiziell Abschied von Elija als ihrem Gründer, halten aber fest an seiner Gestalt als Quelle der Inspiration.

Der im KZ Dachau ermordete Karmelit Titus Brandsma knüpft in seinem Buch „Das Erbe des Propheten. Geist und Mystik des Karmel" (deutsch Köln 1957) an die Tourainer Reform an und sieht in der Übung des „Wandels in der Gegenwart Gottes" eine durchaus moderne Gebetsmethode, die versucht, das Leben bewußt mit Gott zu gestalten gerade auch im Alltag und in den Kleinigkeiten des Lebens. Es ist der Versuch, Gebet und Apostolat, Kontemplation und Aktion im umfassenden Bewußtsein der Gegenwart Gottes zu verbinden. Diese Übung des Karmel hat ihre Wurzel im bereits erwähnten 7. Kapitel der Regel und im ersten Wort, das vom Propheten Elija überliefert wird: „So wahr der Herr, der Gott Israels, lebt, vor dessen Angesicht ich stehe..."(1Kön 17,1).

Das II. Vaticanum beschreibt im Dekret „Perfectae caritatis" die zeitgemäße Erneuerung des Ordenslebens folgendermaßen: „ständige Rückkehr zu den Quellen jedes christlichen Lebens und zum Geist des Ursprungs der einzelnen Institute, zugleich aber deren Anpassung an die veränderten Zeitverhältnisse".(PC 2)

Die Karmeliten stellten sich dieser Herausforderung des Konzils vor allem im Blick auf die elijanische Tradition, die auch durch die nachkonziliare Krise der Marienverehrung wieder verstärkt in den Vordergrund rückte. Neuere exegetische Erkenntnisse und Erfahrungen vor allem der Brüder aus den Ländern Südamerikas flossen in die Diskussionen und Beratungen ein. Dies führte zu einer Neubelebung der prophetischen Dimension karmelitanischer Spiritualität. Frucht dieses intensiven Prozesses waren die neuen Konstitutionen, die 1971 vom Generalkapitel approbiert wurden und mit kleinen Änderungen bis heute gelten. Die Aufgabe der Karmeliten wird folgendermaßen umschrieben: „In dieser Welt wollen wir die Anwesenheit des lebendigen und wahren Gottes, der in Christus zu uns gesprochen hat, suchen und leben. Im gläubigen Vertrauen auf die endgültige Offenbarung, daß Gott alles in allem sein wird, trachten wir, durch unsere brüderliche Liebe diese eschatologische Wirklichkeit zu bezeugen, indem wir andere fähig machen, die Anwesenheit Gottes in ihrem Leben zu entdecken und die Idole falscher Religiosität abzubauen." (Konst. Nr. 13) Die elijanischen Anklänge sind unüberhörbar. Nr. 14 stellt den Bezug ausdrücklich her, Elija und Maria „lebten aus dem tiefen Glauben, daß Gott mit uns sei und unser ganzes Leben seinen Ursprung und sein Ziel in Gott finde. ... Vom Propheten Elija lernen wir den brennenden Eifer für den lebendigen und wahren Gott und die Bereitschaft, von dem Zeugnis zu geben, der durch seine Gegenwart auch in einer säkularisierten Welt wirkt." Deutlich wird hier zwar die meditative Lebenshaltung benannt, jedoch die apostolisch-prophetische Dimension betont.

Die Erfahrung mit den Konstitutionen und der Austausch darüber im gesamten Orden führten in den folgenden Jahren zu einem gesteigerten Bewußtsein für die politischen Implikationen des Ordenslebens. Das prophetische Element gewinnt immer stärker politische Züge, eine Verbindung, die bei Elija vorgebildet ist. Seine Botschaft war auch Denunziation politischer Mißstände. In der Geschichte von Nabots Weinberg (1Kön 21,1-29) tritt er im Namen Jahwes als Verteidiger des Rechtes der Kleinen und Schwachen auf und macht damit deutlich, auf wessen Seite Gott steht. Eine Überlieferung, die gerade im Nord-Süd-Gefälle unserer Welt und im extremen sozialen Gefälle vieler Länder des Südens neue Brisanz und Aktualität erhält. Sie wird zum biblischen Beleg der „Option für die Armen", zu der sich der Orden im Rahmen der Generalkongregation 1980 in Rio de Janeiro ausdrücklich bekannte. In Manila 1987 erinnert die Versammlung der

Provinziale an diese Option und verbindet sie noch ausdrücklicher mit Elija: „Es wurde uns bewußt, daß uns unsere kontemplative Tradition herausfordert, ‚das Gesicht Gottes im Gesicht der Armen zu finden' (Puebla), und daß die, die Gott schauen wollen, Gerechtigkeit üben müssen (Jer 22,16). Wir wurden an unser prophetisches Charisma erinnert, das wir mit Elija teilen. Um die Gerechtigkeit in Israel wiederherzustellen, ist er den Weg der Gerechtigkeit ..., den Weg der Solidarität, ... den Weg der Mystik ... gegangen. ... Die Mitglieder dieses Rates der Provinzen sind überzeugt, daß es keine wahre Spiritualität ohne Gerechtigkeit geben kann."
Als Reaktion auf diese sehr stark politische Prägung des Elijabildes im Karmel nehmen in den letzten Jahren im Orden wieder die Stimmen zu, die auf die kontemplative Dimension Elijas verweisen. Das jüngste Dokument, das diese Entwicklung schon illustriert, ist die sog. „Ratio Institutionis Vitae Carmelitanae", die Rahmenordnung für die Ausbildung von 1988. Dort heißt es in Nr. 17: „Elija ist der einsame Prophet, der nach Gott dürstet und in seiner Gegenwart lebt (1Kön 17,1.15). Er ist der Mystiker, der nach einer langen, erschöpfenden Reise die neuen Zeichen der Gegenwart Jahwes (1Kön 19,1-18) lesen lernt. Er ist der kontemplative Mensch, der von einer brennenden Leidenschaft für Gott verzehrt wird, einer Leidenschaft, die über alles andere hinausgeht (2Kön 2,1-13). Karmeliten sind wie Elija Menschen der Wüste, die den Weg der Einsamkeit gehen, um das Wort Gottes in ihrem eigenen Leben zu hören und aufzunehmen." Nr. 18 ergänzt: „Elija ist der Prophet, der sich sorgt um das Leben des Volkes; er kämpft gegen falsche Götter und führt sein Volk zurück zum Glauben an den wahren Gott (1Kön 18,20-46). Er ist solidarisch mit den Armen und Verbannten (1Kön 17,7-24) und verteidigt diejenigen, die unter Gewalt und Unrecht leiden (1Kön 21,17-29)."
Eine ähnliche Linie verfolgt der Neuentwurf der Konstitutionen, der auf dem Generalkapitel 1989 diskutiert wurde, das den bezeichnenden Titel trug: „Karmel 2000: Erbe, Prophetie und Herausforderung. ‚Elija, was willst du hier ?' (1Kön 19,13)"

Zusammenfassung und Ausblick

Die grundlegende Spannung in der Geschichte der Karmeliten zwischen eremitischem Ursprung und historischer Entwicklung zum Bettelorden machte und macht sich häufig an der Gestalt Elijas fest. In der Überlieferung über ihn finden sich beide Elemente: Rückzug, Stille, Einsamkeit, Meditation und Apostolat, Aktivität, prophetisches Zeugnis, politisches Handeln. Als Reaktion auf Fragen der Zeit und unter dem Einfluß historischer Entwicklungen wurde in der Geschichte des Ordens immer wieder die eine oder die andere Facette stärker betont. Diese Mischung von Besinnung auf die Tradition und Reaktion auf die „Zeichen der Zeit" beschreibt im Grunde die vom II. Vaticanum geforderte Erneuerung des Ordenslebens (vgl. oben PC 2). Solange daher die Karmeliten ihr elijanisches Erbe in allen seinen Ausprägungen ernst nehmen und darin offen bleiben für die Fragen der Menschen und der Kirche heute, solange wird der Orden lebendig bleiben und nicht in einseitigen Fixierungen erstarren.

3. Maria – Patronin, Mutter und Schwester der Karmeliten

Ulrich Dobhan OCD

Der bis heute noch offizielle Titel des Karmelitenordens „Brüder und Schwestern Unserer Lieben Frau vom Berg Karmel" zeigt, daß der Karmel ein Marienorden ist, auch wenn in der Ordensregel Maria nicht erwähnt wird.

Geschichte der Marienverehrung im Karmel

Maria – die Patronin der Karmeliten

Der historische Ursprung der Marienverehrung im Karmel ist in der für die Jahre 1220/1229 am Berg Karmel bezeugten, Maria geweihten Kapelle, dem Oratorium der Ordensregel, zu suchen. Daß diese Kapelle Maria geweiht war, bedeutet, daß Maria von Anfang an die Patronin der Einsiedler am Berg Karmel ist. Dieser Ausdruck „patrona – Patronin" verweist uns in die damals bestehenden gesellschaftlichen Formen der Lehns- und Feudalherrschaft. Die Karmeliten hatten zu Maria, ihrer patrona, ein ähnliches Verhältnis wie der Vasall zu seinem Lehnsherrn. Auf die geistliche Ebene übertragen, heißt das, daß die Karmeleinsiedler sich gegenüber ihrer Patronin zur Treue und Verehrung verpflichtet hatten und alles daransetzten, um ihre Ehre, ihr Ansehen und ihren Kult zu vermehren, vor allem aber eine besondere innerliche Beziehung zu ihr herzustellen und zu pflegen. Maria, die Patronin der Karmeleinsiedler, war für sie von Anfang an das Vorbild eines Menschen, der das Wort Gottes hörte und es befolgte (Lk 8,21); das wiederum entsprach ihrem Vorhaben gemäß dem Kernsatz ihrer Regel: „Tag und Nacht im Gesetz des Herrn betrachten und im Gebet wachen". Das Bemühen um die Anerkennung als marianischer Orden hatte für die Karmeliten aber auch noch eine ganz praktische Seite: Es ging dabei auch um den Kampf um ihre Identität angesichts der Krise, in der sie durch die Vertreibung und die Übersiedlung in den Westen geraten waren. So brauchen wir uns nicht zu wundern, wenn wir in verschiedenen Schriften aus der 2. Hälfte des 13. Jahrhunderts - päpstliche Bullen, Akten der Generalkapitel, Konstitutionen - diesen Gedanken immer wieder finden, wie zum Beispiel in den Akten des Generalkapitels von Montpellier 1287: „Wir flehen die Fürsprache der glorreichen Jungfrau Maria an, der Mutter Jesu; ihr zu Gefallen und Ehre wurde unser Orden vom Berge Karmel gegründet."

Maria - die Mutter der Karmeliten

Gegenüber dem Titel der Patronin tritt bei der Bezeichnung Mutter, der in Provinzkapitelsakten von 1333 auftaucht, der rechtliche Aspekt zurück. So werden die Karmeliten zu „Kindern Marias"; der Engländer Thomas Scrope prägte den Titel, der für den Orden bestimmend werden sollte: Maria, die Mutter des Karmel. Maria als Mutter, also mit ihrem Kind auf dem Arm, ist schließlich auch das Marienbild des Karmel schlechthin geworden. Im Lauf des 14. Jahrhunderts fand diese besondere Art von Marienverehrung ihren Ausdruck in einem eigenen Fest, dem feierlichen Gedächtnis der Allerseligsten Jungfrau Maria vom Berge Karmel, bis heute in allen karmelitanischen Ordensgemeinschaften das Hauptfest. Erwähnt wird dieses Fest zum ersten Mal in einem Kalender aus dem Jahre 1386, doch wurde es wahrscheinlich schon früher gefeiert. In dankbarer Erinnerung an die Schlußsitzung des Konzils von Lyon am 17. Juli 1274, bei der es nicht zur Aufhebung des Karmelitenordens kam, feierte man es zunächst am 17. Juli, verlegte es dann aber später auf einen Tag früher. Der Inhalt dieses Festes war einfach Dank und Huldigung an die Patronin und Mutter.

Maria – die Schwester der Karmeliten

In den Legenden um die Entstehung des Ordens, die in der zwischen 1380 und 1390 entstandenen Schrift des Felipe Ribot „De institutione primorum monachorum" (Buch der ersten Mönche) erzählt werden, ist von den engen Beziehungen zwischen Maria in Nazareth und den Einsiedlern am Berg Karmel die Rede, die sie als ihre Schwester betrachteten. Dazu kommt eine weitere Erklärung Ribots: Maria, die jungfräulich gelebt hat, und die Karmeliten, die in der Nachfolge des unter den Männern als Urtyp für das Ideal der Jungfräulichkeit geltenden Propheten Elija lebten, sind aufgrund dieser jungfräulichen Lebensweise Geschwister. Auch der Titel des Ordens „Brüder und Schwestern der Allerseligsten Jungfrau Maria vom Berg Karmel" sieht Maria als Schwester.

Maria – die Muttergottes mit dem Skapulier

Eine besondere Ausrichtung erhielt die Marienfrömmigkeit des Karmel durch das auf eine Marienvision zurückgeführte braune Skapulier; danach habe der hl. Ordensgeneral Simon Stock im Jahre 1251 von Maria das Skapulier überreicht bekommen als Zeichen ihres besonderen Schutzes. Die Geschichtlichkeit dieser und anderer Visionen in diesem Zusammenhang ist nicht haltbar, wohl aber die fromme Überzeugung, daß es dem Orden nie an Marias Hilfe gefehlt hat. So wird die gesamte Ordensgeschichte als Beweis für den Schutz von seiten der Patronin und Mutter angeführt und gedeutet. Tatsächlich hat sich der Orden durch die Skapulierfrömmigkeit weit ausbreiten und viele bedeutende Persönlichkeiten zu seinen Freunden machen können.

Der Spiritualität der Marienverehrung im Karmel

Maria, die Patronin, die Mutter, die Schwester der Karmeliten und die Mutter Gottes, die die Karmeliten mit ihrem Gewand bekleidet: das sind wichtige Aussagen des geschichtlichen Überblicks. Alle diese Titel drücken eine große Vertrautheit mit Maria aus; Maria ist also nicht die weit entrückte, fast zur Göttin gemachte Übergestalt, sondern sie wird als eine von uns Menschen empfunden, als Schwester,

deren Gewand die Karmeliten tragen. An Maria wollten die Karmeliten ablesen, wie man sich Gott öffnen und in der bleibenden Verbindung mit ihm leben kann. Auf eine Formel gebracht, können wir so sagen: Mit Maria wie Maria vor Gott stehen. Die Verehrung Marias soll helfen, den schon zitierten Kernsatz der Karmelregel „Tag und Nacht im Gesetz des Herrn betrachten und im Gebet wachen" befolgen zu können. Die Mitte einer solchen Frömmigkeit ist und bleibt Christus, der Herr, das Leben in Gemeinschaft mit ihm.
Auf eine besondere Weise akzentuiert wird dieser marianische Ansatz von den großen Heiligen des Karmel.
Teresa von Avila gehörte zu den Heiligen, die zeit ihres Lebens eine große Liebe zum Menschen Jesus von Nazareth gehabt haben; sie ließ sich von der Bedeutung der Verehrung der Menschheit Jesu auch nicht durch anderslautende Meinungen abbringen. Das für sie typische innere Beten ist, wie sie selbst sagt, nichts anderes als „ein Verweilen bei einem Freund, mit dem wir oft und gern allein zusammenkommen, um bei ihm zu sein, weil wir wissen, daß er uns liebt" (Leben 8,5). Und dieser Freund ist niemand anderer als der Jesus der Evangelien. Wenn sie sich ihn in seiner Armseligkeit und Verlassenheit vorstellte, dann faßte sie wieder Mut, dann konnte sie trotz ihrer Zerstreutheit beim Beten Hoffnung haben, denn „ich sah, daß er, der große Gott, doch auch Mensch war, der sich nicht entsetzt über uns, sondern Verständnis für uns hat" (Leben 37,6). Für sie war Maria „die Mutter meines Freundes". Teresas erster und eigentlicher Partner ihres Innersten war der Mensch Jesus Christus, aber gerade deshalb blieb ihr auch Maria, seine Mutter, wichtig. Ja, je mehr ihr der Mensch Jesus zum Freund wurde, den sie aus den Evangelien kannte, desto mehr Bedeutung hatte für sie dann auch seine Mutter. So kam sie durch ihren Freund Jesus zu Maria!
Johannes vom Kreuz, der das Leben des Menschen als einen Angleichungsprozeß an den Geliebten sah, sprach auch nicht sehr ausführlich über Maria. Für ihn war sie der Mensch, „der in seiner Seele nie das Bild eines Geschöpfes eingeprägt trug, noch je durch ein solches bewegt wurde, sondern die Bewegung ging stets vom Heiligen Geist aus" (3 Aufstieg 2,10), d.h., Maria war ganz offen für das Wirken Gottes in ihr und setzte ihm keinen Widerstand entgegen. Maria war für ihn der Mensch, an dem sich seine gesamte Lehre über den Angleichungsprozeß des Menschen an den Geliebten in exemplarischer Weise vollzogen hat.
Therese von Lisieux hat sich in einer Zeit, da die Marienfrömmigkeit

sonderbare Blüten getrieben hat, als treue Tochter ihrer geistlichen Eltern und als gelehrige Schülerin der marianischen Tradition des Karmel erwiesen. Sie schrieb: „Wie gern wäre ich Priester geworden, um über die Jungfrau Maria zu predigen... Zunächst hätte ich gezeigt, wie wenig das Leben der hl. Jungfrau bekannt ist. Man sollte von ihr keine unwahrscheinlichen Dinge sagen, Dinge, über die man nicht genau Bescheid weiß... Damit eine Predigt über die hl. Jungfrau fruchtet, muß sie ihr wirkliches Leben darstellen, so wie das Evangelium es durchblicken läßt, und nicht, wie man es sich ausdenkt. Man errät leicht, daß ihr wirkliches Leben in Nazareth und später nur ganz einfach verlaufen konnte... (Lk 2,51). Wie einfach ist das! Man stellt die hl. Jungfrau als unnahbar dar. Man sollte jedoch zeigen, daß sie nachahmbar ist und die verborgenen Tugenden übte; man sollte sagen, daß sie - wie wir - aus dem Glauben lebte; man sollte dafür Beweise aus dem Evangelium bringen..." (vgl. R. Stertenbrink, Allein die Liebe, Freiburg 1991, S. 184).

Was bei dieser „Mariologie" auffällt, ist, daß es den Heiligen des Karmel - und wir könnten auch noch andere nennen, wie z. B. Maria Magdalena von Pazzi, Elisabeth von Dijon, Edith Stein, Titus Brandsma - auf die *wirkliche* Maria ankam. Nicht mit einer fromm gezeichneten Idealgestalt wollten sie leben, auch nicht mit einer in Privatoffenbarungen geschauten, sondern mit der Maria aus Nazareth, wie sie die Evangelien uns nahebringen. Darin können wir ohne weiteres eine Konkretisierung des Vorhabens der Karmeleinsiedler sehen, in der „Gefolgschaft" Jesu Christi und in seinem Land, also da, wo er als Mensch gelebt hat, zu leben. Wir können darin auch den Christozentrismus der Karmelregel wiederfinden, der sich vor allem in ihrem Kernsatz niederschlägt: „Tag und Nacht im Gesetz des Herrn betrachten und im Gebet wachen". Die Verbindung zu Maria wird durch den Menschen Jesus hergestellt, dessen Mutter sie ist: Je mehr sich jemand auf den Menschen Jesus einläßt, desto wichtiger wird für ihn auch seine Mutter! So bringt uns die Marienverehrung im Karmel einen wichtigen Grundsatz nahe: Dem Christsein würde etwas Wesentliches fehlen, wenn es ohne Maria gelebt würde; es wäre aber eine Entstellung, wenn Maria sein Hauptinhalt würde.

4. Das Buch der ersten Mönche – „Am Bach der Liebe verborgen"

Elisabeth Hense

Das „Buch der ersten Mönche" ist Teil einer Sammlung früher karmelitanischer Werke, die Felipe Ribot unter dem Titel „Decem libri de institutione et peculiaribus gestis religiosorum carmelitarum" seinen eigenen Angaben nach 1370 zusammengetragen hat. Bei anderen Autoren ist das Werk ab 1390 bekannt. In seinem Vorwort gibt Ribot an, die Texte lediglich kompiliert zu haben, doch hat er der Sammlung darüber hinaus unzweifelhaft ihre konzeptionelle Einheit und spirituelle Kohärenz verliehen.

Über das Leben Felipe Ribots weiß man nur sehr wenig. Er wurde in Gerona (Katalonien) geboren und trat in Perelada in den Karmel ein. Wo er studierte, ist unbekannt, doch stellt er sich uns als „magister in sacra pagina" vor. Auf dem Generalkapitel von 1379 wurde er zum Provinzial von Katalonien ernannt und 1385 in diesem Amt vom Generalkapitel der römischen Observanz bestätigt. Auf dem Generalkapitel der Observanz von Avignon im Jahre 1387 war er anwesend. Ribot hatte vermutlich Beziehungen zum königlichen Hof in Aragon. Er starb am 23. September 1391 und wurde in der Karmelkirche von Perelada begraben.

Die „Decem libri" erzählen die „Geschichte" des Ordens von Elija bis zur Zeit Ribots. Es handelt sich um folgende Schriften:

1. „Liber de institutione primorum monachorum... ad Caprasium monachum", ein Buch, das Johannes, der 44. Bischof von Jerusalem, 412 auf Bitten der Einsiedler vom Berg Karmel verfaßt haben soll. Es ist die älteste umfassende Darstellung der Karmelspiritualität; viele ihrer zentralen Themen, wie die Umgestaltung in Christus, die Lauterkeit des Herzens, die Öffnung auf das Wort hin, die Stille und Einsamkeit, die zentrale Bedeutung der Liebe, das liturgische Gebet, der Aufbau einer friedvollen und liebevollen Gemeinschaft usw., sind in diesem Dokument zu finden, außerdem bedeutsame Symbole bzw. Symbolgestalten wie Elija und Maria, der Berg Karmel, Kerit, die Kapelle in der Mitte, der Habit, der Weg usw.
2. Der Brief eines legendarischen Cyrillus, der von 1221 bis 1224 Generalprior gewesen sein soll. Dieser Brief führt die Geschichte des Ordens bis auf Albertus, den Patriarchen von Jerusalem, weiter und überliefert uns den Text der Albertusregel.
3. Der Kommentar des Sibertus de Beka „De consideratis super

Carmelitarum regula", der die 1247 in die Regel eingeführten Milderungen erklärt. Möglicherweise ist der Kommentar nicht von Sibertus' Hand.

4. Die Chronik des Gulielmus (Wilhelm) de Sanvico, die von der Übersiedlung der Karmeliten in den Westen und dem Verlust der Provinz im Heiligen Land berichtet. Gulielmus lebte am Berg Karmel und war beim Generalkapitel im Jahre 1287 Definitor seiner Provinz.

5. Eine Sammlung päpstlicher Bullen und Privilegien.

Die zugänglichste Edition der „Decem libri" ist die des „Speculum Carmelitanum" (t.1, Antwerpen 1680, S. 7–114). Ich beziehe mich in diesem Artikel auf den kritischen Text des „Liber de institutione primorum monachorum...", den Paul Chandler OCarm im Rahmen seiner Dissertation erarbeitet hat.

Das „Buch der ersten Mönche" steht in Verbindung zu Johannes Cassian, den Vätern und der monastischen Elija-Tradition. Lange Zeit wurde es als der ursprüngliche Regeltext betrachtet; vor allem seit dem ersten Druck im Jahre 1507 hat es großen Einfluß im Orden gehabt. Im fünfzehnten Jahrhundert wurde es ins Englische, Französische und Spanische übersetzt. Die spanische Übersetzung war Teresa von Avila bekannt und hat sie inspiriert, zu den eremitisch-kontemplativen Ursprüngen des Ordens zurückzukehren. Da die Authentizität des Buches sowie die Geschichtlichkeit der Elija-Legende im siebzehnten Jahrhundert von den Bollandisten in Zweifel gezogen wurde, begann eine heftige Diskussion über den historischen Charakter des Buches, die bis ins zwanzigste Jahrhundert hartnäckig fortgeführt wurde und den eigentlichen Wert des Werkes leider in den Hintergrund gedrängt hat. Zu Anfang unseres Jahrhunderts gab man jede Theorie über Alter und Ursprünglichkeit des Dokuments auf, und nur der erste Teil der „Institutio" fand noch einige Beachtung. Erst in unseren Tagen, wo niemand mehr den legendären Ursprung des Ordens als eine historische Tatsache verteidigt und neue hermeneutische Mittel für symbolische und mythische Literatur zur Verfügung stehen, ist es möglich geworden, das Werk auf angemessenere Weise zu lesen und neu zu interpretieren.

Das Werk ist in sieben Bücher von jeweils acht Kapiteln eingeteilt. Ausgangspunkt des Werkes ist der Auftrag Gottes an Elija: „Geh fort von hier, wende dich ostwärts und verbirg dich am Bach Kerit, der östlich vom Jordan fließt. Aus dem Bach sollst du trinken, den Raben aber gebiete ich, daß sie dich versorgen" (1Kön 17,3 f). Entsprechend der mittelalterlichen Hermeneutik wurde dieses Bibelwort zunächst in seiner mystischen Bedeutung und dann in seinem historischen oder wörtlichen Sinn interpretiert. Ein zweifacher Weg zeichnete sich ab:

1. Der geistliche Weg Elijas, der ein Weg der Umgestaltung in Liebe ist; Elija stand am Ursprung dieses Weges und ist Vorbild und Muster für alle, die Gott nach ihm auf diesen Weg gerufen hat.
2. Der geschichtliche Weg des Ordens, der ebenfalls ein Weg der Umgestaltung ist; die Söhne des Propheten erwarteten die Erfüllung ihrer Berufung in der Ankunft des Messias. Belehrt durch die Apostel, lebten und wirkten sie in geistlicher Verwandtschaft mit Maria in der christlichen Gemeinschaft. Der Kerntext hierzu ist: „Sie verharrten in der Lehre der Apostel und in der Gemeinschaft, im Brotbrechen und den Gebeten" (Apg 2,42 ff).

Das „Buch der ersten Mönche" läßt sich in vier Teile gliedern:

1. Buch 1: Eine kurze Abhandlung über die innere Dynamik des „monastischen, prophetischen und eremitischen Lebens", wobei die einzelnen Passagen des Schlüsseltextes (1Kön 17,3 f) als Entwicklungsschritte geistlicher Reifung gedeutet werden. Das Leben auf dem Berg Karmel hat ein doppeltes Ziel, nämlich die Läuterung des Herzens und die Gotteserfahrung. In der Praxis der Gelübde wird der Mensch allmählich tiefer in das österliche Geheimnis des Leidens und Auferstehens Christi hineingezogen. Er lernt zu lieben und geht in seinen eigenen Bemühungen bis zum Äußersten. Gottes Liebe kommt auf ihn zu und überformt seine begrenzten menschlichen Möglichkeiten. Zusammenfassend läßt sich sagen, daß dieses Buch karmelitanische Spiritualität als eine geglückte Verbindung zwischen der Askese und der Mystik der Liebe begreift.
2. Buch 2 bis 5: Die historische Bedeutung des Schlüsseltextes wird aufgegriffen. Elija tat, wie Gott ihm sagte, und gab seine Lebensweise an seine Schüler weiter, die ihrerseits in fortwährender Treue zum ursprünglichen Ideal dafür Sorge trugen, daß das karmelitanische Projekt in geschichtlicher Kontinuität gefestigt wurde.

Die Spiritualität des ersten Buches wird auf verschiedene Weise und unter verschiedenen Blickwinkeln noch einmal neu ausgedrückt. Der geistliche Weg des einzelnen findet im Weg der gesamten Ordensgemeinschaft sein Pendant. In der Zeit des Exils blieb Gott mit seiner unerschütterlichen, liebevollen und fürsorglichen Gegenwart bei den Einsiedlern auf dem Karmel, und diese wurden nicht nach Babylon verschleppt. Das Karmelgebirge ist Symbol für ein Leben in Frieden und Stille, in Einfachheit und Gerechtigkeit, in Sicherheit und Vertrauen, in Harmonie mit einer schönen, Geist und Leib erquickenden Natur. Besonders interessant ist die Herausstellung des Stundengebets und in diesem Zusammenhang immer wieder der Hinweis auf Musik und Gesang.

3. Buch 6: Dieses Buch ist Maria, der Mutter Jesu, gewidmet. Die Schüler Elijas, so heißt es dort, erwarteten die Geburt der Jungfrau Maria auf Grund einer Vision des Propheten am Berg Karmel (1Kön 18,44). Elija ist der Prototyp christlichen Mönchtums, und Maria, die Mutter Jesu, ist seine vollkommene Schülerin, die „virgo purissima", das Urbild der Offenheit für Gott. Maria wurde somit die Patronin des Ordens, die „Schwester" der „Prophetensöhne", die sich dementsprechend auch „Brüder der Jungfrau Maria" nannten, denn Maria hatte sich ebenso wie sie selbst Gott im Gelübde der Jungfräulichkeit hingegeben. Das „Buch der ersten Mönche" gehört zu den ältesten Zeugnissen marianischer Frömmigkeit des Karmel.

4. Buch 7: Wie in den anderen Büchern, so beschäftigt sich der Autor auch hier sowohl mit der inneren Dynamik geistlichen Lebens als auch mit der Geschichte des Ordens. Der Habit in seiner symbolischen Bedeutung faßt noch einmal die Spiritualität des gesamten Werkes zusammen. Er ist zudem ein Zeichen kontinuierlicher Identität auch in Zeiten der Krise, der Entwicklung und Veränderung.

Weil eine Besprechung des ganzen Werkes den Rahmen dieses Artikels sprengen würde, soll hier exemplarisch der geistliche Weg, wie er im ersten Buch beschrieben wird, dargestellt werden. In Genre und Sprache hebt sich das erste Buch deutlich vom übrigen Teil des Werkes ab. Während die anderen Bücher in Fortsetzung einen Mythos erzählen und dabei zahlreiche Details ausführlich erklären, wendet sich das erste Buch direkt an seinen Leser und macht in einer eher nüchternen und systematischen Form den Kern seiner Lehre explizit deutlich.

Der Weg nach Kerit

Ganz zu Anfang des ersten Buches stellt der Verfasser klar, daß nur derjenige imstande ist, die hier beschriebene Lebensweise zu erfassen und von ihr zu reden, der sich wirklich auf sie einläßt und Erfahrungen (experiencia) mit ihr sammelt. Diese Lebensweise ist also nicht zu verstehen, wenn ich – als Leser dieser Schrift – auf dem Zuschauerbalkon sitzen bleibe; wie Caprasius, an den sich diese Worte richten, muß auch ich durch eigene Erfahrung kennenlernen, was niemand mir auf nur gedanklichem oder theoretischem Wege vermitteln kann. Der Weg der Erfahrung kann nicht gegangen werden, ohne daß ich innerlich wie äußerlich in Bewegung komme. Das ist eigentlich aber auch schon alles, was ich von mir aus tun kann: aufbrechen und immer wieder weitergehen. Das „Buch der ersten Mönche" kann mir helfen, meine Schritte gemäß den alten, erprobten Vorbildern des Mönchtums zu lenken, so daß ich mich allmählich mit Caprasius zu orientieren lerne und in diese Lebensweise hineinwachse und Fortschritte in ihr mache.

Um den Auftrag Gottes an Elija „Geh fort von hier ... " (1Kön 17,2-4) richtig verstehen zu können, muß ich, wie der Verfasser mir rät, diese Sätze nicht lesen, als ginge es nur um eine alte Geschichte. Es gilt vielmehr, ihrem mystischen Sinn nachzugehen und jedes Wort für sich zu erwägen. Kaum aufgebrochen, lädt mich der Verfasser somit auch schon zum Verweilen ein. Seine Sprache zieht mich weg von der Oberfläche, von einer flüchtigen und hastigen Lektüre; sie nimmt mich mit in eine tiefere Bedeutung, die unter der Alltagssprache verborgen liegt.

Unumwunden formuliert der Verfasser das zweifache Ziel eines solchen Lebens folgendermaßen: 1. Gott ein heiliges und lauteres Herz (cor sanctum et purum) anbieten; 2. schon jetzt die Kraft der göttlichen Gegenwart und die Süße der Herrlichkeit von oben im Herzen zu schmecken und im Geist zu erfahren (gustare in corde et experiri in mente). Dieses doppelte Ziel hat eine aktive, tugendhafte, menschliche Seite und eine passive, unverdiente, göttliche Seite. Beides, menschliche Anstrengung und göttliche Freigebigkeit, greifen ineinander und gehören zusammen. Der Akzent liegt dabei auf der Liebe, die das Mittel zur Vereinigung mit Gott ist. Vollkommen monastisch, eremitisch und prophetisch leben ist nichts anderes, als vollkommen zu lieben.

Allmählich wird die Landschaft sichtbar, in die mich der Weg dieser Lebensweise führt. Es ist ein ödes, unwegsames und dürres Land für meine Sinne. „Geh fort von hier" will mich von allem irdischen Besitz und allen Dingen loslösen und abtrennen. Nicht nur im geistigen Bereich soll ich mich losmachen und arm sein, sondern auch mit der Tat, indem ich wirklich nichts mehr besitze. Der Sinn des Loslassens (relinquere) aller Dinge, die ich besitzen könnte, ist das Freiwerden des Verlangens (desiderium), das sich dann uneingeschränkt auf Gott richten kann. Nur wer alles hergibt, um seine

Sehnsucht ganz in Gott zu konzentrieren und zu bündeln, kann etwas von der Freude genießen, die zum ewigen Leben gehört.
Der zweite Schritt ins kahle und dürre Land wird angedeutet mit den Worten „wende dich gegen Osten". Ich soll mich abwenden (avertere) von dem, was mir gerade behagt oder gefällt, was mir Lust macht oder vordergründig die Sinne erfüllt. Statt dessen soll ich meine Glieder und meinen Willen kreuzigen und festnageln lassen und an dem Ort, wo ich jetzt bin, im Gehorsam aushalten und mich nicht rühren. Damit ist jedoch kein körperlich-seelisches Erstarren oder Versteifen gemeint, sondern ein Einkehren (transire) in meine tiefste Mitte. Ich werde in den Mittelpunkt des Spannungsfeldes geführt, dessen Koordinaten mich und mein Leben ausmachen. Hier im Zentrum all des Gegensätzlichen, das zu mir gehört, der sich widerstrebenden Kräfte und Wünsche, im Konflikt vieler Aufgaben, in den Ungereimtheiten meiner Gefühle und Gedanken soll ich ausharren und mich nicht blind von irgendeiner Laune an den Rand ziehen lassen. Das wahre Leben der Liebe entdeckt der Mensch erst dann, wenn er in dieser Kreuzesmitte verweilt und seine Augen unablässig auf den Bach der Liebe richtet, aus dem er zu trinken verlangt.
Mit einem dritten Schritt begebe ich mich noch tiefer in das wüste und leere Land hinein; so weit gehe ich fort, bis ich wirklich allein (monos, solus) bin und da in Traurigkeit (achos, tristis) meine Sünden beweinen kann. „Verbirg dich am Bach Kerit" bedeutet Einsamkeit und Absonderung aus Liebe. Der Autor spielt mit der Ähnlichkeit des Bachnamens „Kerit" mit dem lateinischen Wort „caritas" (Liebe) und dem hebräischen Wort „karat" (abtrennen). Der Sinn dieser zurückziehenden Bewegung ist ein doppeltes Freiwerden: Ich werde frei von Gewalt und Streit und frei für die Erwiderung göttlicher Liebe. In der Einsamkeit und Abtrennung lernt der Mensch, sich aus der Jagd nach Geld und Macht zu „entmischen", statt sich in sie einzumischen, aus den Streitigkeiten „auszufädeln", statt sich darin zu verwickeln, dem Gerede keine Resonanz mehr zu geben, statt am Klatsch und Tratsch teilzunehmen. Dieser negative Aspekt des Freiwerdens von etwas ist jedoch, verglichen mit dem positiven Aspekt des Freiwerdens für etwas, eher nebensächlich. Auf überwältigende Weise kann der Mensch seine Einsamkeit und Absonderung wie ein unbeschreibliches inneres Offenwerden genießen, das ihn in seiner Fähigkeit bewahrt, sich Gott ganz hingeben zu können (perfecte tendas in Deum). Im Schweigen (silencium) vertieft sich die physische und psychische Erfahrung der Einsamkeit und Abgeschie-

denheit und wird im Verzicht (divisus sis consorcio) auf einen Partner bis an ihre äußersten Grenzen geführt.

Der vierte Schritt ist die vollkommene Verwirklichung der Liebe aus ganzem Herzen, aus ganzer Seele, aus ganzem Denken und aus ganzer Kraft. Der Bach Kerit, „der östlich vom Jordan fließt", weist auf die totale Trennung (totaliter divisus) von einem Absinken in die Niederung der Sünde hin. Ich kann nicht mehr zurück, so schwer mir das Weitergehen auch fallen mag. Eine solche Liebe (tantus amor, tanta dileccio) vollendet einen langen und mühsamen Entwicklungsprozeß. Zwar gibt es nirgends das definitive Erreichen absoluter Liebe, die ich sozusagen ein für allemal erfaßt und ergründet hätte, aber ganz allmählich kann die Liebe selbst vollbringen, was ich nicht mehr vermag, und zur stärksten Kraft und zum einzigen Motor meines Handelns, Denkens und Fühlens werden. Um die Notwendigkeit des Einübens der Liebe und des beharrlichen Festhaltens an ihr anschaulich zu machen, wiederholt der Verfasser in diesem Abschnitt das Wort „Liebe" besonders häufig.

An dieser Stelle wirken die langen Wiederholungen der menschlichen Anstrengungen, die notwendig waren, um sich in Kerith zu verbergen, wie ein Ritardando, ein Zögern und Langsamerwerden der menschlichen Bemühungen. Plötzlich kommt die Bewegung dann von der anderen Seite, und Gottes Wort befreit den Menschen zu feuriger (fervens, ardens) und starker (vehemens, fortis) Liebe und gibt dem menschlichen Herzen Frieden, weil dieses sich jetzt rückhaltlos mit Gott verbindet. „Aus dem Bach sollst du trinken" markiert die mystische Wende des Weges, den ich jetzt nicht mehr selbst gehen kann, sondern in dem mein Herz nur noch in Stille und Muße zur Ruhe kommen kann (tranquillum conquiescat). Kieselsteine als Zeichen einer starken und brennenden Liebe, goldene Ströme als Zeichen göttlicher Erkenntnis und Silber als Zeichen für Gottes Wort weisen auf die Umgestaltung des menschlichen Liebens in göttliches Lieben hin.

Da dem Verfasser zufolge eine unverhüllte Schau des göttlichen Antlitzes in diesem Leben unmöglich ist und die Hinfälligkeit des menschlichen Leibes die Kontemplation immer wieder hemmt, wird der Mensch trotz unaussprechlicher Freuden eine schmerzliche Sehnsucht nach Gott behalten. „Den Raben aber gebiete ich, daß sie dich versorgen" deutet auf die Notwendigkeit demütiger Reue und unablässigen Betens hin. So wie die Raben erst dann von ihrer Mutter gefüttert werden, wenn sie schwarze Federn bekommen, so kann der Mensch erst dann mit Gottes Wort genährt und gestärkt werden, wenn er sich selbst in der Schwärze seiner Sünden erkennt. Das menschliche Bewußtsein bedarf der ständigen ernüchternden Selbsterkenntnis der eigenen Schwäche (per humilitatis graciam et infirmitatis proprie noticiam) und der immer neuen Loslösung von der Süße der göttlichen Wonnen, um diese erneut empfangen zu können.

Auf meinem Weg lerne ich, mich von den alten, ausgetretenen Pfaden egozentrischen Lebens zu trennen und mich in eine neue, schöpferische Spur göttlichen Liebens hineinziehen zu lassen. Solange ich lebe, kann ich darum nicht mehr anders, als diese Bewegung unzählige Male zu wiederholen und immer wieder neu in mir zuzulassen. Mein Weg nach Kerit endet nie, selbst wenn ich noch so oft in „karat" (Abtrennung) und „caritas" (Liebe) war.

5. Teresa von Avila – Leben aus der Freundschaft mit Gott

Ulrich Dobhan OCD

Im deutschen Sprachraum ist Teresa von Avila hauptsächlich durch Berninis Statue von der Herzverwundung in der römischen Kirche S. Maria della Vittoria bekannt geworden. Damit wurde der sog. mystische Aspekt ihrer Persönlichkeit in den Vordergrund gerückt, wobei unter „mystisch" alles Außergewöhnliche, Seltsame, Übermenschliche bis hin zum krankhaft Unnormalen verstanden wurde. Leider geriet dadurch der viel wichtigere Aspekt ihrer Persönlichkeit – Lehrmeisterin des Betens und Begleiterin des Menschen auf seinem Lebensweg – in den Hintergrund. Zweifellos hat ihre Ernennung zur Kirchenlehrerin durch Paul VI. am 27. September 1970 diese Sicht hervorgehoben und Teresa mehr ins rechte Licht gerückt.

Ihr Leben

Geboren wurde Teresa am 28. März 1515 zu Avila. Ihr Vater stammte aus einer Familie jüdischer Conversos, gehörte aber aufgrund des von seinem Vater bei der Konversion 1485 gekauften Adelsbriefes dem niederen Adel an. Nachdem dieser Umstand in ihrem Heimatland jahrelang nur mit Widerwillen angenommen wurde, ist heute klar: Teresa gehörte den auch noch lange nach ihrer Vertreibung aus

Spanien (1492) diskriminierten Juden an, war aber vor dem Gesetz adelig, wodurch sie vor konkreten Diskriminierungen verschont blieb.
Im Alter von 21 Jahren trat sie in das Karmelitinnenkloster ihrer Heimatstadt ein, nachdem sie zuvor drei Jahre lang hin- und hergerissen war, ob sie ins Kloster gehen oder heiraten solle. Sicher hat die damalige Situation der verheirateten Frau zu dem Entschluß, ins Kloster einzutreten, beigetragen. Die nach einer schweren Krankheit mit allmählicher Genesung beginnende innerliche Krise endete im Jahre 1554 mit ihrer sog. endgültigen Bekehrung. Für sie bedeutete dies einerseits die Erfahrung von Begrenztheiten, die sie aus eigener Kraft nicht überwinden konnte, andererseits aber auch die Erfahrung des von Gott geschenkten Freiwerdens von schlechten Gewohnheiten, Anhänglichkeiten und Fixierungen. Teresa hatte nun existentiell verstanden, daß Gott sie so liebte, wie sie war, so daß sie sich auch so annehmen konnte. Dieses ihr so geschenkte „neue Leben" drängte sie, ihre Erfahrung und die Möglichkeit eines solchen Lebens auch anderen Menschen mitzuteilen. So war die Gründung ihres ersten Klosters San José in Avila 1562 und mithin ihr gesamtes Reform-, besser gesagt Gründungswerk eindeutig eine Frucht ihrer innerlichen Entwicklung, also des Wirkens Gottes in ihr, das zwar von zeitgeschichtlichen Ereignissen, wie der Reformation in Deutschland, dem Schicksal der Indios in Amerika usw., geprägt wurde, aber nicht einfach eine Reaktion darauf ist. Bis zum Ende ihres Lebens am 4. Oktober 1582 in Alba de Tormes (Salamanca) gründete sie weitere vierzehn Klöster für Schwestern und wurde - mit Hilfe des hl. Johannes vom Kreuz - ab 1568 auch zur Gründerin des männlichen Zweiges des nach ihr benannten Teresianischen Karmel oder, der damaligen Terminologie in Spanien folgend, der Unbeschuhten Karmeliten. Was das in der damaligen, ganz von Männern beherrschten spanischen Kirche und Gesellschaft konkret bedeutete, können wir nur ahnen, wobei nicht vergessen werden darf, daß die spanische Inquisition streng über alle Abweichungen wachte, speziell von geistlich strebenden Frauen. Das von ihr auf dem Sterbebett am 4. Oktober 1582 ausgesprochene und glaubhaft überlieferte Wort: „Ich sterbe als Tochter der Kirche" muß nicht einfach als eine Huldigung an die Kirche, sondern kann auch als Dank an Gott verstanden werden, daß man sie nämlich trotz aller Verdächtigungen, Verleumdungen und Nachstellungen nicht aus der Kirche hinausgebracht hat. Die beiden von ihr gegründeten Ordenszweige von Schwestern und Brüdern bilden ihrer

Intention nach eine einzige Ordensfamilie und bringen gemeinsam ihr gesamtes Ordensideal zum Ausdruck. So verwirklichten die Brüder durch die ihnen gegebenen Möglichkeiten einen guten Teil der Sehnsüchte und Absichten, die sie selbst gerne ausgeführt hätte, als Frau aber damals (und heute) nicht ausführen konnte. Dieser Umstand ist für sie aber nicht zu einem Hemmnis geworden, sondern hat zur Ausprägung ihres persönlichen geistlichen Weges beigetragen.

Ihr geistlicher Weg

Das Stichwort, das am besten einen Zugang zu Teresa eröffnet, lautet Freundschaft. So sagte sie von sich im Alter von fünfzig Jahren: „Gott hatte mir die Fähigkeit gegeben, auf meine Mitmenschen sympathisch zu wirken, und so war ich bei allen beliebt“ (Leben 2,8). Dieser ihrer natürlichen Veranlagung zur Freundschaft mit Menschen entsprach auch ihre Art des Umgangs mit Gott, die sie so beschrieb: „Ich bemühte mich, Christus in mir zu vergegenwärtigen, und ich glaube, daß ich mich besser fühlte, wenn ich darüber nachdachte, wie er allein war. Mir war, daß er mich in seiner Einsamkeit und Niedergeschlagenheit, als einer, der in Nöten war, zu sich lassen müßte“ (Leben 9,4). Hier sehen wir, wer Gott für Teresa war: der Mensch Jesus Christus, mit dem sie in Freundschaft leben und sich solidarisch fühlen konnte.
Teresa hielt diese Art des Umgangs mit Gott – wir nennen es heute inneres Beten – durch, trotz vielfältiger Schwierigkeiten, wie Zerstreuung, Unlust, geistliche Dürrezeiten. Trotzdem aber gab es einen Zeitraum von ein bis zwei Jahren, in dem sie ihr „Verweilen bei einem Freund“ (Leben 8,5) aufgab, weil sie sich für diese Freundschaft Gottes zu ihr für zu schlecht hielt. So beschloß sie, „mich so zu verhalten wie die vielen anderen und die mündlichen Gebete zu verrichten, zu denen ich verpflichtet war, das innere Beten aber und den vertrauten Umgang mit Gott nicht mehr zu pflegen“ (Leben 7,1). Sie glaubte es nicht mehr, daß Gott sie, so wie sie ist, annehmen würde, sondern verfiel dem Irrtum, ihn durch „Pflichtgebete“ zufriedenstellen zu müssen und zu können.
Nachdem sie diese Krise mit Hilfe eines Dominikanerpaters überwunden hatte, wurde sie nicht mehr müde, ihre Entdeckung an andere weiterzugeben: „Wer mit dem Beten begonnen hat, soll es ja

nicht mehr aufgeben, mag er noch so viel Schlechtes tun!... Wer noch nicht damit begonnen hat, den bitte ich um der Liebe des Herrn willen, doch nicht auf ein solches Gut zu verzichten" (Leben 8,5). Aus eigener Erfahrung wußte sie, daß es nicht in der Macht eines Menschen liegt, „Schlechtes" einfach zu vermeiden, und so gab sie auch nicht den Rat, zuerst das „Schlechte" zu bekämpfen, sondern im Beten - dieses verstanden als Freundschaft mit Gott - auszuharren. Die Veränderung des Menschen vollzieht sich nämlich allmählich, je mehr er diese lebendige Beziehung mit dem menschgewordenen Gott zu leben versucht.

Dieses Anliegen konkretisierte sich bald in einer Gebetsgruppe: „Ich wünschte, wir fünf, die wir uns jetzt in Christus lieben, kämen miteinander dahin überein, uns dann und wann zu treffen, um uns gegenseitig unsere Illusionen zu nehmen und einander zu sagen, worin wir uns bessern und Gott mehr gefallen könnten" (Leben 16,7). Wenn einer auf sich allein gestellt ist, das wußte sie, dann wird es schwierig: „Bei meinen Stürzen hatte ich viele Freunde, um aber wieder aufzustehen, war ich allein" (Leben 7,20). In diesem Sinn war ihre erste Gründung, San José in Avila, und überhaupt jedes ihrer Klöster eine Gebetsgruppe.

Ihre Absichten gingen aber über das Kloster hinaus: „Die Welt steht in Flammen, sie wollen Christus gleichsam zum zweiten Mal verurteilen, denn Tausende von Zeugen erheben sich gegen ihn und wollen seine Kirche zu Boden stürzen" (Weg 1,5). Das war Teresas Antwort auf die vielen „Schäden" (Weg 1,2), von denen sie in ihrem Kloster durch königliche Rundschreiben mit der Bitte um Gebet hörte, „doch menschliche Kräfte reichen nicht aus, dieses Feuer zu bändigen, auch wenn man versucht hat, Soldaten auf die Beine zu bringen, wie wenn man mit Waffengewalt einem so großen Übel abhelfen könnte, das sich so schnell ausbreitet" (Weg 3,1). Im kriegerischen 16. Jahrhundert war das ein ganz modern anmutender Rat, der bis heute nichts an Aktualität eingebüßt hat, denn noch immer versucht man, religiöse Gegensätze auch durch Waffengewalt beizulegen, und das sogar unter Christen.

Damit erhielt das traditionelle Verständnis von contemplatio oder vacare Deo (frei sein für Gott) einen neuen Akzent: Es wird zum Apostolat. Dies macht Teresa sehr schön mit dem Bild der Burg deutlich, das bei ihr eine doppelte Bedeutung hatte: Einmal meinte sie damit die Kirche mit den treuen Freunden des Königs „Die Befehlshaber dieser Burg sind die Prediger und Theologen" [Weg 3,2], zum anderen jeden Menschen („Unsere Seele ist eine Burg") [Innere Burg I,1,1]. Die Grundidee dabei ist, daß das religiöse Leben des einzelnen, also seine persönliche Gottesbeziehung, im Dienst an der Kirche, an den Mitmenschen, an der Welt steht und nicht Pflege privater geistlicher Interessen ist.

Ihre Schriften

Grundthema ihrer Schriften, vor allem der autobiographischen, ist, über das zu berichten, was Gott in ihr gewirkt hat. Ihre *Vida* („Leben" = Selbstbiographie), die den Zeitraum ihres Lebens bis ca. 1565, also nach der Gründung ihres ersten Klosters, umfaßt, berichtet über ihre Entwicklung ungefähr bis zur sog. „mystischen Verlobung". In zwei großen Exkursen gibt sie zudem eine anschauliche Beschreibung des mystischen Weges mit Hilfe des Bewässerungsgleichnisses (Kapitel 11-19) und bringt die Gründungsgeschichte von San José in Avila (Kapitel 32-36). Aber sowohl die Berichte über ihre eigenen geistlichen Erfahrungen und ihr Beten wie auch über die Gründung von San José werden zu einem Gebet und nehmen den Leser mit hinein in ihren Lebensdialog mit Gott, so daß der Leser nicht mehr nur Leser bleibt, sondern auch in ihren Dialog mit hineingenommen wird, den sie mit Gott führt. Sie selbst dient also als Mittel, um den Leser in den Dialog mit Gott zu bringen, was soviel heißt, wie ihn das Beten zu lehren.
Ähnlich ist das auch beim Buch der Gründungen, das in gewisser Weise eine Fortsetzung ihrer Autobiographie ist und in der Zeit von 1573 bis kurz vor ihrem Tod am 4. Oktober 1582 entstand. Sie kommt auch hier immer wieder auf ihre Art des Betens zu sprechen, so besonders im 5. Kapitel, in dem sie eine auch heute noch gültige Lösung des „actio-contemplatio-Problems" bietet. Zusammen mit den über 400 erhaltenen Briefen - von schätzungsweise 16.000 - verfügen wir somit über eine bis zu ihrem Tod reichende Autobiographie.
Ihr *Weg der Vollkommenheit*, der in zwei Fassungen vorliegt, da die erste der Zensur zum Opfer fiel, ist von seiner Intention her eine Anleitung zum inneren Beten, die bis heute aktuell geblieben ist und zu den bedeutensten Werken der geistlichen Literatur gehört.
Die *Innere Burg* schließlich, eine Beschreibung der Reise des Menschen in seine allerinnerste Mitte, „da, wo die geheimnisvollen Dinge zwischen Gott und der Seele vor sich gehen", ist zum Klassiker der

Weltliteratur geworden und hat innerhalb und außerhalb des Christentums Bewunderer gefunden.

6. Johannes vom Kreuz – Sich von Gott in Gott umformen lassen

Reinhard Körner OCD

Zur Person: ein Seelsorger mit Erfahrung und Verstand

In den noch jungen Konvent der Karmeliten zu Medina del Campo trat 1663 der Sohn einer armen Weberin ein. 1542 in Fontiveros/Kastilien geboren, hatte sich Juan de Yepes nach einer bewegten und entbehrungsreichen Kindheit – der Vater starb früh, die Mutter mußte mit ihren drei Söhnen in materieller Not mehrmals den Wohnort wechseln – als Pfleger im Seuchenhospital der Stadt nützlich gemacht und nebenher eine gediegene Schulbildung bei den Jesuiten erhalten. Nach dem Noviziat studierte er in Salamanca Theologie und Philosophie und erwarb sich umfangreiche Kenntnisse in der Theologie des geistlichen Lebens. Bald nach der Priesterweihe gewann Teresa von Avila den jungen Ordenspriester für ihren Plan, Reformklöster des Karmel zu gründen. 1568 begann er als Fray Juan de la Cruz – Pater Johannes vom Kreuz – zusammen mit einem Mitbruder in einer Notunterkunft in Duruelo karmelitanisches Leben nach den Vorgaben Teresas, wurde Novizenmeister und Studienleiter seiner jungen Mitbrüder, dann Beichtvater und Spiritual der Schwestern in Avila. Infolge bedauerlicher ordens- und kirchenpolitischer Mißverständnisse nahmen ihn Mitbrüder des Stammordens 1577 als „Rebell" gefangen und hielten ihn in Toledo fest, um seinen Einfluß auszuschalten. Nach neun für Körper und Geist qualvollen Monaten gelang ihm die Flucht. Es folgten Jahre vielseitigen Wirkens: Ausübung verschiedener Leitungsämter im teresianischen („unbeschuhten") Ordenszweig des Karmel, Klostergründungen, Schwesternseelsorge, Predigttätigkeit und Seelenführung zahlreicher Laien- und Ordenschristen, dazwischen – sporadisch und nur „nebenher" – die Abfassung geistlicher Schriften. Als er am 14. Dezember 1591 in Ubeda/Andalusien starb, war er aller Ämter enthoben – ein Opfer der ersten großen Richtungsstreitigkeiten im neuen Orden. 1675 wurde er in Rom seliggesprochen, 1726 folgte die Heiligsprechung.

Hinter allem, was Johannes vom Kreuz lehrte, schrieb und lebte, steht so etwas wie ein „Gesamtentwurf" von Spiritualität, ja eine Gesamtschau des menschlichen Lebensweges überhaupt, von seinem Ausgangspunkt bei Gott bis zu seiner Vollendung in Gott. Denn Johannes vom Kreuz betrachtete sich und den Mitmenschen von dem Ziel her und auf das Ziel hin, das die neutestamentliche Offenbarung vorgibt: „Was Gott erstrebt, ist, uns zu Göttern durch Teilhaben zu machen, wie er Gott von Natur ist" (Weisungen 2,27). An der Seite Gottes Gott sein – in freier dialogischer Partnerschaft –, das ist die Zukunft, zu der hin der Mensch unterwegs ist. Im Status seiner Vollendung wird er wie eine jede der drei göttlichen Personen sein, ihrem „Charakter" gleich: so zuwendungs- und liebesfähig wie Gott, so wahr, so kreativ... „Der Mensch wird an Gott selber teilnehmen, zugesellt der Heiligsten Dreifaltigkeit, mitwirkend deren Werke" (Geistl. Gesang 39,6). Mit den göttlichen Drei wird er in vollendeter persönlich-personaler Beziehung leben – zugleich aber auch allen Menschen so vollendet zugewandt sein können, wie die Drei einander zugewandt sind.

Von dieser Zukunft her deutete Johannes vom Kreuz das Leben. Er wußte: Alles Suchen und Sehnen, Ringen und Streben des Menschenherzens ist Ausdruck eines Entwicklungsgeschehens auf dieses Ziel hin. Die Erschaffung des Menschen ist noch nicht beendet. Der Kontrast zwischen seiner jetzigen Verfaßtheit und dem, was nach biblischer Verheißung aus ihm werden soll, ließ Johannes vom Kreuz das Leben als einen Prozeß der „Umformung in Gott hinein" (Aufstieg I 4,6 u.ö.) verstehen: Der Mensch erlebt mit, wie Gott ihn „nach seinem Bilde" formt – und er ist aufgerufen, dabei mitzuwirken.

Weil dieser Seelsorger um das Ziel wußte, kannte er auch den Weg: Es kommt darauf an, himmelsfähig zu werden, sich einzuleben in das „Reich Gottes", d.h. beziehungsfähig zu werden nach dem Maß Gottes, beziehungsfähig zu Vater, Sohn und Geist, zu jedem Mitmenschen, zu aller Schöpfung. Darin besteht für Johannes vom Kreuz der Sinn aller Frömmigkeit, der Zweck aller „geistlichen Übungen", der letzte Sinn aller Ethik und aller Religion. Er möchte Mystik und Freundschaftlichkeit leben: *Mystik* bezeichnet dabei schlicht und einfach das Eingehen einer existentiell-personalen Beziehung zum verborgenen und doch gegenwärtigen dreieinigen Gott; ein Mystiker ist nach Johannes vom Kreuz ein Mensch, der *mit* dem Gott *lebt*, an den er glaubt, der nicht nur „Ich glaube an Gott“ sagt, sondern „Ich glaube an *dich*, Gott“ und „Ich glaube *dir*, Gott“. Und *Freundschaftlichkeit* steht hier für die ebenso persönlich-personale Hinwendung zum anderen Menschen und zur gesamten Schöpfung, getragen von der Beziehung zu Gott. Mystik ist die personale Verwirklichung der Gottesliebe, Freundschaftlichkeit die personale Verwirklichung der Nächstenliebe - beide gehören untrennbar zusammen. Zwar sprechen die Schriften des geistlichen Meisters kaum ausdrücklich vom Reifen in den zwischenmenschlichen Beziehungen, doch dies hat lediglich äußere Gründe. Wie seine Werke zur Schule der Mystik geworden sind, so war sein Leben - herausgehoben aus den Klischees herkömmlicher Hagiographie - eine Schule herzlicher Freundschaftlichkeit, liebender Zuwendung zu den Mitmenschen und zur Schöpfung.

Der Weg zum Ziel besteht - anders ausgedrückt - in der *Liebe*. Dieser Grundgedanke christlicher Theologie findet bei Johannes vom Kreuz eine konkrete Ausdeutung. Lieben heißt: in Beziehung treten, auf Zuwendung antworten, sich einlassen auf das jeweilige Gegenüber, auf jedes „Er-Sie-Es“ als einem „Du“. „Am Abend unseres Lebens werden wir nach der Liebe gefragt“, pflegte er zu sagen.

Lieben heißt aber auch *Loslassen* und *Hergeben* - Stichworte, die dem Leser seiner Werke immer wieder begegnen. Gemeint sind nicht Weltverachtung, nicht Verneinung oder „Abtötung“ natürlicher Triebkräfte. Denn nicht Gott und Welt, vielmehr das In-Beziehung-Sein und das Auf-sich-selbst-bezogen-Sein bzw. Alles-an-sich-Binden sind Gegensätze. Johannes vom Kreuz wußte gerade als Seelsorger um das quälende Leid, das dort entsteht, wo der Mensch sein Gegenüber egozentrisch an sich bindet: die Dinge, die Menschen - und nicht zuletzt auch Gott! Um sich *ein*zulassen, gilt es daher zugleich, *los*zulassen: nicht nur Dinge und Menschen - auch Gott! Der „für mich“ beanspruchte, für persönliche, kirchliche, gesellschaftliche Pläne und Überzeugungen in Dienst genommene oder in Bild und Begriff festgelegte „Gott“ steht der Wirklichkeit des Reiches Gottes gleichermaßen entgegen wie das „Hangen an den Geschöpfen“. Geistliche Übungen und religiöse Vollzüge - worum auch immer es sich handelt - sind dem Weg auf das Ziel hin nicht schon in sich förderlich; sie können auch geeignet sein, sich Gottes zu bemächtigen und am Reich Gottes in aller „Frömmigkeit“ schnurgerade vorbeizuleben (vgl. dazu vor allem Aufstieg III und Dunkle Nacht I). Mystik und Freundschaftlichkeit gehen daher mit der *Askese* in eins. Askese ist für

Johannes vom Kreuz die notwendige Rückseite jener kostbaren Münze, die auf der Vorderseite Mystik und Freundschaftlichkeit, Gottes- und Nächstenliebe heißt. Askese formt den Menschen nicht um, jedenfalls nicht auf Gott hin, aber sie ist unumgänglicher Begleiter auf dem Weg zum Heil, in die vollendete Mystik und in die vollendete Freundschaft hinein.

Eng mit dem Namen des Heiligen ist das Bildwort *„dunkle Nacht"* verbunden. Es bezeichnet jene schmerzlichen Lebensphasen, in denen der Mensch scheinbar Gott nicht mehr „erfährt". Gerade in solchen Zeiten kann er lernen, herzugeben und loszulassen, was sich in seiner „Frömmigkeit" und in seinem Denken und Empfinden Gott und der Welt gegenüber als zu „eng" und zu unzulänglich erweist, und so zu einer Gottesliebe reifen, die bereit ist, zu sagen: Gott, du darfst der sein, der du bist - der nahe Gott, wenn du nahe sein willst, und der ferne Gott, wenn du fern sein willst, der immer Größere, der es wert ist, um seiner selbst willen und als der, der er ist, gesucht und geliebt zu werden...

Hinter diesem mystisch-aszetischen Lebensprogramm stand bei Johannes vom Kreuz kein imperativisches „du sollst" und „du mußt"; es ist getragen von der Botschaft des Evangeliums, die er an einer Stelle so ausdrückte: „Vor allem muß man wissen: Wenn der Mensch Gott sucht - viel dringlicher noch und viel früher schon sucht Gott den Menschen" (Lebendige Flamme 3,28). Von Gott her besteht die Beziehung längst, und das Reich Gottes, das Reich aller Beziehung in Gott, ist schon angebrochen. Der Meister der Seelenführung ist davon überzeugt, daß Gott selber den Umformungsprozeß vorantreibt und ihn auch vollenden wird: Der Schöpfer bleibt dem Menschen treu als sein Vollender.

Daß Johannes vom Kreuz das menschliche Leben derart deuten konnte, verdankte er seiner tiefen inneren *Ich-Du-Beziehung zu Jesus Christus*, der Offenbarung Gottes in Person. Mit gleicher Dringlichkeit und Entschiedenheit wie seine Gefährtin Teresa von Avila betonte er die Notwendigkeit, daß man sich dem *Mensch* Gewordenen zuwenden müsse, um nicht fehlzugehen. Denn wer unser göttliches Gegenüber ist, so arbeitete er klar heraus, läßt sich nur an Jesus von Nazareth erkennen. Am Tun und Sagen einer historisch Mensch gewordenen Person hat sich der „Charakter" Gottes offenbart. In Jesus von Nazareth kommt Gott dem Menschen entgegen, damit er ihn kennen- und im Erkennen liebenlerne, in ihm und in der Beziehung zu ihm dem Reich Gottes begegne und dabei ein „anderer

Christus" werde, ein Gott an der Seite Gottes. Der Prozeß der Umformung in Gott hinein wird so ein Prozeß der „Angleichung an den Geliebten" (Geistl. Gesang 12,7), an den, der - wie bereits die Vätertheologen sagen - „Mensch wurde, damit der Mensch Gott werde". Geistliches Leben war daher für Johannes vom Kreuz im Zentrum leidenschaftliches Interesse für die historische Person Jesus von Nazareth und für *seine* Mystik und *seine* Freundschaftlichkeit, für *sein* „Reich Gottes".

Die Schriften: Schule des geistlichen Lebens

Johannes vom Kreuz hinterließ uns Gedichte, die in der spanischen Nationalliteratur bis heute den höchsten Rang einnehmen, dazu einige Briefe und geistliche Anweisungen und die vier Hauptwerke *Aufstieg zum Berg Karmel, Die dunkle Nacht, Geistlicher Gesang, Die lebendige Flamme der Liebe* - allesamt geistlich-theologische Kommentare, in denen er die menschliche Erfahrung in der personalen Beziehung zu Gott ausdrückt und reflektiert.

Von den ersten Tagen seines Ordenslebens in Duruelo an bis zu den letzten Stunden auf dem Sterbebett war Johannes vom Kreuz, der kontemplativ lebende Ordensmann, intensiver Seelsorger - ganz so, wie sich Teresa Leben und Wirken ihrer Brüder gewünscht hatte. Durch seine Schriften, die er in seelsorglich-mystagogischer Absicht verfaßte, ist er darüber hinaus unzähligen Suchenden der neuzeitlichen Jahrhunderte zum Lehrmeister und Seelenführer geworden. Bei ihm kann man lernen, was „an Gott glauben", was „geistlich leben" ist und nicht ist. Johannes vom Kreuz kann tiefe seelische Erfahrungen deuten, Zusammenhänge erkennen, Einzelnes ins Ganze einordnen, die Augen für das Wesentliche öffnen, Echtes von Schwärmerei oder falscher Zurückhaltung unterscheiden, Methoden und Wege auf das letztendliche Ziel hinorientieren... Seine Schriften helfen, den eigenen Glaubensweg zu verstehen und sind zugleich eine ausgezeichnete Schule, um geistliche Begleitung und Seelenführung zu lernen. Pius XI. nahm ihn deshalb 1926 als „doctor mysticus" in die Reihe der Kirchenlehrer auf.

7. Jean de Saint-Samson und die Reform von Touraine – Liebevoll, feurig und wesentlich in Gott

Elisabeth Hense

Die Reform von Touraine

Die Reform von Touraine begann Ende des 16. bzw. Anfang des 17. Jahrhunderts in den Konventen von Rennes und Paris. In der ersten Hälfte des 15. Jahrhunderts hatten sich verschiedene Niederlassungen in der Bretagne, darunter Dol-de-Bretagne und Rennes, an die Karmelprovinz von Touraine angeschlossen, die dann eineinhalb Jahrhundert später der Reformbewegung, die von ihren Klöstern ausging, den Namen gab.

Als Pierre Behourt, geboren am 4. Februar 1564 in Moulins, im Jahre 1582 den Habit im Karmel von Rennes empfing, befand sich das geistliche Leben dieses Konventes in einem sehr bedauerlichen Zustand. Gemeinsam mit seinem nur um wenige Jahre älteren Freund, dem Subprior der Gemeinschaft, Pierre Le Maignan, setzte sich Behourt zum Ziel, den Karmel entsprechend dem Ideal der Observantenbewegung des vorausgegangenen Jahrhunderts im alten Glanz erstrahlen zu lassen. Trotz der großen Unerfahrenheit, dem Mangel an einer deutlichen Perspektive, jugendlicher Instabilität und Unsicherheit nahm die Reform in der Wiedereinführung des Nachtgebets erste Konturen an.

1587 starb Pierre Le Maignan im Konvent von Nantes, und Pierre Behourt blieb mit seinen Idealen und großen Plänen allein. Die Verwirklichung einer religiösen Erneuerung in den Karmelklöstern Frankreichs erwies sich als eine äußerst schwierige und undankbare Aufgabe. Mit 24 Jahren wurde Behourt Prior in Orléans, dann in Dol und in Rennes; außerdem wurde er 1593 erster Definitor der Provinz. Seine Ämter nutzte er, um sein Projekt an verschiedenen Orten vorzustellen und voranzubringen.

Sein heftiges und unbeugsames Temperament eignete sich jedoch nicht dazu, die natürlichen Widerstände abzufangen, die aufgrund der Veränderungen in den Konventen wachgerufen wurden, und die Bestrebungen nach größerer Vertiefung des geistlichen Lebens zu bündeln und mit Kraft zu fördern. Ab 1597 setzte Behourt eine neue Taktik ein: Er versuchte die jungen Brüder schon bei ihrem Eintritt in die Konvente für die Reform zu gewinnen. Ab diesem Zeitpunkt

sammelte sich eine kleine Gruppe gleichgesinnter junger Mitstreiter um ihn: Guillaume Guerchois, Pierre Pleumelet, Louis Perrin, Philippe Thibault, François Odiau, Mathieu Pinault und Mathurin Aubron.
1598 trat Behourt als Prior von Saint-Pol-de-Léon erneut in die Arena der Reformbemühungen und verfolgte sein Ziel auch im nächsten Jahr als Prior des ältesten Karmel der Bretagne in Ploërmel. Doch zeigte sich erneut, daß es nicht gelang, einen ganzen Konvent zu reformieren, und Behourt begann mit einigen wenigen Schülern die Reform radikal im konsequenten persönlichen Lebensstil zu verwirklichen. Es blieb jedoch bei einer Wiederbelebung der ursprünglichen religiösen Ideale, ohne diese genügend an das moderne Leben anzupassen.
Während in Ploërmel unter der Leitung Pierre Behourts die Reform im kleinen Rahmen freiwillig und konkret Gestalt annahm, bildete sich in Paris eine weitere reformwillige Gruppe um Philippe Thibault. Die Pariser Gruppe blieb in den nächsten Jahren jedoch ziemlich schwankend und unruhig. Philippe Thibault, geboren im Jahre 1572, zweifelte an der Möglichkeit einer erfolgreichen Reform, weil er die Widerstände und Schwachstellen der Konvente nur zu gut kannte. Als die Bemühungen Behourts in Ploërmel schließlich scheiterten, hatte Thibault allen Grund, sich über die Zukunft des Ordens zu beunruhigen. Er geriet in eine persönliche Berufungskrise und ging ohne Erlaubnis zu den Zisterziensern und dann zu den Kartäusern, die ihn jedoch in seinen Konvent zurückschickten, um den eigenen Orden zu reformieren.
Im Gegensatz zu Behourt erkannte Thibault, daß die Reform der Unterstützung kompetenter Autoritäten bedurfte, und nutzte seine Kontakte zum Ordensgeneral in Italien und König Heinrich IV. von Frankreich. Thibault war ein Mann, der es verstand, vernünftig und umsichtig sowie pragmatisch vorzugehen, und zeigte diplomatisches Talent. So gelang es ihm, andere Mitbrüder für seine Ideen zu gewinnen. Auch lag ihm nicht nur an einer Wiederherstellung des Gemeinschaftslebens, sondern ebensowichtig war ihm ein inniger Umgang der Brüder mit Gott.
Im Mai 1602 wurde Pierre Behourt Provinzial, doch wenige Monate später annullierte der General diese Wahl wegen Unregelmäßigkeiten im Wahlverfahren. Damit wurde zunächst eine historische Gelegenheit für die Reform versäumt. Auch Behourts Ernennung zum Subprior von Rennes im Jahre 1603 mußte rückgängig gemacht werden,

da es im Konvent zuviel Widerstand gegen die Reformgruppe gab. Wenigstens erreichte Behourt jedoch, daß Mathieu Pinault nach Paris geschickt wurde, wo dieser Jean de Saint-Samson kennenlernte, der sich wenige Jahre später zu einer der wichtigsten Schlüsselfiguren der Reform entwickelte.

1603 gab der General im Pariser Konvent neue Statuten bekannt, die sich auf eine allgemeine, vom Papst selbst initiierte Reform des Ordensklerus gründeten. Außer einer Reihe organisatorischer und juristischer Regelungen sahen diese Statuten die Verpflichtung zum Chorgebet, zweimal täglich eine halbe Stunde Meditation sowie eine strikte Armutspraxis vor. Auf dem Provinzkapitel von Nantes im Jahre 1604 wurden diese Statuten als tragfähige Basis für die Reformbewegung verabschiedet. Behourt wurde erneut vom General zum Prior von Rennes ernannt, doch gelang es ihm zunächst nicht, die Ideale der Reform nun entsprechend in die Praxis umzusetzen.

Auch im Pariser Konvent blieb die Einführung der Reform weit hinter der persönlichen Inspiration ihrer führenden Anhänger zurück, und 1605 ging die Gruppe vom Konvent am Platz Maubert auf Einladung Behourts nach Rennes. Erst jetzt konnte die Reform zum ersten Mal vollständig in einem homogenen Konvent verwirklicht werden. Philippe Thibault schloß sich im Jahre 1608 definitiv dem reformierten Karmel in Rennes an.

In den nächsten Jahren wurde die Reform, die durch die Verbindung beider Gruppen den entscheidenden Impuls zu ihrer Entfaltung bekommen hatte, zu einer unaufhaltsamen, sich rasch ausdehnenden Bewegung. Jedes Jahr kamen etwa zehn Novizen hinzu, und der Einfluß der Reform innerhalb des gesamten Ordens nahm rapide zu. 1607 wurde Louis Charpentier, der liebenswürdige und angesehene Prior von Paris, Nachfolger Behourts. Behourt ging drei Monate als Prior nach Dol, wo Jean de Saint-Samson inzwischen eingetreten war, und kehrte dann als Ökonom in den Konvent von Rennes zurück. Im April 1608 wurde Thibault Novizenmeister in Rennes und führte dort u.a. verschiedene Methoden der Meditation ein. Es kam zu Spannungen zwischen dem eher konservativen Charpentier, dem observanten Behourt und dem nach moderner Karmelspiritualität suchenden Thibault. Charpentier sah ein, daß seine Anwesenheit in Rennes das Gelingen der Reform in Frage stellte, räumte das Feld und wurde wenig später Prior von Angers. Am 30. Juli 1608 wurde Thibault einstimmig zum Prior von Rennes gewählt, und 1611 wurde er erster Definitor der Provinz.

Am 25. April 1615 konnte der reformierte Karmel von Frankreich seine neuen Statuten auf einem Kapitel der reformierten Konvente in ihrer endgültigen Form festlegen; noch im selben Jahr fanden die „Exercitia conventualia" die Zustimmung des Generals, des Prokurators und des Kardinalprotektors. Auf dem Provinzkapitel von 1615 war die Reform schließlich so weit akzeptiert, daß zwei der sechs Definitoren aus den Reihen der reformierten Mitbrüder stammten. Zwanzig Jahre später waren alle sechzehn Konvente der Provinz reformiert und sieben neue Konvente gegründet. Auf dem Generalkapitel von 1645 wurden die Statuten von Rennes bindend für alle reformierten Konvente des Ordens.

Jean de Saint-Samson

Jean de Saint-Samson hieß mit weltlichem Namen Jean du Moulin und war Sohn des Steuerbeamten Pierre du Moulin und dessen Frau Marie d'Aiz; er wurde am 30. Dezember 1571 in Sens getauft, vermutlich wenige Tage nach seiner Geburt. Das genaue Geburtsdatum ist jedoch unbekannt. Die Eltern hatten bereits zwei Söhne und vielleicht auch Töchter.

Im Alter von drei Jahren erblindete Jean infolge einer unglücklichen Behandlung der Pocken. Trotzdem gelang es ihm, eine schulische Grundausbildung zu erwerben. Pfarrer Gernier von St.-Pierre-le-Rond in Sens brachte ihm die Grundbegriffe der Grammatik bei und vermittelte ihm die ersten Kenntnisse im Spinett- und Orgelspiel. Später konnte Jean sogar in Begleitung eines Jungen zur Schule gehen. Sicher ist, daß Jean in dieser Zeit zumindest mittelmäßige Lateinkenntnisse erwarb und daß er sich mit Belletristik beschäftigte; er ließ sich beispielsweise Ronsard vorlesen.

Mit zehn Jahren verlor Jean du Moulin seine Eltern. Er zog nun zu seinem Onkel und Vormund Zacharie d'Aiz, der ebenfalls in Sens wohnte. In dieser Zeit machte Jean rasche Fortschritte auf musikalischem Gebiet. Mit zwölf Jahren war er bereits Organist in St.-Pierre-le-Rond und in der Jakobinerkirche. In den zahlreichen Konzerten des Musikvereins von Sens war Jean ein geschätzter Instrumentalist.

Wenig später zog sich der junge Musiker jedoch aus diesem eher oberflächlichen Milieu mit seinen Tanzabenden und Konzerten zurück. Jedenfalls wurde damals ein erstes Interesse für geistliches Leben in ihm wach. Jeans erste Biographen berichten, daß er sich die

Nachfolge Christi und die Institutiones Taulerianae vorlesen ließ. Diese sehr bekannte Auswahl wichtiger Texte aus der nordischen Mystik erschien im Jahre 1587 zum ersten Mal in französischer Sprache. Auch das 1596 in Frankreich erschienene Werk eines Schülers von Ruusbroec, des flämischen Franziskaners Frans Vervoort, Le mantelet de l'Espoux, war Jean bekannt.

Um sich dem Druck seiner Familienangehörigen zu entziehen, die für ihn als Blinden nur eine Zukunft in der Entwicklung seiner musikalischen Talente sahen, verließ Jean schließlich seine Heimatstadt. Von seinen Jugendjahren bis 1600 wissen wir allerdings nichts Näheres. Um 1600 lebte Jean bei seinem Bruder Jean Baptiste und dessen Frau in Paris in der Nähe von St.-Eustache. In den ersten Monaten des Jahres 1601 starb Jean Baptiste du Moulin und wenig später auch dessen Frau.

Jean zog zu Herrn von Montdidier, der in der Nähe der Kathedrale Notre-Dame wohnte. Dieser war Prior der Domherren des heiligen Augustinus in Abbeville in der Picardie und wohnte damals für ungefähr zwei Jahre in Paris, um einen Prozeß zu führen. Er nahm am traurigen Schicksal Jeans Anteil und bot ihm ein Zimmer an. Es handelte sich hier jedoch um eine sehr bescheidene Gastfreundschaft, da der Gastgeber tagsüber außer Haus war und die Tür verschlossen blieb, so daß Jean bis zum Einbruch der Nacht weder Unterkunft noch Nahrung hatte. Nur die Kirchen boten ihm ihr Dach und ermöglichten lange Stunden des Gebets und der Meditation.

Jeans armselige Situation ist kennzeichnend für die allgemeine Lage des einfachen Volkes in jener Zeit. Armut und Unterernährung waren an der Tagesordnung. Vor allem Behinderte und Kranke lebten im Abseits der ohnehin abgewirtschafteten Gesellschaft und wurden als unbrauchbar und nutzlos angesehen.

Jean hatte nur eine bescheidene Einkommensquelle: seine Musik; er war Organist in der Kirche Saint-Pierre-aux-Boeufs. Da er seinem Wohltäter nicht nach Abbeville folgen wollte, mußte er sich bei dessen Abreise einen anderen Unterschlupf suchen. Schließlich „zog er nicht weit von den Karmeliten an der Ecke der Judasstraße bei einem Lebensmittelhändler ein", schreibt sein erster Biograph, Pater Josef von Jesus. Fortan besuchte Jean du Moulin die Karmelkirche am Platz Maubert. Oft war er den ganzen Vormittag lang im Gebet versunken. Sein Leben konzentrierte sich ganz auf die Umgebung dieser Kirche, und schon bald gehörte er zum vertrauten Kreis ihrer treuen Besucher.

Am Fest der heiligen Agnes im Jahre 1604 bat Jean den jungen Bruder Mathieu, beim Hochamt Orgel spielen zu dürfen. Dies war der Anfang einer tiefen und dauerhaften Freundschaft, die von einem gemeinsamen Interesse für geistliches und mystisches Leben gekennzeichnet war. Jean nahm die Initiative zu langen und intensiven Gesprächen und wurde allmählich zum geistlichen Begleiter des noch unerfahrenen jungen Mannes und ebenfalls der anderen Mitglieder einer eifrigen Studentengruppe, auf die sich die aufkommende Reform stützen wollte. Jean lieh dem jungen Mathieu mystische Werke und bat ihn, täglich darin zu lesen. Dies führte bald zu gemeinsamem Beten, Meditieren und Gesprächen. Allmählich bildete sich im Kloster am Platz Maubert ein geistlicher Kreis um Jean du Moulin, der doch nur ein einfacher blinder Laie war und vor allem auf theologischem Gebiet kaum eine Ausbildung genossen hatte. Ohne Einkommen zog Jean in größter Armut von einem Zufluchtsort zum andern, ließ sich dabei nur von Gott führen und vertraute sich ohne Vorbehalt seiner Vorsehung an.

1606 äußerte Jean schließlich gegenüber Mathieu Pinault den Wunsch, Karmelit zu werden, und wollte wie dieser nach Dol gehen. Trotz der praktischen Schwierigkeiten, die der junge Mathieu darin sah, daß Jean völlig mittellos war und das übliche Eintrittsalter bereits wesentlich überschritten hatte, leitete er die Bitte Jeans an den Provinzial weiter, und Jean durfte noch im selben Jahr mit dem Noviziat in Dol beginnen. Seine Blindheit machte es ihm unmöglich, Priester zu werden, und somit wurde er im Alter von fünfunddreißig Jahren einfacher Laienbruder. Sein Noviziat absolvierte er ohne Novizenmeister und lebte weiterhin nur unter der Führung Gottes. Bei der Einkleidung fügte Jean zu seinem Taufnamen den Namen des ersten Bischofs und Patrons der Kathedrale von Dol hinzu: Saint Samson.

Aus Jean du Moulin wurde Jean de Saint-Samson, Karmelit in Dol. Die neue Lebensphase brachte neue Prüfungen mit sich; zunächst eine Krankheit, die von der chronischen Unterernährung, der äußersten Armut des Klosters und der ungesunden Luft jener feuchten Gegend herrührte. Danach folgten fast ohne Unterbrechungen ein Fieber, die Wassersucht und die Pest. Dieses Elend führte jedoch zu einer für die Literaturgeschichte der Mystik besonders wichtigen Begegnung: der Begegnung zwischen Jean de Saint-Samson und Antoine Revol, dem Bischof von Dol. Bruder Jean begann nämlich, Fieberkranke mit Gebeten zu heilen, was ihm den besorgniserregenden Ruf eines Wundertäters einbrachte und die Autorität der Diözese

zu einer Ermittlung veranlaßte. Doch überzeugte sich der Bischof schnell von der Rechtgläubigkeit und Wahrhaftigkeit des einfachen Bruders, den er fortan häufig aufsuchte, um sich von ihm beraten und geistlich begleiten zu lassen. 1629 verfaßte Jean auf Bitten des Bischofs eines seiner Hauptwerke: Der Stachel, die Flammen, die Pfeile und der Spiegel der Liebe Gottes, geeignet, die Seele von Gott her in Gott selbst verliebt zu machen.
Am 26. Juni 1607 legte Jean seine Profeß ab. Im folgenden Jahr versuchten die Initiatoren der Reform von Rennes, den blinden Bruder für ihr Kloster zu gewinnen, doch Symphorien Godivier, der Prior von Dol, und die Brüder dort wollten Jean nicht gehen lassen. Erst nachdem Godivier im Jahre 1611 in den Armen Jeans gestorben war, gelang es Thibault, für Jean die Versetzung nach Rennes zu erwirken. 1612 kam Jean in den Konvent von Rennes, wo er noch einmal das Noviziat absolvieren mußte. Philippe Thibault und Mathieu Pinault baten Jean um einen Text über seine geistlichen Übungen und veranlaßten eine Untersuchung dieses Textes von namhaften Experten; u.a. wurde dieser Text den benachbarten Jesuiten und André Duval, einem Professor an der Sorbonne, vorgelegt. Nachdem von allen Seiten ein sehr positives Urteil ausgesprochen war, zögerte Thibault nicht länger, Bruder Jean eine wichtige Aufgabe im Reformprozeß anzuvertrauen. Von dieser Zeit an war das Schicksal Bruder Jeans unzertrennlich mit dem des Noviziats von Rennes verbunden. Jean wirkte fünfundzwanzig Jahre lang bis zu seinem Tod an der Ausbildung der jungen Ordensmänner mit, und obwohl er nie ein offizielles Amt innehatte, befand er sich doch in der Vorhut der Reformbewegung. Jeans Lehre baute auf seiner eigenen Erfahrung mit Gott auf und konnte so der karmelitanischen Spiritualität in Frankreich neue Impulse geben. Die Reformbewegung suchte nämlich nach einem dynamischen Gleichgewicht zwischen den Strukturen des Ordenslebens und der authentischen geistlichen Erfahrung der Mitbrüder. Jean sollte in Rennes mit den Brüdern neue Formen des kontemplativen Lebens erproben. Daher spielte er im Noviziat eine zentrale, wenn auch unauffällige Rolle und hatte dank seiner außerordentlichen Ausstrahlung viel Einfluß auf die Noviziate der gesamten Provinz von Touraine. Bis 1650 und darüber hinaus waren die Novizenmeister der Provinz zugleich Schüler des schlichten Bruders Jean und trugen mit ihm die Erneuerungsbewegung. Unter ihnen finden wir: Dominique de Saint-Albert (1596–1634), Léon de Saint-Jean (1600–1671), Marc de la Nativité (1616–1696) und Maur de

l'Enfant-Jésus († 1690). Zwar löste die Revolution den Karmel in Frankreich völlig auf, doch hatte die Reform von Touraine längst den ganzen Orden erfaßt und inspiriert auch heute noch aus unerschöpflichem Reichtum zu überraschender Lebendigkeit.

Neben seinen Aufgaben im Noviziat von Rennes fand Jean Zeit für ausgedehnte Stunden der Lektüre geistlicher Schriften und diktierte selbst zahlreiche Werke; außerdem war er als Organist tätig. 1616 ging Jean de Saint-Samson für ein Jahr ins Kloster von Dol zurück, da Antoine Revol ihn ausdrücklich beauftragt hatte, die Reform hier einzuführen. 1617 kam Jean wieder nach Rennes und blieb bis zu seinem Tod dort. Jahrelang verließ er das Kloster nur zu Krankenbesuchen. Am liebsten zog er sich in einen kleinen Raum am Ende eines dunklen Ganges zurück und genoß da die Einsamkeit. Der Blinde öffnete dann das Fenster, um das Zwitschern der Vögel zu hören, und ließ sie - wie wir auch vom hl. Franziskus oder von Seuse wissen - bei ihm die Nacht verbringen. Am Ende seines Lebens bat Jean darum, nach Basses-Loges, in den Wald von Fontainebleau, versetzt zu werden, wo er in völliger Zurückgezogenheit leben wollte. Seine Bitte blieb jedoch unerfüllt. Während seiner letzten Lebensjahre war er ständig krank. Jean weigerte sich aber, sein armseliges Strohlager mit einer Matratze zu vertauschen und etwas bessere Nahrung zu sich zu nehmen, die seine körperlichen Leiden erleichtern sollte. Am 3. September 1636 erkrankte Jean erneut und starb am 14. September, einem Sonntag, um halb zwölf „in den Armen seines göttlichen Herrn", nachdem er zum letzten Mal die Worte des heiligen Paulus wiederholt hatte: „Ich bin mit Christus gekreuzigt worden".

Jean de Saint-Samson hat ein Werk von mehr als 4000 Seiten handgeschriebener Texte hinterlassen. Natürlich konnte er nicht selbst schreiben, sondern diktierte meist jungen Mitbrüdern, die ihm Sekretärsdienste leisteten. Manche Werke schrieb er zur Einführung junger Mitbrüder ins geistliche Leben, andere auf Bitten verschiedener Menschen aus seiner Umgebung, wieder andere, um für sich selbst bestimmte Erfahrungen zu formulieren und festzuhalten. Er schrieb Meditationen und Soliloquien, Texte für die geistliche Begleitung, Kommentare, Betrachtungen und Beschreibungen mystischer Erfahrungen und schließlich Briefe und Gedichte. Nicht alles ist erhalten geblieben, und die Ausgaben aus dem 17. Jahrhundert sind nicht unbedingt zuverlässig.

Jean de Saint-Samson möchte seinen Leser in die mystische Erfahrung mit hineinnehmen. Trotz der oft sehr abstrakten Sprache haben die Texte einen äußerst dynamischen Charakter und entfalten sich auf einer tieferen Ebene als Spirale, die sich unendlich kreisend auf ihre innerste Mitte, die über alle Sprache hinausweisende Liebe zwischen Gott und Mensch, zubewegt und den Leser wie in einem Strudel mitzieht. Der Leitfaden des mystischen Prozesses ist ein Motto, das Jean aus der niederländischen Mystik vertraut war: „Liebt die Liebe, die euch ewig liebt" (Hadewijch und Ruusbroec).

Im Bewußtsein des mystischen Menschen bricht die Erfahrung durch, ohne eigene Verdienste geliebt zu werden. Alles bleibt, wie es ist, und doch stellt die wirklich gekostete Erfahrung (experiance savoureuse) unverdienter Liebe unser Leben total auf den Kopf. Der Inhalt des alltäglichen menschlichen Lebens bleibt derselbe, aber die Art und Weise, die Richtung und Perspektive verändern sich völlig, denn der Mensch ist dann nicht mehr selbst das Zentrum seines Lebens, sondern Gott wird zum Mittelpunkt allen Denkens und Fühlens. In bezug auf sich selbst wird der mystische Mensch ex-zentriert und kon-zentriert in Gott. Aus der Tiefe dieser Erfahrung heraus wird er zu einem Menschen umgeformt, der wie Gott uneigennützig und freigebig zu lieben beginnt. Jean de Saint-Samson zufolge können wir diesen Prozeß nur im nachhinein an uns selbst wahrnehmen. In einer doppelten Bewegung von Sterben und Zunichtewerden für uns selbst und ekstatischer und leidenschaftlicher Liebe für den andern lassen wir uns dann von der göttlichen Liebe mitnehmen, die immer steiler und tiefer wird, ohne in diesem Leben definitiv an ein Ende zu kommen.

Die herrliche Erfahrung, umsonst und ohne eigenes Zutun geliebt zu werden und in uneigennützige Liebe umgeformt zu sein, könnte uns glauben machen, die Vollkommenheit bereits erreicht zu haben. In der zurückziehenden Bewegung (retirer) oder der Abwesenheit (l'absence) Gottes wird jedes Festhalten an dieser Erfahrung gründlich unterbunden. Es geht nicht um das, was Gott uns schenkt, sondern um ihn selbst ohne jeden anderen Halt. Das menschliche Vermögen hat hier seine Grenzen erreicht, weil Gottes Daseinsweise absolut außerhalb unseres Bereiches liegt. Aus unserem Blickwinkel betrachtet, geht es nicht um unsere Tugend oder unsere Werke, sondern um die nackte Liebe, der wir treu bleiben, auch wenn der Weg kahler wird. Auf mehr ekstatische Weise vollzieht sich der Prozeß des inneren Abbruchs und Sterbens in der Nachfolge des gekreuzigten Christus (à l'example de notre saveur), der uns immer tiefer in eine unauslotbare Verlassenheit mitreißt.

Passiv und außer sich in Ekstase steht der Mensch vor Gott, ganz zur Ruhe gekommen im mystischen Tod. Er ruht in Gott, an den er sich mit einem einfachen nackten Blick heftet (nue adhesion à Dieu). Er bewegt sich nicht mehr selbst, sondern wird von innen her, von Gott in Bewegung gebracht durch den göttlichen Hauch der Zuwendung (l'aspiration). Wie wir in unserem Atem den Hauch des lebendigen Gottes empfangen können, so können wir in unserer Zuwendung erfahren, daß Gott uns immer schon in unendlicher Liebe zugewandt ist. Ja, die liebevolle Zuwendung ist der göttliche Atem, der uns durchströmt und am Leben hält. Zuwendung ist der wesentliche und feurige Liebesimpuls, der uns dazu befähigt, am wahren Leben unverdienter Liebe teilzuhaben. Zuwendung wird uns von Gott her eingehaucht, und verwundert spüren wir, daß wir nicht mehr anders können, als diesen göttlichen Atem der Zuwendung ein- und auszuatmen. Zuwendung ist die überströmende und unaussprechliche Einheit mit dem schöpferischen göttlichen Lebensatem.

Der Mensch nimmt dann Abschied von jedem Mittel zwischen sich selbst und Gott. Er lebt in totaler Abgeschiedenheit (l'abstraction) und Einsamkeit des Geistes (solitude d'esprit). Er ist ganz und gar in den Ozean der Liebe Gottes aufgenommen und wird verzehrt vom göttlichen Liebesfeuer, so daß es nichts anderes mehr gibt als den Bräutigam und die liebende Seele.

Das führt zu einem Loslassen (renonciation) aller Dinge und sogar Gottes, insofern er als Mittel gebraucht wird. Immer wieder entdeckt der mystische Mensch, daß er unter dem Deckmantel eines geistlichen Leben doch wieder seine eigenen Interessen im Auge hatte. Letztendlich muß uns das Loslassen auf passive Weise angetan werden, denn alles, was wir aus eigener Kraft und Anstrengung vollbringen, füllt uns nur wieder mit unseren eigenen Absichten und Bemühungen. Die nackte, reine und wesentliche Liebe (l'amour pur, nud, essentiel) geht über alle menschlichen Möglichkeiten hinaus. Gott leitet uns dann nicht mehr nur zur Liebe an, er entflammt und entfacht nicht länger unsere eigenen menschlichen Liebeskräfte, sondern er selbst beginnt in uns auf seine göttliche Weise zu lieben. Das ist die totale Liebe, die lediglich gibt und nichts für sich will. Diese Liebe ist ein Loslassen aller Gaben und ihrer selbst, auch der fühlbaren Erfahrung der Liebe. Alles Eigene des Menschen wird in dem Liebesbrand, der gottförmig macht, verzehrt, ohne daß wir je aufhören, Menschen zu sein. Das natürliche Leben und die Individualität werden immer gründlicher angetastet und vom neuen göttlichen Leben durchdrungen. In der Unbegreiflichkeit göttlicher Liebe gibt es nichts mehr zu erfahren, und gerade dies ist die höchste Erfahrung. Der Mensch kommt zur Ruhe im sprachlosen Verkosten der Ekstase, in der es keine gefühlsmäßige Ekstase mehr gibt. Er tritt in Selbstvergessenheit aus sich selbst, und in absoluter Offenheit tritt er ein in Gott. Er weiß um nichts anderes mehr als um das lebendige Leben der Liebe Gottes, in dem alles menschliche Können untergeht, das Begreifen im Dunkeln bleibt und die Sinne nichts mehr fühlen.

8. Therese von Lisieux – „Mein Gott, ich liebe dich“

Veronika Elisabeth Schmitt OCD

Das waren die letzten Worte einer jungen Karmelitin nach einem schweren Todeskampf: „Mein Gott... ich liebe dich.“ In diesen Worten offenbarte sich das Geheimnis der Therese von Lisieux. Ihr Leben kann man als einen Gesang des Hohenliedes der Liebe, wie wir es bei Paulus finden, verstehen. Die Liebe war die Quelle, die Dynamik, die ihrem Leben seine Gestalt gab. Es war eine Liebe, die viele Gesichter hatte: die leidenschaftliche Liebe eines Menschen, der in Jesus allein – „mein erster, mein einziger Freund“ (Selbstbiographische Schriften, S. 204) –, in der Absolutheit der Liebe zu ihm, seine Erfüllung fand. Wie früh hat sie die grundsätzliche Unerfüllbarkeit der menschlichen Sehnsucht durch einen Menschen oder durch weltliche Dinge erkannt! Es war aber auch die zärtliche Liebe eines Kindes, das sich vertrauensvoll in die Arme seines liebenden Vaters wirft; es war die Liebe einer Suchenden, die auch in der Abwesenheit des Geliebten mit ihrer Sehnsucht und Suche nicht nachläßt. Therese hat ihre tiefe Glaubensnacht, in der sie nicht mehr glauben, sondern nur noch lieben konnte, durch die Liebe und die daraus erwachsene Bereitschaft zum Leiden bestanden. Es war die Liebe einer Mitleidenden, die echte Sympathie und Solidarität mit allen Leidenden lebte, angefangen von dem stadtbekannten Mörder Pranzini bis hin zu den Materialisten, die nicht mehr an Gott glauben konnten. Hätte man Therese im Karmel nicht aufgenommen, dann wäre sie in ein Zufluchtsheim für Büßerinnen gegangen. Sie schreckte auch nicht vor der Vorstellung zurück, sich in die Hölle versetzt zu sehen, damit Gott auch von diesem Ort aus geliebt wird.

Die Liebe ist der Schlüssel für ihr eigenes Selbstverständnis und für das Verständnis ihrer Berufung. Nach einer Zeit intensiven inneren Ringens fand sie zum Kern ihrer Berufung. Bei der Lektüre der Paulusbriefe stieß sie auf das 13. Kapitel des 1. Korintherbriefes und fand dort eine Antwort auf ihre tiefste Sehnsucht. Alle Berufungen spürte sie in sich: zum Apostel, zum Priester, zum Märtyrer, zum Propheten, zum Kirchenlehrer. Eine allein wäre ihr zuwenig gewesen. Dann gelang es ihr, zum letzten Grund vorzustoßen: das, was alle diese Berufungen in sich schließt und was ihren Kern ausmacht, was sie erst eigentlich zu dem werden läßt, was sie sind, ist verborgen im Innern. Es ist die Liebe. Sie umspannt jede Zeit und jeden Ort, sie allein ist ewig. Und so fand Therese in ihr den Kern ihrer Berufung: „Da rief ich im Übermaß meiner überschäumenden Freude: ‚O Jesus, meine Liebe, endlich habe ich meine Berufung gefunden, meine Berufung ist die Liebe' " (Selbstbiographische Schriften, S. 200).

Daraus erwuchs nun auch ein vertieftes Verständnis ihrer Karmelberufung, die sie zunächst im ganz überkommenen Sinn als „Seelen retten" und „für die Priester beten" schon vor ihrem Klostereintritt so verstanden hatte. Sie erkannte nun, daß es ihre Aufgabe war, die Menschen zu lehren, Gott und Jesus aus dem tiefsten Grund ihres Herzens und mit aller Liebeskraft zu lieben. Und sie verstand, daß diese Mission für sie im Karmel erst begann, nicht durch Worte, sondern durch ihr Leben und ihr Gebet, daß sie aber ihre eigentliche Wirkkraft erst nach dem Tod entfalten wird. Sie will im Himmel nicht untätig sein, sondern von dort aus „Rosen streuen", wie sie sehr bildreich sagte. Gemeint ist damit, daß sie die Menschen die Liebe lehren wird. Nach ihrem Tod haben tatsächlich ungezählte Menschen Hilfe und Heilung durch sie erfahren und oftmals auch den Anstoß zu einer geistlichen Berufung.

Wer war nun diese Therese, die in ihren Sehnsüchten und Wünschen bisweilen so kühn, ja fast vermessen wirkt? Ein Exerzitienmeister forderte sie einmal auf, ihre verwegenen Wünsche zu mäßigen, nachdem sie ihm gestand, daß sie die Hoffnung habe, eine große Heilige zu werden und Jesus im selben Maße zu lieben wie die hl. Teresa von Avila.

Der Abriß ihres kurzen Lebens ist rasch skizziert. Therese wurde als neuntes Kind der Familie Martin am 2. Januar 1873 in Alençon geboren. Nach wenigen Monaten erkrankte sie schwer und mußte für ein Jahr zu einer Amme aufs Land gebracht werden. Mit 4 1/2 Jahren verlor sie ihre Mutter, die an einem bösartigen Tumor starb. Der Vater, der bereits 54 Jahre alt war und im Ruhestand lebte, nahm sich sehr liebevoll seiner fünf Töchter an. Vier der neun Kinder verstarben bereits im Kindesalter. Die älteste Schwester Pauline vertrat für Therese die Mutterstelle. Nachdem Pauline aber mit 20 Jahren in den Karmel in Lisieux eintrat, erlebte Therese mit neun Jahren eine erneute Trennung, die sich bei ihr traumatisch auswirkte und zu einer lebensbedrohenden Erkrankung führte. Zur selben Zeit erfuhr sie ihre eigene Berufung zum Karmel. Eine plötzliche Heilung durch das Lächeln der Muttergottes - eine Muttergottesstatue befand sich in ihrem Krankenzimmer - ließ sie ihren Weg weitergehen. Nun vertrat ihre Schwester Marie die Mutter, aber nicht sehr lange, denn auch diese Schwester entschloß sich, in den Karmel von Lisieux einzutreten. Therese befand sich in einer erneuten schwierigen Situation. Durch ein Bekehrungserlebnis an Weihnachten 1886 gewann sie jedoch ihre frühere innere Stärke wieder zurück. Bereits ein Jahr später bat sie um den Eintritt in den Karmel mit knapp 15 Jahren, nicht um wieder mit ihren Schwestern beisammen sein zu können, wie mancher ihr nachsagte, sondern um Jesus zu folgen. Ihrem Vorhaben stellten sich aber schwer zu überwindende Widerstände entgegen. Ihr Gesuch ging bis zum Papst, den sie in einer Audienz während ihrer Pilgerfahrt nach Rom persönlich um die Aufnahme in den Orden bat. Als sie endlich die nötige Erlaubnis von allen Seiten hatte, trat sie am 9.4.1888, nach der Fastenzeit - so war es der Wunsch der Schwestern - in den Karmel von Lisieux ein. Am 10. Januar 1889 wurde sie eingekleidet. Da sie die dritte aus ein und derselben Familie war, konnte sie von Rechts wegen niemals Sitz und Stimme im Kapitel des Konvents haben. So blieb sie zeit ihres Lebens im Noviziat, obwohl sie ihre ewigen Gelübde bereits am 24. September 1890 ablegte. Am Karfreitag des Jahres 1896 zeigten sich die ersten Anzeichen einer tödlichen Krankheit, der Tuberkulose, die damals noch nicht heilbar war. Zu dieser Zeit fiel Therese auch in eine Glaubensnacht, die bis zu ihrem Tod 1 1/2 Jahre später, am 30. September 1897, andauerte.

Eine kurze Charakterisierung ihres Wesens soll zu einem tieferen Verständnis dieser Heiligen führen, die so oft mißverstanden und zu einer süßlichen und sentimentalen kleinen Heiligen, einer Gipsfigur, stilisiert wurde. Als ein auffallendes Merkmal ihres Wesens kann eine starke Gegensätzlichkeit angesehen werden, die ihr eine innere Dynamik verlieh und den Reiz und die Faszination ihrer Persönlichkeit ausmachte. Schon als Kind fiel ihre ungewöhnlich frühreife Intelligenz auf und gleichzeitig ihre hohe Sensibilität bis hin zur übermäßigen Empfindlichkeit. Sie schreibt von sich selbst, daß sie als Kind sehr verhätschelt wurde. Die Beziehung zu ihrem Vater intensivierte sich nach dem Tod der Mutter und wurde zu einem tragenden Grund ihres Lebens. Sie nennt ihn ihren König, und er seinerseits sah in ihr seine kleine Königin. In einem wohlbehüteten und abgeschirmten Familienleben fand sie das Nest, das ihr überzartes Wesen brauchte, um gedeihen zu können, zumal die traumatische Erfahrung der Trennung von der Mutter mit 4 1/2 Jahren und deren zweifache Wiederholung durch den Klostereintritt ihrer beiden älteren Schwestern, die jeweils die Mutterstellung einnahmen, eine übermäßige Ängstlichkeit in ihr hervorgerufen hat. Sie entwickelte aber andererseits bereits sehr früh einen starken Eigenwillen bis hin zu Zornesausbrüchen, wo ihr Eigensinn nicht mehr zu brechen war. Da sie mit neun Jahren in eine schwere „seltsame" Krankheit mit starkem Zittern und Halluzinationen verfiel – sie selbst bezeichnet diese Erkrankung rückblickend als vom bösen Geist bewirkt –, war ihre Umgebung äußerst rücksichtsvoll, und jede Härte wurde vermieden. Auch nach ihrer wunderbaren Heilung durch die Muttergottes blieb ihre seelische Empfindsamkeit. Sie zeigte sich später nochmals in der Anfälligkeit für die Skrupulosität und schließlich in ihrer letzten Phase der dunklen Nacht vor ihrem Tod.
Thereses eiserner Wille, ihre scharfe Intelligenz und ihre frühgewonnene Weisheit bildeten das Gegengewicht in ihrem Charakter. Vielleicht sind sie durch die Schwäche ihrer Natur, ihre übermäßige Sensibilität, in besonderer Weise provoziert worden. Eine Graphologin beschreibt Therese folgendermaßen:
„Man ermißt das Ausmaß ihrer Empfindlichkeit, ihres Mangels an Vertrauen auf die eigenen Kräfte, ihre Ängstlichkeit und ihre Angst, eine eiserne Entschiedenheit, einen Willen zum Kampf, eine unbändige Energie: Entsetzen eines Kindes und Entschiedenheit eines Kriegers" (Gaucher, Chronik eines Lebens, S. 159).
Therese hatte Sinn für die konkrete Realität des Lebens, obwohl sie

im Kloster als nicht besonders lebenstüchtig angesehen wurde und bei jeder Arbeit die Stelle einer Gehilfin einnahm, im Refektorium, in der Sakristei und im Noviziat. Gleichzeitig hatte sie einen stark mystischen Zug in ihrem Wesen. So notierte sie in einem ihrer Hefte beispielsweise unmittelbar aufeinanderfolgend: „An Celine 20 Franken ausgeliehen. Oh! Jesus, du allein, und das ist genug“ (Gaucher, Chronik eines Lebens, S. 76).
Ihre Novizenmeisterin, Schwester Marie des Anges, schildert sie folgendermaßen: „Groß und stark mit dem Gesicht eines Kindes, einer klingenden Stimme, einer ebensolchen Ausdruckskraft, die in ihr eine Weisheit, eine Vollkommenheit, einen Scharfsinn von fünfzig Jahren verbirgt. Eine immer ruhige Seele, die sich selbst in allem und mit allen vollkommen besitzt. Eine kleine Heilige, wenn man sie nicht anrührt - der man die heilige Kommunion ohne Beichte reichen würde, deren Häubchen aber voll ist von Schalkheit, um sie dem anzutun, wem immer sie will. Mystikerin, Komikerin, alles gelingt ihr... Sie kann Sie dahin bringen, aus Frömmigkeit zu weinen, und ebenso gut, sich in unseren Erholungen halb totzulachen“ (Gaucher, Chronik eines Lebens, S. 181f). Therese bezeichnete sich selbst kurze Zeit vor ihrem Tod, als sie nur noch Milchkost zu sich nehmen kann, als ein Baby, das ein Greis ist. Das ist mehr als ein Scherz. Der Kontrast dieser zwei Seiten ihres Wesens machte den Zauber ihrer Persönlichkeit aus: Sie hat sich den Charme eines Kindes, seine Echtheit und Unbefangenheit bewahrt und ist gleichzeitig zu einer erstaunlichen seelischen und geistigen Reife gelangt. In ihrem „kleinen Weg“, wie sie ihre geistliche Lehre nennt, aber auch in ihrem Ordensnamen - vom Kinde Jesu und vom Heiligsten Antlitz - kommt diese ihre Wesensart ganz adäquat zum Ausdruck.

Der kleine Weg der hl. Therese

Therese lebte in einer Zeit, in der der Glaube von einem strafenden Richtergott geprägt war und von einem Menschenbild, das bestimmt war, diesen Gott durch tausenderlei Opfer und religiöse Leistungen zu besänftigen und gnädig zu stimmen. In ihrer Sensibilität und tiefen Wahrhaftigkeit entlarvte sie die Brüchigkeit und Verlogenheit eines solchen geistlichen Leistungsdenkens und deckte wieder neu auf, daß es galt, vor Gott seine eigene Armut, sein Nichts zu erkennen und einzugestehen und sich in einem bedingungslosen Vertrauen, wie es ein Kind den Eltern gegenüber hat, Gott in die Arme zu werfen und sich ihm zu überlassen. Darin sah sie die Rettung und das Heil der Menschen, nicht aber in künstlich gesuchten Opfern. Zu den damals üblichen Bußübungen im Karmel hatte sie eine kritische Haltung. Sie erkannte aus eigener Erfahrung, daß diese Übungen ein Mittel sein können, um die Eigenliebe zu nähren. Was dagegen eine ausgesprochene Anziehungskraft auf sie ausübte, war das Leiden, das ihr in ihrem Leben vielfach begegnete. Als sie die drei schweren Jahre der Krankheit ihres geliebten Vaters vom Karmel aus miterlebte, schrieb sie: „Ich tauschte sie nicht ein für alle Ekstasen und Offenbarungen" (Selbstbiographische Schriften, S. 161). Ihre Begabung zur Liebe trug als Kehrseite ihre Leidensfähigkeit. „Ich habe viel gelitten, seitdem ich auf Erden bin" (S. 217), gesteht sie in ihrer Autobiographie. Aber sie verstand es mit zunehmender Reife, das Leiden für sich und für andere fruchtbar werden zu lassen. Sie konnte den konstruktiven Aspekt des Leidens entdecken und es als einen kostbaren Schatz verstehen: „Aber wenn ich in meiner Kindheit in Traurigkeit litt, so leide ich jetzt nicht mehr auf diese Weise, sondern in der Freude und im Frieden, ich bin wahrhaft glücklich zu leiden" (Selbstbiographische Schriften, S. 217). Dieser tiefe Friede verließ sie in all ihren Prüfungen nicht. In der Annahme des Leidens sah sie einen Zugang, anderen Menschen zum Leben zu verhelfen. Sie verlor sich aber nicht in einer übertriebenen Leidensmystik, sondern sagte ganz klar: „... ich weiß, daß Jesus nicht wünschen kann, uns unnötige Leiden aufzuerlegen" (Selbstbiographische Schriften, S. 187). Das Leiden war für sie nicht das Letzte, das ist allein die Liebe. Diese Liebe war für sie aber immer auch mit der Bereitschaft zum Leiden verbunden. Von daher können wir ihren Hingabeakt als Ganz-Brandopfer an die Barmherzige Liebe Gottes verstehen. Die Liebe ließ sie innerlich zu Feuer werden. Sie sollte ihr Leben verzehren, und zwar buchstäblich so sehr, daß sie sich den Tod aus Liebe wünschte: „... als einzige Gnade ersehne ich, daß die Liebe es (das Leben) zerbreche" (Selbstbiographische Schriften, S. 224). Sie begriff dann aber nach der langen Zeit der Läuterung durch die dunkle Glaubensnacht, in welcher sich ihr die schlimmsten Gedanken der Materialisten aufdrängten, folgendes: „Aus Liebe sterben heißt nicht in Verzückung sterben. Offen gestanden glaube ich, das ist es, was ich erfahre" (Gaucher, Chronik eines Lebens, S. 286). Das sagte sie wenige Wochen vor ihrem Tod. Ihre letzten Worte, ihr Vermächtnis sozusagen, bezeugen ihre Echtheit: „Mein Gott... ich liebe dich".

Die „kleine" heilige Therese, wie wir oft zur Unterscheidung zur großen heiligen Teresa von Avila sagen, hat ihre Mission, ihre Wirkkraft im vollen Sinn erst nach ihrem Tod entfaltet. Sie ist Apostelin der Apostel geworden, Patronin der Mission, die uns das Evangelium auf eine neue Weise verkündet und das Geheimnis der Liebe durch ihr Leben offenbart hat. Sie hat es gerade nicht durch außergewöhnliche oder sensationelle Dinge getan. Über ihr eigenes Manuskript - einige Schulhefte, die sie auf Wunsch der Priorin mit den Erinnerungen ihres Lebens füllte, sagte sie einmal: „Es wird darin für jeden Geschmack etwas zu finden sein, nur nichts für die außergewöhnlichen Wege" (Gaucher, Chronik eines Lebens, S. 282). Die kleinen, scheinbar so unbedeutenden Dinge des Alltags, wie sie jeder erleben kann, waren für sie entscheidend und die Hingabe, mit der sie sie vollzog: ein Lächeln, obwohl einem im Moment nicht danach zumute ist, das Hinnehmen eines unangenehmen Geräusches, das Annehmen eines Menschen, der einem nicht sympathisch ist. All das war der Ort, an dem sich ihre Liebe verwirklichte, an dem sie sich zu einer Dynamik entwickelte, die durch die Oberfläche des Alltags durchzustoßen vermochte bis in jene Tiefendimension des Abgrundes der Liebe: zu Gott. Sie ist uns eine Lehrmeisterin der Liebe geworden, einer Liebe, die die ganze Kraft ihres Lebens in sich schloß, die das Leiden schöpferisch integrierte und die einen Charme und eine Anziehungskraft für so viele hat, weil sie im tiefsten Grund so einfach ist. Auch Thereses Gebet ist von dieser Einfachheit geprägt: „Für mich ist das Gebet ein Schwung des Herzens, ein einfacher Blick zum Himmel empor, ein Schrei der Dankbarkeit und der Liebe aus der Mitte der Prüfung wie aus der Mitte der Freude..." (Selbstbiographische Schriften, S. 254). Im Karmel erlebte sie die meisten Jahre große innere Trockenheit, ganz besonders aber in den Zeiten der Exerzitien. Sie gestand, seit 7 Jahren während der Betrachtung einzuschlafen, und während ihrer Todeskrankheit sagt sie: „Seit ich krank bin, denke ich nichts mehr... Ich sage ihm nichts, ich liebe ihn" (Gaucher, Chronik eines Lebens, S. 277).

Das ist eine Heilige, die uns in ihrer Einfachheit sympathisch ist und die uns gleichzeitig herausfordert, zum tiefsten Grund der Liebe vorzudringen: zu Gott. Therese ist ein Beispiel dafür, wie intensiv ein Charisma, selbst wenn es hinter Klostermauern gelebt wird, in die Welt und in die Kirche zu wirken vermag.

9. Elisabeth von Dijon – Gemeinschaft mit dem dreifaltigen Gott

Veronika Elisabeth Schmitt OCD

In Elisabeth von Dijon können wir eine geistliche Schwester Thereses erkennen. Sie war von ihren Schriften inspiriert. Bereits 1899, zwei Jahre nach Thereses Tod und zwei Jahre vor Elisabeths Eintritt in den Karmel, lernte sie diese kennen. Therese wurde damals schon wie eine Heilige verehrt. Offiziell wurde sie 1925 heiliggesprochen. Es gibt viele Parallelen im Leben Thereses und Elisabeths. In den Schriften von Elisabeth begegnen uns oftmals Thereses Gedanken, manchmal bis in die gleiche Formulierung hinein. Thereses Weiheakt an die Barmherzige Liebe hat Elisabeth während ihres Lebens viermal abgeschrieben. Ihr eigenes Gebet an die Dreifaltigkeit kann ebenfalls als ein Weiheakt verstanden werden. Auch Elisabeth war vom Geheimnis der Liebe zutiefst angerührt, auch sie war eine große Liebende. In dem Wort des heiligen Paulus aus dem Brief an die Epheser: „Weil er mich im Übermaß geliebt hat" (Eph 2,5) sah sie selbst die Zusammenfassung ihres Lebens. Das ist der tiefste Grund, von dem her sie alles verstand. Ihr Leben, ihr Gebet – für sie das immerwährende Gebet – war nichts anderes als ein liebevolles, vertrauliches Herz-an-Herz mit Gott bei Tag und bei Nacht, mit dem Gott, der in ihr wohnte und der die Liebe ist. Im Lauf ihres Lebens verstand sie zunehmend diesen Gott in sich, im Himmel ihrer Seele, trinitarisch. Es war die Dreifaltigkeit, die im Grunde ihrer Seele wohnte. Dort wollte sie sich verbergen in Stille und Einsamkeit, um sich in der Dreifaltigkeit zu verlieren und sich in sie verwandeln zu lassen. Schon vor ihrem Eintritt erhielt sie von der damaligen Priorin vom Karmel in Dijon, Schwester Maria von Jesus, ihren Namen: Elisabeth von der Dreifaltigkeit. Sie selbst hatte sich zunächst den Namen Elisabeth von Jesus gewünscht, und es kostete sie einige Überwindung, ihn aufzugeben. Sie wuchs aber dann sehr tief in das Geheimnis der Dreifaltigkeit hinein. Gegen Ende ihres Lebens wählte sie sich noch einen zweiten Namen: Lob der Herrlichkeit. Hier war sie wiederum vom heiligen Paulus inspiriert, den sie den Vater ihrer Seele nennt. Ein Lob der Herrlichkeit ist für sie „ein Mensch des Schweigens, der sich wie eine Lyra der geheimnisvollen Berührung des Heiligen Geistes hinhält, damit Er ihr göttliche Harmonien entlocke" (Elisabeth von Dijon, Licht, das mich führt, S. 95).

Elisabeths Leben

Elisabeth wurde als erstes Kind ihrer Eltern Catez am 18. Juli 1880 im Militärlager Avor bei Bourges geboren. Knapp zwei Jahre später kam ihre einzige Schwester, Marguerite, zur Welt, zu der sie ihr ganzes Leben lang eine sehr innige Beziehung hatte. Als Elisabeth sieben Jahre alt war, starb ihr Vater sehr plötzlich. Elisabeth wuchs zusammen mit ihrer Schwester unter der fürsorglichen Liebe ihrer Mutter auf und erlebte eine glückliche Kindheit und Jugend. Früh wurde ihre außergewöhnliche musikalische Begabung erkannt und auch gefördert. Mit acht Jahren erhielt sie eine Ausbildung am Konservatorium von Dijon. Sie gewann bei Aufführungen viele Preise und war in ihrem Freundeskreis sehr beliebt.

Bereits im Alter von sieben Jahren kam in ihr der Wunsch auf, Klosterfrau zu werden. Mit vierzehn Jahren konkretisierte sich dann dieser Wunsch dahingehend, daß sie in den Karmel eintreten möchte. Zu dieser Zeit legte sie das Gelübde der Jungfräulichkeit ab und erbat an einem Marienwallfahrtsort die Gnade, jung sterben zu dürfen. Mit ihrem Wunsch, in den Karmel eintreten zu wollen, stieß sie auf den Widerstand ihrer Mutter. Diese gab erst im März 1899 ihre Zustimmung, allerdings unter der Bedingung, daß Elisabeth bis zu ihrem 21. Lebensjahr wartet. So trat Elisabeth kurze Zeit nach ihrem 21. Geburtstag, am 2. August 1901, in den Karmel von Dijon ein. Am 8. Dezember desselben Jahres wurde sie eingekleidet, und am 11. Januar 1903 legte sie ihre ewigen Gelübde ab. Im Sommer desselben Jahres entdeckte man bereits die schwere, damals noch nicht heilbare Addisonsche Krankheit an ihr. Ab dem Frühjahr 1906 kam Elisabeth ganz in die Krankenabteilung des Klosters. Nach einem mehrfachen Auf und Ab der Krankheit starb sie am 9. November 1906 nach einer neuntägigen Agonie. Ihre letzten vernehmbaren Worte waren: „Ich gehe zum Licht, zur Liebe, zum Leben“. Dieses kurze Leben - Elisabeth war etwas mehr als 26 Jahre alt, als sie starb, und nur fünf Jahre und drei Monate im Karmel - ist ganz erstaunlich geradlinig verlaufen, ohne jeden Umweg, und entspricht so ganz ihrem Wesen.

Elisabeths Spiritualität

Elisabeth hatte einen Hang zum Absoluten, einen großen Durst nach dem Unendlichen und ein starkes Bedürfnis zu lieben, wie sie selbst einmal von sich sagte. Leidenschaft und Sensibilität waren die wesentlichen Merkmale ihrer Persönlichkeit. Als Kind war sie sehr ungestüm und konnte starke Zornesausbrüche haben. Dieser leidenschaftliche Zug an ihr wurde nach der Erstkommunion im Alter von elf Jahren von ihr gemäßigt. Sie wurde gütig und feinfühlig und entwickelte ein sehr liebesfähiges Herz. Ihre ganze Sensibilität kam nun zum Vorschein. Aber dadurch wurde sie auch verwundbarer. Wir wissen, daß sie sowohl mit dreizehn Jahren als auch im Noviziatsjahr in eine Zeit starker Skrupulosität geriet. Am Tag vor ihrer Profeß mußte noch ein Geistlicher gerufen werden, um sie innerlich zu beruhigen. In dieser Situation war für sie das Gottesbild der Therese so heilsam. Sie schrieb auch einmal, daß sie sich ohne Gottes Hilfe zu aller Niederträchtigkeit und Verbrechen fähig fühle. Sie erspürte aufgrund ihrer Sensibilität ihre eigene Abgründigkeit, ja Nichtigkeit, die sie der Abgründigkeit Gottes und seinem Erbarmen hinhielt. Gott schafft im Menschen diese Abgründe, die Leere, um sie dann mit sich zu füllen. So entdeckte Elisabeth den Innenraum der Seele, jenen Ort, wo Gott wohnt, und die Mitte, die er selbst ist. Ihre Fähigkeit zur Liebe ließ sie entdecken, daß dieser Gott Liebe ist, dem man in einem inneren Liebesaustausch ganz persönlich begegnen kann. Diese Entdeckung ist ihr Vermächtnis an ihre Schwester Marguerite und an uns alle kurz vor ihrem Tod: „Ich hinterlasse Dir meine Liebe zur Dreifaltigkeit, zur ‚Liebe'. Lebe mit ihr in Deinem Innern, im Himmel Deiner Seele" (Elisabeth von Dijon, Licht, das mich führt, S. 134). Sie liebte Gott mit einem lebendigen, leidenschaftlichen Herzen. „Wenn ich liebe, dann ist es nicht nur ein wenig" (Ich gehe zum Licht, S. 50), sagte sie von sich selbst. Die Liebe Jesu empfand sie ebenfalls als eine leidenschaftliche Liebe zu ihr, die ihr ganzes Leben verzehrte. Es ist daher auch nicht zu verwundern, daß wir bei ihr Züge einer ausgesprochenen Brautmystik finden. „Wir haben uns so sehr geliebt" (Licht, das mich führt, S. 15), sagte sie einige Tage vor ihrem Tod. Sie kannte aber auch die Nachtseite, Zeiten, in denen sie die Gegenwart Gottes nicht mehr spürte, in denen sie ihren Weg im reinen Glauben gehen mußte, besonders in den letzten Monaten vor ihrem Tod. Ihr intensives körperliches und geistiges Leiden betrachtete sie als eine Ergänzung der Leiden Christi an ihrem Leib. Sie wollte ihm gleichsam eine „zusätzliche Menschheit sein, in der Er sein Leben der Versöhnung, des Opfers, des Lobpreises und der Anbetung fortsetzen kann" (Licht, das mich führt, S. 53). Ihr Krankenbett wurde ihr zum Altar, auf dem sie sich der Liebe darbrachte. Ihre

Leiden erreichen ein solches Ausmaß, daß sie ohne den Glauben und ohne Gott Selbstmordgedanken gehegt hätte. Elisabeth wurde in ihrem Leiden ihrem geliebten Meister gleichförmig und zog einem Tod in Ekstase einen Tod in Verlassenheit vor, um Ihm ähnlicher zu sein. Ihre Liebe brachte Frucht und wurde offen für alle Menschen. Ihre Sendung vom Himmel her sah sie darin: „Menschen zu Gott zu ziehen, indem ich ihnen helfe, aus sich herauszugehen und in einer ganz einfachen Regung der Liebe Gott anzuhangen. Meine Sendung wird es sein, sie in diesem großen inneren Schweigen zu bewahren, in dem Gott sich in ihr Inneres einprägen und sie in Sich selbst umwandeln kann“ (Licht, das mich führt, S. 136).

Elisabeth von Dijon hat uns keine Autobiographie hinterlassen. Ihre Schriften - unter anderem vier geistliche Abhandlungen und Briefe - haben keine so außergewöhnliche Verbreitung gefunden wie die Schriften der Therese. Ihr Charisma ist verborgener. Es will gesucht und entdeckt werden. Sie hat uns das Zeugnis eines intensiven Lebens aus Gott und mit Ihm hinterlassen, eines Lebens, das die Tiefe der Liebe entdeckt hat. Sie macht uns Mut, uns mit all unseren menschlichen Fähigkeiten zur Liebe auf diesen Gott einzulassen in einer Radikalität, die nicht jeder von uns nachvollziehen kann, die aber Zeichencharakter hat. Dieser Gott, der Beziehung ist im Vater durch den Sohn und mit dem Geist, ist ein lebendiges Du, mit dem wir in innigster Vertrautheit und Liebe umgehen, mit dem wir Gemeinschaft haben können. Gleichzeitig hat Elisabeth uns den Innenraum der Seele erschlossen, in welchen wir durch tiefes Schweigen und Einsamkeit gelangen können, der uns als „Zelle“ in unserem Innern ein Zufluchtsort ist, wenn wir im alltäglichen Leben gefordert sind. Es ist ein Ort, an dem wir Kontakt mit Gott aufnehmen können, weil er dort wohnt. So verbindet sich bei Elisabeth die tiefe Erfahrung Gottes als abgründiges, nicht zu fassendes Geheimnis mit der, daß Gott ganz Liebe ist und mit dem Menschen eine innige Beziehung eingeht. Hier haben wir eine gelungene Synthese einer sogenannten negativen Theologie mit einer Theologie der Menschwerdung.

Elisabeths Spiritualität blieb nicht auf die Tiefenerfahrung beschränkt, sondern zeigte sich auch in den ganz konkreten Dingen des Alltags, wenn sie beispielsweise sagte: „Ich liebe Ihn, während ich die Nadel durch diesen geliebten Wollstoff ziehe“ (Ich gehe zum Licht, S. 59), oder wenn sie schreibt: „...auch mitten in der Arbeit kannst Du zu Gott beten; es genügt, einfach an Ihn zu denken“ (Licht, das mich führt, S. 38). Das Gebet war für Elisabeth keine geistliche Höchstleistung, die der Mensch vollbringen muß, sondern ein Sich-selbst-Vergessen und Sich-Gott-im-eigenen-Innern-Überlassen. „Wenn Du Ihn ein wenig kennen würdest", schrieb sie an Frau de Sourdon, „würde Beten Dich nicht mehr langweilen. Mir kommt es vor wie eine Erholung, eine Entspannung: Man kommt ganz einfach zu Dem, den man liebt" (Licht, das mich führt, S. 56).

Anmut und eine gewisse Leichtigkeit waren Merkmale dieses geistlichen Weges, der uns anzuziehen vermag. Hier hat ein Mensch zutiefst erfahren, wie beglückend ein intensives Leben mit Gott sein kann. In Elisabeths Gebet zur Dreifaltigkeit, durch das sie am meisten bekannt geworden ist, kommt die Tiefe und Schönheit ihrer Gottesbeziehung zum Ausdruck. Sie hat das Gebet im November 1904, also zwei Jahre vor ihrem Tod, geschrieben. Da es sehr lang ist, können wir hier nur den Schluß des Gebetes anführen:

„O meine Drei,
mein Alles, meine Seligkeit, unendlich Einer,
Unermeßlichkeit, in die ich mich verliere,
ich liefere mich Dir als Beute aus.
Senke Dich ganz in mich hinein,
damit ich mich in Dich versenke,
bis ich einst in Deinem Licht
zur Anschauung Deiner unermeßlichen Größe
und Erhabenheit gelange"
(aus: Licht, das mich führt, S. 139).

10. Berührt von Gott – bewegt für Menschen
Spiritualität mit Folgen bei Edith Stein und Titus Brandsma

Felix M. Schandl OCarm / Theodor Vreeswijk OCarm

In einer Zeit, die „Spiritualität" in esoterisch verzauberter und meist verflachter Form markt-, medien- und mundgerecht zu servieren versteht, bedarf es mitunter anstrengenden Schwimmens gegen Trend und Boom, will man zu echter und tieferer (und eben nicht „perfekter") Gotteserfahrung vordringen. Ebensowenig wäre es sinnvoll, sich mit nostalgischer Restauration althergebrachter oder wiederaufgewärmter Frömmigkeit zu begnügen. Sind aber diese beiden spiritualitäts- (und menschen-?) verschlingenden Abgründe zwecks Umschiffung ins Auge gefaßt, kann sich der Horizont weiten, der wirkliche Ozean „Spiritualität" erahnen und in seinen gebotenen Grenzen erschließen lassen. Dieser „funktioniert" dann auch nicht im Sinne harmonieschaffender Befriedigung privat-innerlicher Bedürfnisse, sondern erfüllt und verwirklicht das Leben eines Menschen, indem er sich in Beschlag nehmen, ja strapazieren läßt für Gott und - fremde - Menschen, mit dem Risiko der Lebensgefahr. In diesem Ozean läßt es sich kaum vermeiden, zwei der jüngsten - früher sagte man: geistlichen Triebe am Stamm des Karmel - zu begegnen: Edith Stein und Titus Brandsma.

Biographische Parallelen

Beide vertraten von Geburt wie durch spätere Entscheidung und persönlichen Einsatz Minderheiten in ihren - übrigens geliebten - Heimatländern: Anno Sjoerd Brandsma, der spätere Pater Titus, wurde 1881 als katholischer Friese in der gleichnamigen Provinz im überwiegend reformierten Norden der Niederlande geboren, Edith Stein zehn Jahre später in Breslau aus jüdischer Familie. Mit ihrer Taufe 1922 zählte sie zu drei - freilich unterschiedlich behandelten - Minderheiten im Kaiserreich, in der Weimarer Republik und dann im „Dritten Reich": den Juden, den Frauen und den Katholiken. Gerade ihre „multikulturelle" Eigenschaft, deutsche Jüdin zu sein, spielte für Edith Steins Weg von agnostischer Grundeinstellung zur Neuentdeckung ihres Judentums im Zuge ihres Hineinwachsens in einen lebendigen christlichen Glauben eine wichtige Rolle.
Beide, Edith Stein wie Titus Brandsma, engagierten sich beruflich im akademischen und öffentlichen Leben, bei unterschiedlichen Schwerpunkten und Aufgaben jeweils bzw. zunehmend unter dem Vorzeichen christlicher Spiritualität und vor kirchlichem Hintergrund. Titus Brandsma wirkte seit 1923 als Professor für Philosophie und Geschichte der Mystik an der Katholischen Universität Nijmegen. Den Höhepunkt dieser Tätigkeit bildete seine aufsehenerregende Rektoratsrede 1932 über den „Gottesbegriff". Daneben widmete er sich im bischöflichen Auftrag dem qualifizierten Aufschwung der katholischen Presse in den Niederlanden.
Edith Steins „Laufbahn" charakterisieren viele Einschnitte, verbunden mit Ortswechseln durch ganz Deutschland: Breslau, Göttingen, Freiburg, Bergzabern, Speyer, Münster und Köln waren die wichtigsten Stationen. Zudem hatte sie als Frau mit manchen Hindernissen für

eine erfolgreiche Arbeit zu kämpfen. Dies entsprach sicher ihrer Suche nach geistiger Heimat: von „seelenloser" Psychologie zur philosophischen Schule der Phänomenologie Husserls, von der aus sie – nach mehrjährigem „Abtauchen" zur persönlichen Lebens- und Glaubensklärung – Brücken schlug zu lebensphilosophischen (Bergson), neuthomistischen und schließlich mystisch-theologischen Ansätzen (Teresa von Avila, später Augustinus, Johannes vom Kreuz und Pseudo-Dionysius Areopagita). Dabei behielt sie ihr konkretes Leben und Erleben im Blick und trat als Lehrerin, Vortragsreisende und – 1932/33 in Münster – als Dozentin für Frauen- und Jugendbildung in Erscheinung.

Edith Stein und Titus Brandsma spürten frühzeitig die Gefahr des aufkommenden Nationalsozialismus aufgrund seiner mit jüdisch-christlicher Tradition unvereinbaren Menschensicht und -verachtung. Wiederholt warnten sie, teilweise öffentlich, davor. Außerordentlich betroffen und bedroht davon war die Jüdin Edith Stein. Das Krisenszenario der Machtergreifung und beginnenden Judenverfolgung beeinflußte und motivierte seit 1933 wesentlich ihre Spiritualität, insbesondere zum Thema von Leid und Leidbewältigung. Das wurde bei ihrem Eintritt als Schwester Teresia Benedicta a cruce in das Kölner Karmelitinnenkloster konkret. Mit dem 9. November 1938, der sog. „Reichskristallnacht", erwuchs Edith Stein und den Kölner Mitschwestern akute Gefahr (Sippenhaftung). Zum Jahreswechsel konnte sie über die niederländische Grenze fliehen und fand Aufnahme und Asyl im nahe gelegenen Karmel in Echt. Konnte sie in Köln noch kleinere Arbeiten veröffentlichen, blieben ihre großen Werke unter diesen Umständen zu ihren Lebzeiten ungedruckt: ihr philosophisches Hauptwerk „Endliches und Ewiges Sein" (1936), ihre oft als harmlose Memoiren mißverstandene autobiographische Denkschrift über ihre jüdische Prägung gegen die ideologischen Feindbilder und Verzerrungen im Horizont des grausamen Verhängnisses (1933/39) sowie ihr unvollendetes mystisch-phänomenologisches Spätwerk über die „Kreuzeswissenschaft" (1942) des Johannes vom Kreuz. Wiewohl in sachlicher Sprache gehalten, erschließen ihre Werke sich in ihrer Tiefe erst vor dem Hintergrund der wachsenden Gefahr und des zunehmenden Leidensdrucks.

Edith Stein und Titus Brandsma starben schließlich beide 1942 im Abstand von knapp zwei Wochen gewaltsam als Opfer des NS-Terrors und seiner perfektionierten Tötungsmethoden. Titus Brandsma wurde am 19. Januar wegen „planmäßiger Verbreitung einer gegen die deutschen Besatzungsbehörden gerichteten oppositionellen Bewegung" verhaftet. Der folgende, fast halbjährige Aufenthalt in mehreren Sammellagern erlaubte ihm, seine Situation in letzten, tiefsten und persönlichsten Texten auszudrücken und zu deuten. Infolge einer Todesspritze endete sein Leben am 26. Juli im KZ Dachau.

Edith Stein wurde am 2. August mit ihrer Schwester Rosa aus dem Kloster ins Sammellager Westerbork deportiert: eines der vielen Opfer eines Racheaktes der Besatzungsbehörden infolge eines mutigen Hirtenbriefes und eines der Millionen Opfer der Judenvernichtung im deutschen Namen. Am 9. August erreichte ihr Transport das Vernichtungslager Auschwitz-Birkenau; alle, arbeitsfähige Männer ausgenommen, wurden sofort und unregistriert in die Gaskammern getrieben.

Edith Stein und Titus Brandsma wurden beide in kirchengeschichtlich verhältnismäßig kurzer Frist als „Märtyrer für den Glauben" – was in seiner Bedeutung zu ergründen ist – seliggesprochen: Titus Brandsma am 3. November 1985 in Rom, Edith Stein am 1. Mai 1987 in Köln. Beide harren noch eingehenderer und ideologiefreier „Entdeckung" ihres – auch im Rahmen des „Karmelitanischen" spezifischen – spirituellen Profils.

Glaubens- und Wegerfahrungen in parallelen Grundzügen

Schmerzliche Läuterung des Gottesbildes

Echte Spiritualität stellte für Edith Stein und Titus Brandsma einen lebenslangen, existentiellen und stellenweise durchaus schmerzlichen Prozeß dar, dessen Verlauf angelernte, theoretische, vordergründige, (auch im religiösen Sinn) bedürfnisorientierte, mechanische oder auch totalitäre Gottesbilder einer Klärung und Läuterung zuführte. Die Konfrontation der Bilder von Gott mit der eigenen Lebenserfahrung kann durchaus der Mensch selbst initiieren. Der Prozeß der Klärung selbst führt in manche Trockenheiten und Wüsten, in manchen Stillstand, manche Abgründe und Krisen. Nicht umsonst wird dieser Prozeß immer wieder im Bild einer dunklen Nacht beschrieben. Doch auf diesem Weg verdichtet sich zunehmend die Erfahrung des unverfügbar lebendigen Gottes: Er selbst zerschlägt alle egal wie

„frommen" Gottesbilder, er ergreift die Initiative. Nach wie vor der menschliche „Verstand", mehr noch aber die „Intuition" führen zu diesem Gott, der zunächst als „tiefster Grund" und innerstes Geheimnis des eigenen „Wesens" eines jeden Menschen anzusehen ist. Den Königsweg zur Gotteserfahrung zeigten beide in jener Selbst-Erkenntnis auf, in der ein Mensch erfährt, wie wenig er aus sich selber entspringt, wie wenig sein Wollen und Wünschen, seine Vorstellungswelt der Wirklichkeit letzten Schluß darstellen. Zugleich bleibt es nicht bei der niederschmetternden Entdeckung eines leeren Nichts, sondern es entwickelt sich – in bester mystischer Tradition (Meister Eckhart und die niederländische Mystik) – zum allmählichen, durchaus rückfälligen und krisengeschüttelten „Bewußtwerden der Gegenwart Gottes in uns" (T. Brandsma). Hier läßt sich Gott durchaus erkennen und anbeten. Hier können dann – unzureichend zu beschreibende – Phasen eines alles überwältigenden, verkosteten „dunklen Erkennens" (E. Stein/Johannes vom Kreuz) auftreten. Der Mensch erlebt sich dort in all seinen Kräften und Strebungen „konzentriert" und eins in gemilderter Zerrissenheit (die dann freilich um so schmerzlicher empfunden wird). Der betroffene Mensch findet von daher erst recht seinen Selbst-Stand und seinen Resonanzraum zum bewußten und konkreten Handeln in seiner Welt, er entfaltet sich zu seiner wahren „Größe" und Identität, ohne daß er es „machen" oder erzwingen könnte. Insofern bieten Edith Stein und Titus Brandsma kein fertiges Gottesbild an, keine erfahrungslose Theologie. Vielmehr vermitteln sie aus ihren diskret geschilderten Erfahrungen Wege, wie ein Mensch in Beziehung treten kann zu diesem unsichtbaren, unverfügbaren und lebendigen Gott.

In sich gehen – aus sich herausgehen

Spiritualität, Erfahrung Gottes konnte (auch) für Edith Stein und Titus Brandsma nicht auf einen inneren bzw. innerlichen Erfahrungsbereich beschränkt bleiben. Sie führt nicht in apathisches oder aggressives Sich-Abkapseln. Sie drängt vielmehr nach „außen", sie weitet sich aus auf „alles Dasein" (T. Brandsma), auf Mitmenschen, auf die Natur; natürlich nicht fixiert auf euphorische Stimmungen in dieser Richtung, sondern – wie wir im Blick auf beide sagen müssen – auch und geradezu vorrangig hin zu Menschen, die psychisch wie körperlich Unrecht, Benachteiligungen, Gewalt, Gefährdung und Verfolgung erleiden. Etwas „frömmer" gesagt, aber nun recht verstanden: hin zu Menschen, in deren „Angesicht" (E. Levinas) und Lebenslage der Gekreuzigte in unserer Welt bis heute erkennbar wird und befreiend unerbittlich Reaktionen auslöst. Ein Mensch, derart ergriffen, kann nicht anders als nach außen gehen, „in die Welt hinein" (E. Stein). Er „muß" Welt und Menschen sensibler und ungeschminkt wahrnehmen, und er leidet auch daran, nicht weil er einfach egozentrisch sich selber oder Leiden sucht, nicht weil er sich als Weltverbesserer gefällt, sondern weil er nun „verwundet" und wachend wird. Gerade Edith Stein bezeugt, wie stark die Erfahrung gelebter und praktizierter Hoffnung seitens ihr nahestehender Christen angesichts von Leiden und Tod sie, die sich selbst als säkularisierte und agnostische Jüdin erlebte, in ihrer christlichen Glaubensentscheidung beeinflußte.

Prophetisch wachsam – innere Umgestaltung

Edith Stein zufolge kann dieser Prozeß der inneren Umgestaltung hin zur „verwundeten", ganzheitlich solidarischen Lebensweise, zum prophetisch wachsamen Wahrnehmen und Handeln vorübergehend Symptome einer inneren Erstarrung, ja einer Depression oder eines Persönlichkeitsverlustes auftreten lassen (die freilich mehr vom Betroffenen selbst als von anderen wahrgenommen werden). Das hängt damit zusammen, daß der „Verstand", der ungebrochene „Wille" in den detaillierten und umfassenden Lebensentwürfen und Handlungsmustern sowie das festlegende, gewohnheiten- und urteilebildende „Gedächtnis" eines Menschen einer mannigfachen, streckenweise radikalen Umwandlung und Durchkreuzung ausgesetzt werden. Unter dem neuen, veränderten Eindruck der menschlichen und irdischen Wirklichkeit, vorrangig der leidgeprägten, ereignen sich diese Veränderungen im persönlichen und auch charakterlichen Bereich. Im gleichen Zug verändert und weitet sich der eigene Blickwinkel, die Wirklichkeit wird transparent in ihrer Totalität, ohne aufs neue totalitär oder ideologisch enggeführt zu werden. Das Leben, der Alltag erscheinen in einem anderen, helleren Licht, auch kleine Dinge stehen nun „in großen Zusammenhängen" (E. Stein), so wie – in der Bildersprache der Mystik – in mondheller Nacht eine Landschaft in eigentümlich klaren Konturen erscheint.

Lieben und leiden

Gegen einen mächtigen Trend zu „Liebe ohne Leiden" reifte in Edith Stein wie in Titus Brandsma die Erfahrung: Widerfahrenes Leiden, recht verstanden und „bewältigt", vollendet alle menschliche und mystische Liebe erst. Asketische Strenge, „Opfergesinnung" und bittere Miene sind dazu nicht erforderlich. Sie zeugen eher vom Mißverständnis, mit Leiden masochistisch umgehen zu müssen. Vor diesem Mißverständnis ihrer (und christlicher) Spiritualität zu warnen, werden beide nicht müde. Ihnen geht es um eine starke, leidensfähige, strapazierbare Liebe, die der Inhumanität trotzt, die aus Isolation oder autistischen und narzistischen Befangenheiten herausführt in echte Beziehungen zu Menschen und zu Gott, von dem allein sie sich abhängig weiß. Edith Stein spricht in diesem Zusammenhang von „Jungfräulichkeit" und meint die „starke, unüberwindliche Liebe zum Sünder", die eigene Berührungs- und Verlustängste überwunden hat, ohne dabei dem Bösen, dem offen oder versteckt Gewalttätigen, dem Unrecht recht zu geben bzw. sich von ihm das Gesetz des Handelns diktieren zu lassen. Eine weitere Folge dieser Spiritualität nennt sie die „unbürgerliche" und energische Liebe zum fremden Menschen, unabhängig davon, „ob er verwandt ist oder nicht, ob wir ihn ‚mögen' oder nicht, ob er der Hilfe ‚moralisch würdig' ist oder nicht" (E. Stein).

Gott vertrauen – das eigene Leben wagen. Eine Würdigung

Eine Haltung der Gelassenheit schließlich im Vertrauen auf das vorgängige Handeln Gottes stellt sich als weitere Konsequenz ein. Ein so geprägter Mensch wird weder zum Titanen, noch legt er die Hände in den Schoß, und sein Vertrauen bewährt sich gerade nicht im äußeren Unbehelligtbleiben, sondern trägt und riskiert sich in konkreter Bedrängnis und Lebensgefahr. Dieses letzte, das eigene Leben prägende Vertrauen in Gott gab nach allem, was wir wissen können, Edith Stein wie Titus Brandsma (und sicher nicht nur ihnen) die Kraft, das gewaltsame Ende ihres Lebens in Auschwitz-Birkenau bzw. Dachau glaubend auf sich zu nehmen und – wohl bis zuletzt – ihren Leidensgefährten beizustehen. Auf diese Weise waren sie (und nicht nur sie) imstande, an den irdischen Höllen der Vernichtung in diesem 20. Jahrhundert die rettende Macht Gottes deutlich zu machen.

Angesichts der Gefahr „frommer" und heroischer Legendenbildung wie auch kirchlicher Neigung zu Selbstrechtfertigung und Vereinnahmung ist es angebracht, beider Glaubenszeugnis zurückhaltend, ohne Triumph und in seinen „großen Zusammenhängen" zu würdigen.
Beide, Edith Stein wie Titus Brandsma, entsprechen in ihrer Spiritualität jener Grunderfahrung, daß Mystik nicht anders kann, als in dargestellter Weise praktisch und auch politisch zu werden zugunsten von Benachteiligten und Verfolgten. Sie bleibt nicht ohne Folgen für das eigene Leben, ja die Persönlichkeit; Folgen, die - banal gesagt - an die Substanz gehen können. Ihre Intensität bedeutet größere Sensibilität und Menschlichkeit für den Betroffenen. Echte Spiritualität, Gotteserfahrung, ist immer ganzheitlich, ohne totalitär oder abgehoben zu werden: Die eigenen menschlichen Grenzen, Brüche, Schuld und Sünde haben in ihr ihren unbedingten Ort. Spiritualität züchtet keine Eliten, sie praktiziert und duldet keine „Säuberungen" irgendwelcher Art an angeblich „unpassenden" Menschen. Spiritualität befreit zum Handeln und zur Leidensfähigkeit. Beide, Edith Stein aufgrund ihrer Biographie noch deutlicher als Titus Brandsma, bekunden ein „grenzüberschreitendes" Wirken Gottes, durchaus über die „Grenzen der sichtbaren Kirche" (E. Stein) hinaus und - wie in ihrem Fall - von ihr selbst allmählich verspürt und erkannt in ihrem Leben als Nichtchristin und Agnostikerin. Allerdings fanden beide dann in der konkreten Kirche ihren Lebens- und Glaubensraum, wiewohl diese Kirche beide mitunter nötigte, mit derselben starken Liebe wie zu den „Sündern" , mit Mut und ohne Berührungsängste an ihren Deformationen zu leiden und an deren Überwindung zu arbeiten.

III. Struktur und Lebensstil der Karmeliten

1. Die demokratische Verfassung des Ordens

Pankraz Ribbert OCarm

In der katholischen Kirche erleben wir zur Zeit eine große Autoritätskrise. Viele Gläubige sind nicht mehr bereit, den bisherigen Stil der Autoritätsausübung kritiklos hinzunehmen. Sie sind unzufrieden und fühlen sich vom Lehramt der Kirche ungerecht behandelt oder nicht verstanden. Die vorhandene Autoritätsstruktur steht, so meinen viele, der heutigen Lebensauffassung und der Erneuerung im Sinne des II. Vatikanischen Konzils im Wege, und sie fragen sich, wieweit diese Strukturen dem Geist des Evangeliums entsprechen und den Menschen dienen. Wird der persönlichen Freiheit, der Eigenverantwortung und der Selbstverwirklichung der einzelnen genügend Rechnung getragen? Fordert das Lehramt nicht einen Gehorsam, der mündigen und selbständig denkenden Menschen nicht zumutbar ist?
Es wäre ein Mißverständnis, zu glauben, daß diese kritisch fragenden Christen „den Aufstand proben“ und die kirchliche Autorität als solche in Frage stellen wollen. Es ist in einer Zeit und Gesellschaft, in der Demokratie nicht mehr wegzudenken ist, ein berechtigtes Anliegen, zu fragen, ob die gegenwärtige Autoritätsverfassung die einzig mögliche ist und wieweit die kirchliche Autorität sich unberechtigterweise zu einem unpersönlichen System und Legalismus entwickelt hat, die es so am Anfang der Kirche nicht gegeben hat. Wie kann die Autoritätsausübung in der Kirche der heutigen Mentalität angepaßt werden, um den Kontakt zu den Gläubigen nicht zu verlieren?
Im II. Vatikanischen Konzil wurde über neue Formen von Autorität nachgedacht. Es wurde klar herausgestellt, daß die Kirche auf das Mitdenken und auf die Mitverantwortung aller Gläubigen angewiesen ist. Das Konzil hat sich das Menschenbild der modernen Welt zu eigen gemacht und fordert Mitspracherecht und Mitverantwortung aller Getauften. In den Dokumenten des Zweiten Vatikanischen Konzils tauchen immer wieder Begriffe auf wie Dialog, freie Meinungsäußerung, eigene Gewissensentscheidung, Mitverantwortung usw.
Leider müssen wir auch feststellen, daß es trotz der vielen guten Ansätze in der Kirche auch Bewegungen gibt, die sich gegen diesen Demokratisierungsprozeß zu Wehr setzen. Die Frage ist daher berechtigt, inwieweit die Orden, besonders die Mendikantenorden mit ihrer

demokratischen Verfassung, einen wichtigen Beitrag zur Demokratisierung in der Kirche leisten können. Um diesen Auftrag erfüllen zu können, ist es notwendig, daß auch die Orden sich auf ihren Ursprung besinnen, denn auch in den eigenen Reihen hat sich im Laufe der Zeit die Auffassung von Autorität verändert und dem jeweiligen Zeitgeist angepaßt. Es gab auch in unserem Orden Zeiten, in denen der absolute Gehorsam dem Oberen gegenüber gefordert wurde. Auch heute ruft der Begriff Demokratie bei einigen Angst und Bedenken hervor.

In den Anfängen des Karmelitenordens aber gab es eine große Unbefangenheit dem demokratischen Denken und Handeln gegenüber. Wer die Regel studiert, spürt sofort, wie versucht wird, partnerschaftlich zusammenzuarbeiten, die Rechte und Interessen der einzelnen zu respektieren und zu schützen.

Die demokratische Verfassung der Regel der Karmeliten

Die Rechte der einzelnen

Die ersten Karmeliten waren Eremiten, die in Zurückgezogenheit und Gebet auf dem Berg Karmel im Heiligen Land lebten. Diese eremitische Lebensform mit ihrem Hang nach Einsamkeit und Individualität spielt in ihrer Regel eine große Rolle. Die individuelle Persönlichkeit der einzelnen steht im Mittelpunkt. Das Leben in Gemeinschaft nach dem Beispiel der Urgemeinde in Jerusalem hebt diese Rechte des einzelnen nicht auf. Er beansprucht einen eigenen, abgesonderten Raum zum Leben (Kapitel 3 und 7); jeder einzelne bekommt, was er nötig hat, unter Berücksichtigung des Alters und des primären Lebensbedarfs der einzelnen (Kap. 9); Vorschriften werden wegen persönlicher Interessen relativiert oder gar aus persönlichen Gründen außer Kraft gesetzt (Kap. 4 und 10). Dem einzelnen wird das nötige Maß an Eigenem und Persönlichem belassen.

Gehorsam dem Prior gegenüber

Welche Position hat in diesem Lebensentwurf der Prior, der, wie es im ersten Kapitel der Regel heißt, „mit der einmütigen Zustimmung aller oder vom größeren und verständigeren Teil für dieses Amt gewählt werde, dem alle übrigen Treue versprechen"? Wie sieht diese Treue dem Prior gegenüber aus?

Im Laufe der Ordensgeschichte hat es viele Auffassungen von Gehorsam gegeben. Schon sehr früh hat sich die Verpflichtung zum Gehorsam gegen den Willen Gottes dahin verändert, daß sich der Gehorsamsakt auf den Oberen bezog, der als Stellvertreter Gottes angesehen wurde.

Pachomius, der als erster die zerstreut lebenden Eremiten zum Gemeinschaftsleben zusammenführte, kannte eine strenge Gehorsamsverpflichtung, bei der der einzelne auf die eigenen Ideen und Vorstellungen zu verzichten hatte. Basilius, der Begründer des orientalischen Mönchtums, legte mehr Wert auf Kontemplation und religiöse Bildung als auf Verzicht und Askese. Seine Auffassung von Gehorsam war viel milder und freiheitlicher als die des Pachomius. Benedikt betonte wiederum sehr den Gehorsam. Der Mönch hat sich den Anordnungen und Weisungen des Abtes zu unterwerfen. Benedikt verlangte von seinen Mönchen Demut, mit der sie den Befehlen des Oberen folgen sollen. Der Obere ist Stellvertreter Gottes, und der Gehorsam, „den man dem Oberen leistet, wird Gott erwiesen".

Das Lebensmodell in der Regel des Karmelitenordens (Prolog der Regel) knüpft an beim Eremitentum der Wüstenväter und reicht zurück in die vorbenediktinische Zeit. Das hat tiefgehende Konsequenzen für die Auffassung von Autorität und Gehorsam. Der Obere ist kein Abt nach benediktinischem Muster, sondern ein Prior, der von den Brüdern in einem demokratischen Verfahren gewählt wird. Er ist nicht der Vater, dem alle als Söhne einer Familie zu gehorchen haben, sondern der Erste (Prior) unter den Brüdern, aus deren Mitte er gewählt wurde. Das Priestersein als Voraussetzung dazu ist im Regeltext nirgends erwähnt. Er ist kein Stellvertreter Gottes, keine hierarchische Autorität, dem man sich zu unterwerfen hat. Er hat in der Gemeinschaft ein Amt auszuüben und eine Funktion zu erfüllen. In Kapitel 17 unserer Regel wird klar ausgedrückt, wie das Amt des Priors zu verstehen ist: „Wer unter euch der Erste (Prior) sein will, sei euer aller Knecht" (vgl. Mt 20,26). Das Amt des Priors ist gemeinschaftsbezogen und ist ein Dienst an ihr. Die Regel schreibt ihm eine

spezifische Aufgabe zu: das Gemeinschaftsleben zu fördern und das, was das Eremitentum dem einzelnen überläßt, zusammen mit den Mitbrüdern zu organisieren. Er soll gemeinsam mit den Brüdern entscheiden, wo man sich niederlassen soll (Kap. 2), in Einvernehmen mit den übrigen Brüdern jedem einen eigenen Wohnraum zuweisen (Kap. 3), den Umzug eines Bruders von einem Aufenthaltsort zum anderen regeln (Kap. 5), Interessenten und Neuankömmlinge in die Gemeinschaft einführen und mit ihr bekannt machen (Kap. 6), dafür sorgen, daß jeder bekommt, was er nötig hat (Kap. 9).
Dem Prior „Gehorsam versprechen" (Kap. 1) heißt nicht: ein personales Gehorsamsverhältnis zwischen ihm und dem Untergebenen herstellen, sondern eine Verpflichtung übernehmen in der Gemeinschaft, die vom Prior repräsentiert wird. In einem Kommentar zur Regel heißt es: „Von den Funktionen, die die Regel dem Prior überträgt, beabsichtigt keine einzige, Autorität auszuüben (und dem Prior gegenüber Gehorsam zu fordern), sondern sie alle beziehen sich auf die Treue aller zur Entscheidung für das Leben in Gemeinschaft" (Karmelregel. Eingel. und mit Anm. versehen von Otger Steggink, Jo Tigcheler und Kees Waaijman 1978, S. 18).
Das freie Leben des Eremiten hat sich einzufügen in das Leben einer Gemeinschaft. Die Bereitschaft dazu wird ausgedrückt in der Treue zum Prior. Dadurch entsteht nicht ein Verhältnis demütiger Untertänigkeit gegenüber der Person des Priors, sondern eine freiwillig übernommene Verpflichtung der Gemeinschaft gegenüber. Diese Verpflichtung wird in unserem Sprachgebrauch am besten mit dem Wort Treue wiedergegeben.

Das heutige Verständnis von Gehorsam

Das Verständnis von Gehorsam, das man in der Karmelitenregel vorfindet, entspricht m. E. in hohem Maße der modernen Auffassung von Gehorsam. Heute wird nach einem Leben in Gehorsam gesucht, das Mündigkeit, Freiheit, Eigenverantwortung und eigene Gewissensentscheidung nicht ausschließt. Gehorsam hat mit Abhängigkeit, Zwang und Entmündigung nichts zu tun. Es gibt keine Über- und Unterordnung von Oberen und Ordensangehörigen. Beide stehen im Dienst der Gemeinschaft, der sie in Freiheit angehören. In diesem Zusammenhang wurde das Wort von der „herrschaftslosen Gesellschaft" geprägt. Es gibt nur einen Herrn, wir sind

alle Schwestern und Brüder, die auf das Wort Gottes hören und miteinander in unserem Leben den Willen Gottes zu entdecken versuchen.
Die gemeinsame Synode der Bistümer in der Bundesrepublik Deutschland verlangt daher eine Änderung in dem traditionellen Führungsstil. Das „dirigistische Verhalten" muß einer „stärkeren Partnerschaft Platz machen" (Gemeinsame Synode I, 573). Auch in den Orden ist eine autoritäre Führung abzulehnen. Ordensangehörige sind nicht als Unmündige ohne eigene Meinung zu behandeln, sondern sind zum Mitdenken, Mittun, zur Mitverantwortung und Mitbestimmung in ihrer Gemeinschaft heranzuziehen.
Auch das Zweite Vatikanische Konzil fordert ausdrücklich die Demokratisierung des Ordenslebens. Im Dokument über das Ordensleben wird ausdrücklich festgestellt, daß „zur wirksamen Erneuerung und echten Anpassung die Zusammenarbeit aller Mitglieder eines Institutes unerläßlich ist" (PC 4). Gehorsam wird als Hingabe an den Willen Gottes, des Vaters, definiert. Gehorsam gegen den Oberen ist nur dann menschenwürdig, wenn die „eigene Verstandes- und Willenskraft" der einzelnen nicht übergangen wird. „So führt der Ordensgehorsam, weit entfernt, die Würde der menschlichen Person zu mindern, diese durch die größer gewordene Freiheit der Kinder Gottes zu ihrer Reife" (PC 14). Die Oberen werden aufgefordert, die anderen „bereitwillig anzuhören und ihr Mitplanen zum Wohl des Institutes und der Kirche zu fördern" (PC 14).

Partnerschaftliches Miteinander im Karmelitenorden

Seit Jahren wird auch im Karmelitenorden auf internationaler und regionaler Ebene versucht, sich mit der realen Wirklichkeit auseinanderzusetzen und sie auch kritisch zu hinterfragen. So kam es zu einem im Karmelitenorden viel beachteten Dokument : „Rückkehr zu den Quellen". Der Geist des Ursprungs ist eine ständige Anfrage an uns, die reale Wirklichkeit kritisch zu betrachten und eventuell zu korrigieren.
Auf diesem Weg wurde versucht, das Leben in Gemeinschaft brüderlicher und partnerschaftlicher zu gestalten. Als erstes wurde festgestellt, daß am Anfang des Gemeinschaftslebens die Gleichheit steht. Auf einem internationalen Treffen in Heerlen in den Niederlanden wurde gesagt: „Die Grundlage der Bruderschaft ist die Gleich-

heit der Personen und die gegenseitige Begegnung als Schwestern und Brüder, wobei jegliche Form von Beherrschenwollen ausgeschlossen ist. Wachsen in Geschwisterlichkeit bedeutet offen sein für das Aufeinander-angewiesen-Sein, wobei jeder sich für das Wohl des einzelnen wie auch für die bedeutungsvolle Wirklichkeit der ganzen Gemeinschaft einsetzt und sich ohne Unterlaß darum kümmert" (Wachsen in Brüderlichkeit, 1981).

1974 war in Frascati in der Nähe von Rom schon einmal über die Bruderschaft gesprochen worden, wo klar herausgestellt wurde, daß Geschwisterlichkeit nur möglich ist, wenn es in den Reihen der Gemeinschaft kein Oben und Unten gibt und das Amt als Funktion, als Aufgabe verstanden wird. In einer dort verfaßten Erklärung heißt es: „Wenn die Regel uns alle ohne jeden Unterschied gleichermaßen Brüder nennt, darf es unter uns keine Unterschiede von Ständen geben, sondern nur eine Verschiedenheit von Funktionen und Aufgaben. Im gegenseitigen Verstehen und in der Achtung vor diesen verschiedenen Funktionen wird unser Leben in Gemeinschaft sich voll entfalten können, menschlich und religiös" (Der Karmelit heute, S. 4,2).

So sind die Karmeliten miteinander als Gemeinschaft unterwegs auf der Suche nach der Wahrheit, indem sie auf das Wort Gottes hören und die „Zeichen der Zeit zu verstehen suchen". In dem schon einmal erwähnten Dokument: „Rückkehr zu den Quellen" wird Maria als wirkliche „Hörerin des Wortes" dargestellt. Von ihr heißt es: „Sie hat in der Tat das Wort Gottes in sich aufgenommen und zur Richtschnur ihres Lebens gemacht. Als aufmerksame Hörerin des Wortes knüpfte die Jungfrau eine enge Beziehung zu Gott und weihte ihm ganz ihr Leben" (Rückkehr zu den Quellen, S. 8). Maria soll Begleiterin sein bei dem Bemühen, dem Wort Gottes zu gehorchen: „Wir Karmeliten blicken auf Maria, um zutiefst ihre Haltung des Hörens und des Antwortens auf das Wort Gottes zu verstehen und zu leben" (Rückkehr zu den Quellen, S. 9).

Die Karmeliten verstehen sich als eine „Brüdergemeinschaft, die betend dem Wort lauscht und aufmerksam das Lob ihres Herrn feiert" (Rahmenordnung für die Ausbildung im Karmel, S. 11). Zugleich versuchen sie, offen zu sein für Gottes Gegenwart im Alltag und ihn in den eigenen Mitbrüdern zu finden. Auf diese Weise bemühen die Karmeliten sich, ihre zwischenmenschlichen Beziehungen zu intensivieren. „Brüder zu sein bedeutet: als Gleiche aufwachsen und miteinander teilen; es bedeutet Besitz teilen, aber ebenso ein gemeinsames

Leben teilen und wachsen in offenem und ernsthaftem Dialog und in Sorge um das persönliche Wohlergehen der Brüder" (Rahmenordnung für die Ausbildung im Karmel, S. 12).
Durch viele Gespräche und Zusammenkünfte auf internationaler, provinzialer und lokaler Ebene werden die zwischenmenschlichen Kontakte gepflegt. Dabei wird versucht herauszufinden, welche Richtung Gott dem Leben der Karmeliten in der heutigen Zeit geben will, welche pastoralen Aufgaben ihrem Charisma entsprechen und wie sie der Kirche und den Menschen von heute dienen können.
Aus all dem, was wir über das partnerschaftliche Miteinander gesagt haben, geht sicherlich hervor, daß es eine große Bereitschaft voraussetzt, aufeinander zuzugehen, aufmerksam aufeinander zu hören und sich auch ständig korrigieren zu lassen. Dies erfordert ein hohes Maß an menschlicher Reife. Es verlangt Entscheidungen und die Treue, sie zu verwirklichen. Dies ist ein schwieriger, steiniger Weg, aber der einzige Weg zur Freiheit und Mündigkeit. Es ist der Weg, der immer mehr in die Nachfolge Christi führt und Christus ähnlicher macht.
Weder die Rückkehr zur Autorität noch die ständige Mahnung zum Gehorsam werden Fortschritt bringen, sondern der Dialog und der Austausch. Gerade die Ordensgemeinschaften haben meines Erachtens die wichtige Aufgabe in der Kirche zu zeigen, wie Hingabe an den Willen Gottes in der Nachfolge Christi einerseits und persönliche Freiheit, Mündigkeit und Selbstverwirklichung andererseits sehr wohl in Einklang zu bringen sind.

2. Schwerpunkte karmelitanischen Lebensstils

2.1. Gemeinsames Leben in Brüderlichkeit(Günter Benker OCarm)

Zentrales Element karmelitanischer Lebensform ist die brüderliche Gemeinschaft. Sie ist der Ort, wo der einzelne einerseits seine persönliche, vertraute Freundschaft mit Christus lebt und andererseits zusammen mit den Brüdern durch gemeinsames Beten, Hören des Gotteswortes und geistlichen Austausch auf der Suche nach Gott bleibt. Sie ist auch der Ort, wo der einzelne seine Ideen und Fähigkeiten entfalten und einbringen soll für die gemeinsame Lebensgestaltung und für die pastoralen Aufgaben der Kommunität. Die brüderliche Gemeinschaft ist somit der unverzichtbare Raum, in dem sich karmelitanischer Lebensstil, Beten und Arbeiten vollziehen. Schon der Blick auf den Ursprung des Ordens macht deutlich, daß ein Karmelit kein Einzelkämpfer sein kann, denn auf dem Berg Karmel haben sich ja gerade Menschen, die als Einsiedler zunächst allein ihren Weg gegangen sind, ganz bewußt zu einer Gemeinschaft von Brüdern zusammengeschlossen. Die Ordensregel, die die Lebensweise dieser ersten Karmeliten beschreibt und für die folgenden Generationen als verbindliches Lebensmodell bewahrt, richtet sich deshalb nicht an isolierte Personen, die hauptsächlich allein in ihrer Zelle verharren, sondern sie spricht zu einer Gruppe von Brüdern. Der Nachdruck der Regel liegt auf Gemeinschaft und Bruderschaft, und zwar nach dem Vorbild der Jerusalemer Urgemeinde, wie sie von Lukas in der Apostelgeschichte (vgl. Apg 2,42–47; 4,32–35) geschildert wird. Die verschiedenen Aspekte der karmelitanischen Lebensform und der individuelle Weg des einzelnen stehen im Kontext des Unterwegsseins von Brüdern in Gemeinschaft.

Auch die beiden großen biblischen Gestalten Elija und Maria, die die Spiritualität des Karmel von Anfang an bis heute entscheidend geprägt haben, stehen nicht nur für den individuellen Glaubensweg, sondern verweisen sehr stark auf Glaubens- und Lebensgemeinschaft. Zwar erscheint Elija auf den ersten Blick als einsamer Prophet, der ständig unterwegs ist und wie ein Blitz auftaucht, um für Jahwe und sein Recht mit aller Leidenschaft einzutreten, aber ein kleiner Abschnitt im zweiten Buch der Könige (2Kön 2, 1–18) verrät uns, daß er in Beziehung zu den Prophetengemeinschaften in Bet-El und Jericho stand. Diese Prophetengemeinschaften brachten durch ihre Lebensweise nach dem Bundesgesetz Gottes ihre Ablehnung der ungerechten und den Jahwe-Glauben gefährdenden Verhältnisse ihrer Zeit zum Ausdruck. Die Tatsache, daß ihre Mitglieder mit großer Ehrfurcht von Elija reden und sich nach seiner Entrückung anbieten, ihn zu suchen, zeigt, daß er ein großes Ansehen unter diesen Gemeinschaften hatte. Die Anrede „Vater“ in 2Kön 2,12 könnte sogar bedeuten, daß Elija der Führer einer solchen Prophetengemeinschaft war.

Fast überlesen könnte man eine kleine, aber für unseren Zusammenhang sehr wichtige Aussage über Maria in der Apostelgeschichte. Lukas betont in Apg 1,14 die Zugehörigkeit Marias zur Jerusalemer Urgemeinde und weist damit auf einen leider allzu selten bedachten Abschnitt ihres Lebens hin. Als Jüngerin ihres Sohnes hatte sie einen festen Platz in der ersten Christengemeinde, deren Entstehung sie entscheidend mittrug. Diese kurzen Hinweise sollen genügen, um aufzuzeigen, wie der Gemeinschaftsaspekt des karmelitanischen Lebensentwurfes auch heute von Elija und Maria her wertvolle Impulse erfahren kann.

Im Prozeß der vom II. Vatikanischen Konzil ausgelösten Neubesinnung auf das spezifische Charisma des Ordens wurde auch der Wert der brüderlichen Gemeinschaft neu entdeckt und belebt. Dies kommt vor allem in den Dokumenten zum Ausdruck, die auf den internationalen Tagungen des Ordens verfaßt wurden und die auch in diese kurze Darstellung einbezogen werden sollen.

Eine wichtige Erkenntnis in diesem Prozeß war und ist nach wie vor, daß im männlichen Karmel nicht die Priesterweihe mit den damit verbundenen pastoralen Aufgaben das Entscheidende ist, sondern das gemeinsame Leben in Brüderlichkeit. So kann die Generalversammlung der Karmeliten 1974 schreiben: „Je mehr wir über die Wirklichkeit unseres Ordenslebens nachdenken, um so mehr wird uns bewußt, daß Brüderlichkeit als Gabe und Aufgabe Gottes an uns das Element ist, das uns eint und uns in der heutigen Kirche und Welt unseren Platz zuweist. Folglich müssen wir im Karmel zuerst als Ordensleute und erst dann als Priester leben. Wenn wir an unsere Ausbildung zurückdenken, ... müssen wir zugeben, daß die meisten von uns mehr für den priesterlichen Dienst als für das Ordensleben ausgebildet wurden. Wir erfuhren nur wenig ausdrückliche Einübung in das brüderliche Leben, das in sich sehr schwierig ist, weil es echte und reife zwischenmenschliche Beziehungen einschließt, die aber für eine Glaubensgemeinschaft in Christus notwendig sind. Tatsächlich haben wir uns bisher eher als ein Orden von Patres als von Brüdern verstanden. Darum sind wir überzeugt, daß nur die Schule der Brüderlichkeit uns die Identität als ‚Brüder Unserer Lieben Frau vom Berg Karmel' zurückgeben kann" (Frascati 1974). Diese Wiederentdeckung der Priorität des Lebens in brüderlicher Gemeinschaft bedeutet nicht nur eine Rückbesinnung auf die Gründergeneration des Karmel, die sich vor allem aus Laien zusammensetzte, sondern stellt einen wichtigen Schritt zur Erneuerung des spezifisch karmelitanischen Charismas dar.

Damit hängt auch eine neue Reihenfolge der für den Karmelitenorden verbindlichen Werte zusammen, die eigentlich ebenfalls nicht neu ist, sondern ihre Wurzeln in den besten Traditionen des Ordens hat, vor allem wenn man die Geschichte des Anfangs und der verschiedenen Reformen ins Auge faßt. Diese Rangordnung stellt eindeutig das gemeinsame Leben in seinen verschiedenen Aspekten in den Mittelpunkt der karmelitanischen Lebensform und setzt esdamit vor das Apostolat. „In unserer Gemeinschaft stellen wir an erster Stelle eine Bruderschaft in Christus dar ... Daher müssen die Rollen, Aufgaben und Pflichten unseres Dienstes sowie alle anderen Arbeiten und Unternehmungen ausgerichtet sein auf die Erfordernisse des brüderlichen Lebens. Diese Wahrheit muß am Anfang jeder Erziehung und Umerziehung aller Mitglieder unseres Ordens stehen, damit die Berufung zum Karmel in ihrer Fülle gelebt werden kann. Weil Brüderlichkeit den wichtigsten Wert des Ordenslebens ausmacht, dürfen die Kandidaten, die sich unserem Orden anschließen möchten, nicht apostolisches Wirken als ihr Ideal erstreben. Vielmehr soll ihr Sinn für Brüderlichkeit geschärft werden, der im gemeinsamen Leben, Beten und Arbeiten zum Ausdruck kommt" (Aylesford 1973).

Das Leben in brüderlicher Gemeinschaft will aber, richtig verstanden, nicht in Konkurrenz zu Apostolat und Pastoral treten oder gar einem falschen Gruppenegoismus verfallen, der sich vor den Problemen der Außenwelt versteckt. Wenn die Brüderlichkeit auch gemäß der Berufung zum Karmel an erster Stelle steht und stehen muß, so will sie doch gerade erst fruchtbares Wirken und echten Dienst jenseits eines leeren Aktivismus und blinden Engagements ermöglichen. „Unsere erste Verpflichtung ist es, unsere Gemeinschaften so umzugestalten, daß sie herausragende Stätten gelebter Brüderlichkeit werden ... Brüderlichkeit im Orden sollte, wenn sie echt und glaubwürdig ist, in uns ein großes Verlangen danach wecken, fähig zu werden, die Freude und Hoffnung, Trauer und Angst der Menschen zu verstehen und zu teilen. Es gehört zu unserer Berufung, unsere Brüderlichkeit in den Dienst der Menschen zu stellen" (Rom 1981). „Wenn wir ein glaubwürdiges Zeichen der Befreiung und der Hoffnung in dieser Welt sein wollen, müssen wir zu einer lebendigen Gemeinschaft heranwachsen und die Polarisierungen unter uns zu überwinden versuchen. So werden wir fähig, unsere apostolischen Tätigkeiten miteinander gründlich zu überprüfen und angemessen auf die Nöte der Welt und der Kirche zu antworten" (Rio de Janeiro 1980).

Brüderliche Gemeinschaft ermöglicht es aber nicht nur, gemeinsam besser die Zeichen der Zeit deuten, den Willen Gottes erkennen und geeignete Handlungsmodelle entwerfen und verwirklichen zu können, sondern gelebte Brüderlichkeit ist in sich immer schon apostolisch, weil sie durch das geschwisterliche Miteinander Zeugnis gibt für das Reich Gottes, das in Jesus bereits angebrochen ist. Brüderliche Gemeinschaft macht sichtbar, wie das Zusammenleben von ganz unterschiedlichen Menschen gelingen und produktiv sein kann, von Menschen, die sich nicht ausgesucht haben, sondern die der gemeinsame Glaube an Gott als den einen Vater aller Menschen zu Brüdern und Schwestern macht. Gerade in einer Welt, die von Kriegen, Machtausübung, Unterdrückung, Abgrenzung, Individualismus, Leistung und Konsum - auch in den zwischenmenschlichen Beziehungen - bestimmt ist, kann der herrschaftsfreie und gleichberechtigte Umgang in einer brüderlichen Gemeinschaft die Würde und Berufung des Menschen neu zu Bewußtsein bringen. Vor allem aber kann eine solche Bruderschaft den Maßstab des Evangeliums sichtbar machen, daß Vergebung und Liebe unsere Beziehungen bestimmen sollen, weil Gott uns immer zuerst liebt und uns ständig neu vergibt. Jeder ernsthafte Versuch einer Karmelgemeinschaft, ihre Berufung zur Brüderlichkeit so zu leben, wird sie zu einer Kontrastgesellschaft und dadurch zum Sauerteig und zum Salz für ihre Mitmenschen machen. „Diese Art von Brüderlichkeit wird dort, wo wir leben und arbeiten, von selbst zu Gruppen und Basisgemeinschaften führen, die an unserer Inspiration teilhaben und diese dann umsetzen in konkretes Tun im Dienst an der Erneuerung von Kirche und Gesellschaft" (Rom 1981).

Ein wesentliches Kriterium für die Echtheit der gelebten Brüderlichkeit einer Gemeinschaft ist im bisher Gesagten bereits indirekt benannt: die Offenheit für die Menschen mit ihren Sehnsüchten und Fragen und die Aufgeschlossenheit für die Welt und Gesellschaft mit ihren Möglichkeiten, aber auch mit ihren Problemen und Nöten. Jeder Karmelkonvent muß sich deshalb bemühen um die „Weiterentwicklung der brüderlichen Gemeinschaft nach außen, erfahrbar in einem einfachen Lebensstil, einer größeren Nähe zum Volk, in gelebter Solidarität mit den Armen und im Dienst an Gerechtigkeit und menschlichem Fortschritt". Dazu gehört auch die „Bereitschaft der Gemeinschaft, sich zu öffnen und andere aufzunehmen (Jugendliche, Laien)" (Rio de Janeiro 1980).

Das Leben in brüderlicher Gemeinschaft gemäß dem karmelitanischen Lebensentwurf bedeutet eine bleibende Herausforderung und Aufgabe, da immer wieder neu die Balance in den vielfältigen Spannungen, in denen eine Gemeinschaft steht, gesucht und gefunden werden muß. Da ist einmal die Spannung zwischen dem Wohl der Gemeinschaft und der Entwicklung und Entfaltung ihrer einzelnen Mitglieder, zum andern gibt es die Spannung zwischen dem unver-

wechselbaren Profil der Gemeinschaft und der Pluralität, den verschiedenen Meinungen und Vorstellungen ihrer Brüder; weiter ist zu nennen die Spannung zwischen der Kontemplation, dem persönlichen wie gemeinsamen Hören auf das Wort Gottes im Blick auf die Zeichen der Zeit und der Aktion, der persönlichen wie gemeinsamen Umsetzung des erkannten Willens Gottes im konkreten Hier und Jetzt; schließlich die Spannung zwischen der Orientierung nach innen, der Gestaltung und Pflege des Gemeinschaftslebens also, und der Orientierung nach außen in der Zuwendung zu den Menschen, in deren Mitte wir leben. Bei allen menschlichen Unzulänglichkeiten, von denen auch die geistlichen Gemeinschaften immer geprägt sein werden, kommt es entscheidend auf die Bereitschaft an, sich immer wieder neu auf den Prozeß der Gestaltung und Aktualisierung der karmelitanischen Lebensform einzulassen, um so dem prophetischen Charisma des Ordens treu zu bleiben. „Dies wird möglich, wenn wir aus unseren Kommunitäten wirklich betende Gemeinschaften von Brüdern machen: Gemeinschaften, die fähig sind, in einer säkularisierten Welt ein lebendiges Zeugnis zu geben für den gegenwärtigen Gott; Gemeinschaften, die durch echte zwischenmenschliche Beziehungen in einer individualistischen Welt die Liebe bezeugen; Gemeinschaften, die offen sind für die heutige Welt und die Menschen unserer Zeit, insbesondere offen für jene, die am Rand der Gesellschaft stehen“ (Berg Karmel 1979).
Die Verwirklichung dieses Ideals einer kontemplativen, also ganz an Gott orientierten, brüderlichen Gemeinschaft inmitten der Menschen, ist letztlich nur möglich aus der lebendigen Erfahrung der immer zuvorkommenden Liebe Gottes, für die man sich einzeln und gemeinsam täglich neu öffnen muß: „Nicht darin besteht die Liebe, daß wir Gott geliebt, sondern daß er uns geliebt und seinen Sohn als Sühne für unsere Sünden gesandt hat. Liebe Brüder, wenn Gott uns so geliebt hat, müssen auch wir einander lieben“ (1 Joh 4,10).
Wenn wir nun auf den folgenden Seiten exemplarisch zwei Gemeinschaften des Karmeliterordens hier in Deutschland vorstellen, dann nicht, weil nur sie den karmelitanischen Lebensentwurf mustergültig und besser als die anderen Konvente verwirklichen würden, sondern weil sie Neuaufbrüche darstellen, die neue Wege suchen, um in einer kleinen Gruppe das Charisma des Karmel zeitgemäß zu verwirklichen, die also versuchen, eine Gott suchende und brüderliche Gemeinschaft mitten unter den Menschen zu sein und immer mehr zu werden.

2.1.1. „Gemeinschaft anders leben“ im Karmel St. Elija in Ohrdruf/ Thüringen *(Günter Benker OCarm)*

Wie im Gesamtorden, so begann auch in der Oberdeutschen Karmelitenprovinz nach dem II. Vatikanischen Konzil ein Prozeß des Nachdenkens über die spezifische Eigenart des Karmel. Eine Frucht dieses Prozesses war es, daß auf dem Spirituellen Provinzkapitel 1986 die Kommission „Gemeinschaft anders leben“ (GAL) ins Leben gerufen wurde, die gezielt Ideen und konkrete Schritte zur Erneuerung unserer Provinz entwickeln sollte. Nach umfangreichen Befragungen der Brüder, zahlreichen Gesprächen und Diskussionen und in Auseinandersetzung mit der Spiritualität unseres Ordens entwarf die Kommission ein Arbeitspapier, das bereits dem Provinzkapitel 1988 zur Beschlußfassung vorgelegt werden konnte. Nach ausführlichen Beratungen und einigen Modifizierungen wurde das Grundlagenpapier „Gemeinschaft anders leben“ schließlich verabschiedet, mit dem Ziel, daß die einzelnen Brüder und Gemeinschaften ihren Lebensstil anhand des nun verbindlichen Dokuments überprüfen und die darin aufgezeigten konkreten Schritte der Erneuerung in ihre je eigene Situation umsetzen.
Darüber hinaus tauchte schon im Vorfeld des Provinzkapitels 1988 der Gedanke auf, eine neue Gemeinschaft zu gründen, die, unbelastet von überkommenen Strukturen und Verpflichtungen, von vornherein ihren Lebensstil nach dem GAL-Papier ausrichten sollte. Dieser Vorschlag führte zu dem weiteren Kapitelsbeschluß, interessierten Brüdern die Möglichkeit zu geben, einen Konvent vorzubereiten, der sein Leben ausdrücklich nach dem neuen Grundlagenpapier gestaltet. Innerhalb von zwei Jahren fanden sich vier Brüder zusammen, die sich auf einen solchen Neubeginn einlassen wollten. Ihrem Antrag auf Errichtung einer neuen Gemeinschaft stimmte das Provinzkapitel 1991 fast einstimmig zu.
Da sich inzwischen die Wiedervereinigung der beiden Teile Deutschlands ereignet hatte, entstand die Idee, den „GAL-Konvent“ in einem der neuen Bundesländer zu gründen. Nachdem sich die betreffenden Brüder in den Bistümern Dresden/Meißen und Erfurt/Meiningen nach geeigneten Möglichkeiten umgesehen hatten, fiel die Entscheidung in Absprache mit der Provinzleitung auf das Städtchen Ohrdruf am Fuß des Thüringer Waldes, 15 km südlich von Gotha. Dort konnte der Bischof von Erfurt, Dr. Joachim Wanke, die Kirche und das Pfarrhaus zur Verfügung stellen. Wenn Ohrdruf heute zwar in

der Diaspora liegt und die Christen eine verschwindende Minderheit sind, so ist die Stadt kirchen- und kulturgeschichtlich keineswegs unbedeutend: Seit fast 1300 Jahren leben Christen in dieser Stadt, in der Bonifatius selbst 725 sein erstes Kloster auf thüringischem Boden errichtete und so die Christianisierung in diesem Land begann. 1463 kamen Karmeliten der damaligen Sächsischen Provinz mit Hauptsitz in Magdeburg schon einmal nach Ohrdruf, mußten jedoch ihr Kloster 1523 wegen der Reformation wieder aufgeben. Nach mehr als 460 Jahren kehrten wir Karmeliten nun wieder zurück, und bereits am 15. Oktober 1991, dem Fest der hl. Teresa von Avila, konnte unser Kloster mit dem Namen Karmel St. Elija von Bischof Joachim Wanke und Provinzial P. Richard Winter feierlich eröffnet werden.

Schwerpunkt des Konventes ist zunächst nicht eine bestimmte Tätigkeit nach außen, sondern der Versuch, immer mehr eine geistliche und brüderliche Gemeinschaft zu werden, die sich bemüht, die spirituelle Tradition des Karmel zu verlebendigen und das Charisma des Ordens zeitgemäß zu verwirklichen. Es geht also im Sinn des Grundlagenpapiers „Gemeinschaft anders leben“ vor allem darum, die wesentlichen Elemente des karmelitanischen Lebensentwurfes – Stehen vor Gott, brüderliche Gemeinschaft, einfacher Lebensstil und Offenheit für die Menschen – bewußt zu leben und neue Wege und Formen ihrer Realisierung zu entwickeln.

Das Grundlagenpapier schreibt über das Stehen vor Gott: „Unser christliches Leben als Ordensleute kann nur aus der gelebten Gottes- und Christusbeziehung Tiefe und Bedeutung gewinnen. Im bewußten ‚Stehen vor Gott‘, worum wir uns persönlich und gemeinsam immer neu bemühen, werden wir seine Zu-Mut-ung heilsam erfahren. Wir werden für unser gemeinsames Leben und Tun Ansporn und Korrektur erhalten. Wir kommen an die Quelle, aus der zu leben der einzelne und wir alle gemeinsam eingeladen sind. Das ist ein unverzichtbarer Bestandteil eines überzeugenden, christlichen Zusammenlebens.“ Im Mittelpunkt unseres Konventlebens steht deshalb die freundschaftliche Beziehung mit Gott im persönlichen und gemeinsamen Beten; dazu gehören die Einsamkeit, die Meditation, die Auseinandersetzung mit dem Wort Gottes, allein und im Bibelgespräch, die geistliche Lesung, die Möglichkeit, einen „Wüstentag“ zu verbringen, und vor allem die Feier der Eucharistie und des kirchlichen Stundengebetes, zu deren Mitfeier auch die Menschen aus der Umgebung eingeladen sind. Ein wichtiges Anliegen ist uns auch das Studium und die Weitergabe unserer reichen spirituellen Tradition.

Als eine große, zuweilen mühsame und schwere Herausforderung sehen wir das Zusammenwachsen zu einer wirklich brüderlichen Gemeinschaft an, die sich durch ein lebendiges Miteinander in den verschiedenen Bereichen des Lebens auszeichnet. Wichtiger noch als das gemeinsame Beten und Arbeiten, als gemeinsame Feiern und Unternehmungen ist dazu das Gespräch, auch über Schwierigkeiten und Spannungen, unterschiedliche Vorstellungen und Meinungen. Dabei haben wir es als sehr hilfreich erfahren, uns in regelmäßigen Abständen zu „Reflexionstagen" zusammenzufinden, um unter der Begleitung eines kompetenten Supervisors eine überschaubare Zeitspanne unseres gemeinsamen Lebens zu reflektieren, Positives zu vertiefen und Konflikte in Offenheit aufzuarbeiten. Nur in der ehrlichen Auseinandersetzung miteinander können die verschiedenen Erfahrungen, Einsichten und Fähigkeiten für das Ganze der Gemeinschaft fruchtbar gemacht werden, wobei jeder in die Verantwortung gerufen ist, sich nach seinen Möglichkeiten für den Aufbau und die Entfaltung der Gemeinschaft zu engagieren. Bei allem Ringen um ein gelingendes und überzeugendes Gemeinschaftsleben ist es aber auch notwendig, daß jeder Bruder den Freiraum hat, den er braucht, um sich und seine Fähigkeiten entwickeln und seinen ganz einmaligen und unverwechselbaren Weg gehen zu können. Deshalb sagt das Grundlagenpapier sehr zu Recht: „Sowohl das spürbar gemeinsam gelebte Zeugnis als auch die Herausbildung reifer und erfüllter Persönlichkeiten muß unser Auftrag bleiben."

„Nur ein einfacher Lebensstil ist zeichenhaft", heißt es im „GAL-Papier" weiter, denn „der von uns zuweilen aufwendig und angepaßt geführte Lebensstil nimmt der christlichen Verkündigung und unserer Ordensexistenz die Überzeugungskraft."Unser Bemühen um einen einfachen Lebensstil zeigt sich vor allem darin, daß wir alle Hausarbeit selbst erledigen. Jede Woche wechseln die Dienste, oder sie werden gemeinsam verrichtet, so daß jeder mit Kochen, Spülen, Waschen, Bügeln, Putzen etc. an die Reihe kommt. Der Verzicht auf Angestellte ermöglicht außerdem, den Teufelskreis vieler Klöster zu durchbrechen, sich in gewinnbringende Tätigkeiten außerhalb der Gemeinschaft verzetteln zu müssen, nur um die hohen Personalkosten bezahlen zu können.

Unsere Nähe zu den Menschen und die Offenheit für sie konkretisiert sich hauptsächlich in zwei Bereichen. Zum einen bieten wir Frauen und Männern, Jugendlichen und Erwachsenen, vorzugsweise aus den neuen Bundesländern, die Möglichkeit, eine Zeitlang in

unserer Gemeinschaft mitzuleben. Bei uns sind alle willkommen, die das Leben in einer religiösen Gemeinschaft kennenlernen wollen, die ihre Beziehung zu Gott aufbauen und vertiefen möchten, die Interesse an der Spiritualität des Karmel haben, die Gespräch und/oder seelsorgliche Begleitung suchen oder die ganz einfach Abstand, Ruhe und Zeit für sich brauchen. Zum andern teilen wir uns die Seelsorge in unserer kleinen Diasporagemeinde, die aus ca. 800 Katholiken, verteilt auf insgesamt elf Ortschaften, besteht. Auch bei dieser Tätigkeit ist uns der Gemeinschaftsbezug wichtig, daß also nicht ein Bruder die ganze Pfarrarbeit übernimmt, sondern jeder der Brüder nach seinen Fähigkeiten mitarbeitet und Verantwortung für seinen Bereich trägt. Zudem wollen wir unseren Dienst in der Pfarrei bewußt als Ordensleute und Karmeliten vollziehen.
Ein anderer, wichtiger Gesichtspunkt unseres Grundsatzpapiers wird uns in Zukunft noch stärker beschäftigen müssen: „Unsere Gemeinschaften sollen sich ... mehr mit den bedrängenden Fragen von Kirche und Gesellschaft auseinandersetzen. Solche Fragen sind z.B. Umwelt- und Friedensproblematik, Asylantenfrage, Beziehungsprobleme, Schutz des Lebens usw. Dabei geht es nicht nur um Verkündigung, sondern auch um gelebtes Engagement, insbesondere für Geplagte und Menschen in Not. Dieser Weg weist über die Besprechung aktueller Probleme und über das soziale Engagement hinaus; er führt unsere Gemeinschaften dazu, selbst zu gelebten Modellen einer christlichen Antwort auf diese Fragen zu werden." Für uns bedeutet das, daß wir die konkrete Situation, in der wir hier in der Ex-DDR leben, sorgfältig analysieren müssen, um die Menschen um uns noch besser zu verstehen, die über Jahrzehnte betrogen, dem christlichen Glauben und Lebensentwurf entfremdet wurden und dann fast über Nacht in eine Gesellschaftsordnung geraten sind, die alles bisher Vertraute umwälzte, viele Menschen in große soziale, aber auch weltanschauliche Unsicherheiten stürzte und ihnen darüber hinaus den Eindruck vermittelte, Bürger zweiter Klasse in diesem Land zu sein. Nur in der Auseinandersetzung mit den aktuellen Fragen und Problemen des Hier und Jetzt können wir echte Antworten aus dem Glauben finden und leben und so unseren Gott als einen Gott für die Menschen bezeugen. So besteht die Chance, dem christlichen Glauben, seiner Hoffnung und seinen Lebensperspektiven konkrete Gestalt zu verleihen, und zwar da, wo die Menschen stehen, wo sie Orientierung und Halt suchen.
Durch das Wagnis eines solchen Lebensstils, immer mehr eine vor

Gott stehende, brüderliche Gemeinschaft inmitten der Menschen zu werden, möchte unser Konvent nach dem Beispiel des Propheten Elija, seines Patrons, etwas aufleuchten lassen von der Anwesenheit des lebendigen und liebenden Gottes mitten in unserem Land, in dem es so viele Menschen gibt, die diesen Gott vergessen haben oder überhaupt nicht kennen.

2.1.2 Der Titus-Brandsma-Karmel in Marienthal
(Martin Segers OCarm)

Der Ort Marienthal an der Issel in der Nähe von Wesel am Niederrhein verdankt seine Entstehung und seine Geschichte den Augustinereremiten, die hier 1256 ihr erstes Kloster gegründet und bis zu dessen Auflösung 1806 in der hiesigen Umgebung seelsorglich gewirkt haben. 1986 ist diese Klostertradition von uns Karmeliten der Niederdeutschen Ordensprovinz wiederaufgenommen worden. Mit der Neugründung verbinden wir ein wichtiges Anliegen, das im Charisma unseres Ordens verwurzelt ist. Es läßt sich so zusammenfassen: „in der Gefolgschaft Jesu Christi leben nach dem Beispiel Mariens und des Propheten Elija“ (Betende Gemeinschaften im Dienste der Menschen, Rom 1992, S. 14). Der Orden Unserer Lieben Frau vom Berg Karmel ist von seinem Ursprung her eine Gemeinschaft von Eremiten. Die Struktur dieses Lebens von Eremiten-in-Gemeinschaft wurde 1247 an die Mendikantenorden angeglichen, wodurch sich ein grundlegender Wandel ihrer Lebensweise vollzog. Durch die Übernahme seelsorglicher Aufgaben geriet der Orden in Laufe der Geschichte immer wieder in Gefahr, sich in diesen Aktivitäten zu verausgaben und so sein ursprüngliches Charisma zu verlieren. Darum war und ist es immer wieder notwendig, sich auf das geistliche Erbe zu besinnen und es lebendig zu halten. Drei Werte karmelitanischen Charismas sind heute richtungweisend: kontemplative Erfahrung mit Gott, Gemeinschaft als Frucht und Zeichen der Kontemplation und die prophetische Dimension mit der Verpflichtung zur Gerechtigkeit im Geist des Evangeliums (vgl. Mt 6,33). Sie lassen in unserem Herzen die Gegenwart Gottes neu bewußt werden und bewegen uns dazu, unsere Erfahrung und Überzeugung mit anderen zu teilen. Das ist unser Anliegen.

Das II. Vatikanische Konzil und unsere Konstitutionen weisen uns hierzu den Weg. In seinem Dekret über die Erneuerung des Ordenslebens betont das Konzil, daß die geistliche Erneuerung immer das Wesentliche ist, weil ohne sie auch die besten Anpassungen an die Erfordernisse der Zeit unwirksam bleiben. Unsere Konstitutionen sagen über Gabe und Aufgabe unseres Ordens: „Indem wir in der Nachfolge Jesu Christi leben und sein Evangelium als höchste Norm anerkennen, vereinen wir uns in der Kraft seines Geistes zu gegenseitigem Dienst aneinander und zum Dienst an den anderen Menschen. Geprägt soll dieses Leben sein von intensiver Gottessuche in totaler Abhängigkeit von Christus. Zeichen dafür ist das brüderliche Miteinander und der apostolische Eifer." In mehreren Dokumenten des Ordens wird auf die Notwendigkeit dieser Erneuerung hingewiesen. Darin heißt es, daß die Gottesmutter Maria und der Prophet Elija für uns „Quellen unserer Spiritualität und Vorbilder unseres Lebens" sind und daß die Besinnung auf diese biblischen Gestalten anregen soll, „in prophetischer Weise in der Welt von heute gegenwärtig zu sein und ihr zu dienen" (Rückkehr zu den Quellen, Rom 1978).

Hinter alldem steht die Erfahrung, daß Gebet, Leben in Gemeinschaft und Dienst an den Menschen durch die Vielzahl von Aufgaben leicht auseinanderklaffen, wodurch das Ordensleben zu verflachen droht. Wir zielen deshalb auf eine Integration von Gebet, Leben und Apostolat.

Das Gebet - gleichsam der „natürliche Atem" des Ordens - suchen wir in der Feier der Liturgie und im persönlichen Gebet zu verwirklichen (vgl. Karmelregel Kap. 7, 8 und 10). Das kirchliche Stundengebet nimmt einen besonderen Platz im Tagesablauf ein. Dieses Gebet, an dem häufiger Gläubige von nah und fern teilnehmen, ist ein Gebet der Kirche mit Christus zum Vater. Wie Jesus unablässig zum Vater im Himmel gebetet hat, so betet auch die Kirche unablässig im Stundengebet zu Gott. Sie setzt das Gebet Jesu fort. Unser Gebet will deutlich machen, was die Kirche selbst ihrem innersten Wesen nach ist, nämlich betende Gemeinschaft. Wir danken Gott für das uns geschenkte Heil. Stellvertretend für alle, die Gott noch nicht oder nicht mehr kennen, loben wir ihn und rufen ihn an für die Nöte und das Heil der Welt. So betrachtet der Karmel „seine spezifische Aufgabe innerhalb der Kirche in einem Leben des Gebetes und in einem Leben des Apostolates des Gebetes" (Konstitutionen, Nr. 53). Deshalb liegt uns - entsprechend der Ordensregel und der Ordenstradition - das Gebet und das Frei-Sein für Gott sehr am Herzen.

Täglich feiern wir in Gemeinschaft die Eucharistie, wie es schon die Ordensregel (Kap. 10) verlangt. Die Gegenwart des Herrn in der

Liturgie fügt die einzelnen zu einer Gemeinschaft zusammen, die jede rein zwischenmenschliche Kommunikation weit überragt. Am dichtesten erfahren wir dies in der Feier der Eucharistie. Sie rüstet uns für die täglichen Aufgaben: „Steh auf und iß! Sonst ist der Weg zu weit für dich“ (1 Kön 19,7).

Die Gebetshaltung wird in der Gemeinschaft sichtbar und erfahrbar, indem wir die anstehenden Aufgaben miteinander teilen. Dies bestärkt uns in der Verantwortung füreinander. Das geistliche Gespräch wie auch das Schriftgespräch helfen uns, die gemeinsamen Wurzeln unseres Lebens in Gemeinschaft zu bedenken und uns erneut davon inspirieren zu lassen. Unser Alltag im Haus sieht konkret so aus: Eucharistiefeier, fünf Tagzeiten des kirchlichen Stundengebetes, Betrachtungs- und Meditationszeiten, Lesung, Studium, gemeinsame Gespräche und Erholungszeiten, Arbeit in Haus und Garten. Diese Elemente sollen von betendem Stillschweigen durchdrungen sein. Gott kommt nicht im lauten Lärm, sondern im sanften, leisen Säuseln (vgl. 1 Kön 19,12).

Unser Haus ist gleichzeitig das Noviziatshaus der Niederdeutschen Ordensprovinz. Die Einführung junger Menschen in das Ordensleben fordert von uns allen besondere Aufmerksamkeit und Sorgfalt im Zusammenleben. Diese Einführung geschieht vorwiegend durch die Art und Weise, wie wir selbst im Konvent einander begegnen. Der Novize soll das tägliche Leben in Gemeinschaft kennenlernen.

Zu unserem Gebet und zu unserem Dienst an der Gemeinschaft kommt für uns die konkrete Seelsorge vor Ort hinzu. Auch sie betrachten wir als ein „Beten“, als das „Tun des Betens“, da sie sich nämlich vor dem Angesicht Gottes und in seinem Dienst vollzieht (vgl. 1Kön 17,1). Ziel der Seelsorge ist, die Menschen zu tieferem Glauben an Jesus Christus und zu größerem Menschsein zu führen. Unsere Klosterkirche ist seit vielen Jahrzehnten eine beliebte Traungskirche, in der viele auswärtige Paare den Bund der Ehe schließen. Das Gespräch mit ihnen sehen wir als einen Dienst an den Brautpaaren an, um sie im Glauben für ihren gemeinsamen Lebensweg zu stärken. Für diese Begegnung sind sie aufgeschlossen und dankbar. Wir stehen zudem für alle bereit, die um ein Glaubens- oder ein Beichtgespräch nachsuchen. Die Klosterkirche (1345 erbaut) und der angrenzende Friedhof sind reich an christlicher Kunst, vorwiegend aus den zwanziger und dreißiger Jahren dieses Jahrhunderts. Sie haben mit ihren Symbolen auch heute noch für viele Besucher eine starke Anziehungskraft. Die immer schon von Besuchern gewünsch-

ten Führungen gestalten wir als Bildkatechese und laden immer auch zur Besinnung und zum stillen Gebet ein.
In naher Zukunft wird ein angrenzendes Haus als Gästehaus eingerichtet, so daß sowohl Jugendliche wie auch Erwachsene an unserem Leben teilnehmen können. So haben wir dann auch eine Möglichkeit, Einzelexerzitien und Einkehrtage anzubieten.
Wir haben unsere Neugründung unter den Schutz des seligen Karmeliten Titus Brandsma gestellt. Er wurde 1985 seliggesprochen. Unser Anliegen finden wir in seinem Leben verwirklicht und in seinen Worten zum Ausdruck gebracht: „Wir formen eine klösterliche Gemeinschaft mit eigenem Ziel und eigenem Lebensstil. Die Beschauung Gottes muß unsere erste Aufgabe sein. Damit steht und fällt alles. Kraft der Beschauung und der Liebe, die wir darin finden, stellen wir uns der Kirche zur Verfügung für einen Dienst, den wir stets als Dienst an Gott und als Liebesdienst an den Menschen verstehen müssen. Wir sind nicht dazu berufen, in unserem Leben große, eindrucksvolle Dinge zu vollbringen. Aber es ist unsere Pflicht, die kleinen Dinge auf die großartigste Weise zu vollbringen, d.h. mit einer lauteren Absicht und mit dem Einsatz unserer ganzen Persönlichkeit. Wir wollen nur auffallen durch unsere Einfachheit und Aufrichtigkeit."

2.2. *„Beten und beten lehren" - Die kontemplativ-apostolische Grundstruktur des Karmel (Reinhard Körner OCD)*

Ein altes Leitwort aus der Tradition des Karmel fällt mir ein, das beide Themen, die hier zur Sprache gebracht werden sollen, recht „griffig" zusammenfaßt. Auf die Frage, welche Aufgabe der Karmel im großen Spektrum des kirchlichen Lebens habe, antworteten frühere Generationen unserer Ordensfamilie: *„Beten und beten lehren"*. Beides - das Beten und das Beten-Lehren - gehört im Karmel eng zusammen und bildet die „typische", kontemplativ-apostolische Grundstruktur aller seiner Zweige.

Beten...

Ich war Theologiestudent und in einer schweren Glaubenskrise, als ich zum ersten mal Texte aus dem Karmel in die Hand bekam. Was

ich da in ein paar ausgewählten Zeilen aus Werken von Teresa von Avila, Johannes vom Kreuz und Therese von Lisieux las, rettete mich vor dem Atheismus, der schon in meinem Herzen war. Diese Texte atmeten einen Geist, dem ich bisher so bewußt noch nicht begegnet war. Nicht um Glaubenslehre ging es da, nicht um Frömmigkeitsformen und -methoden, nicht um Moral - hier sprachen Menschen von ihrer Erfahrung und vom Leben! Wenn ich auch nicht alles verstand, so wußte ich mich doch verstanden. Meine Einsichten und meine Zweifel, meine Nöte und meine Sehnsüchte waren hier beschrieben - wenn auch in einer Sprache aus einer längst vergangenen Zeit... Bei diesen alten Meistern begann ich zu lernen, daß „Glauben" nicht nur Fürwahrhalten von Glaubenssätzen und Halten von Geboten ist, sondern zuallererst ein *Leben in Beziehung* meint. Gott - so erkannte ich in ihren Worten - ist mehr als „Glaubensgegenstand",er ist ein „Jemand", einer, zu dem man *„du,* Gott" sagen und *mit* dem man ganz real leben kann. Wenn es auch seine Eigenart ist, „verborgen" zu sein, so ist er doch da, über mir und unter mir, um mich herum, in mir...
Einen zweiten „Schub nach vorn" erhielt mein Glaube, als ich in Exerzitienvorträgen eines Karmeliten hörte, daß Teresa von Avila Gott ihren *„Freund"* nennt. Nun begann ich erst recht zu begreifen, daß mein „Atheismus" einem andern „Gott" gegolten hatte: dem „Buchhalter-Gott", der Bravsein und Schlechtsein registriert, dem „Leistungs-Gott", der für ein wenig Barmherzigkeit und „Gnadenstand" allerlei Gebete und religiöse (Opfer-)Leistungen einfordert, dem „lieben Gott", den man anruft, wenn „die Not beten lehrt". Teresas Gott dagegen hatte das Gesicht und das Herz des Menschgewordenen, des Jesus Christus der Evangelien, der auch mir sagt: „Ich nenne euch nicht mehr Knechte, ...ich habe euch Freunde genannt."(Joh 15,15). Meditation, Gebet, Askese, Bußsakrament und Eucharistie - alles bekam nun einen neuen Inhalt. Gott wurde - wenigstens meiner Grunderkenntnis nach - zum verborgen-gegenwärtigen Lebensgefährten und die „geistlichen Übungen" zu Ausdrucksformen meiner Beziehung zu ihm und seiner Beziehung zu mir. Ich lernte, daß sich „Beten" nicht auf Gebetszeiten beschränken läßt - wenn es sie auch notwendig braucht -, sondern daß damit eine für mich *neue Art zu leben* gemeint ist, die den Alltag nicht in einen „geistlichen" und einen (viel größeren) „normalen" Abschnitt teilt, die Wirklichkeit nicht in „sakral" und „profan" und die Menschen nicht in „kontemplative" und „aktive" gliedert...

Daß ich später in den Teresianischen Karmel eintrat, hatte seinen Grund in diesem neuen und doch so alten, urchristlichen Glaubensverständnis, dem ich in den Schriften der Heiligen dieses Ordens begegnet war. Daß ich dann nach recht bewegten ersten Klosterjahren die endgültige Profeß ablegte und mir auch heute wünsche, Karmelit bis an mein Lebensende zu sein, liegt schlicht und einfach daran, daß ich im Karmel *Mitbrüder* gefunden habe, die ähnlich von Gott und Glauben denken - und einen sehr konkreten *Lebensstil* dazu, der *mir und meinen Brüdern* hilft, an den Quellen zu bleiben, aus denen Gott mein und unser Leben speist:
Der Tag beginnt in unserem Kloster um 5.30 Uhr mit den gemeinsam gebeteten Laudes, dem Morgenlob aus dem kirchlichen Stundengebet. Danach zieht sich jeder Mitbruder für 45 Minuten zur Geistlichen Lesung zurück; er liest in einem Buch, das in seiner gegenwärtigen Situation „der Seele Nahrung gibt". Nach dem schweigend eingenommenen Frühstück folgt eine Stunde stilles Gebet, zu dem wir uns im „Betchor" des Klosters versammeln; es ist im besonderen die Zeit, die Teresa „Verweilen bei einem Freund" nennt, „mit dem wir oft und gern zusammenkommen, weil wir wissen, daß er uns liebt" (Leben 8,5). Hier ist kein „Pensum" zu verrichten, keine Gebetsform vorgeschrieben, kein Meditationsstoff vorgegeben...; ich habe Zeit für den, der für mich immer Zeit hat, bin bei ihm mit den Gedanken, die mich im Moment beschäftigen, mit dem, was der kommende Tag an Arbeit und Begegnungen bringen wird, mit den Sorgen meiner Freunde und mit den aktuellen Ereignissen in der Welt, ich nehme mir den Text des Tagesevangeliums und horche hinein, was der Geist Gottes heute seiner Kirche - auch mir - sagen will, oder lasse einen geistlichen Gedanken, der mich berührt hat, in mir nachklingen... - manchmal gesammelt und wach, manchmal „genervt" und manchmal noch schläfrig... In der Regel um 8.00 Uhr feiern wir die Eucharistie, zusammen mit den Gästen und Mitarbeitern im Haus und Gläubigen aus dem Ort. Dann geht es an die Arbeit, für jeden in seinem Aufgabenbereich. Um 11.30 Uhr versammeln wir uns wieder zum Stundengebet, zur Mittags- und Lesehore; ein paar Minuten Stille dazwischen helfen, den ersten Teil des Tages zu überdenken. Das gemeinsame Mittagessen gibt auf ganz natürliche Weise Gelegenheit zum Austausch unter uns Brüdern. Nach einer kurzen Verschnaufpause führen wir an Werktagen unsere Arbeiten fort. Um 17.30 Uhr kommen wir noch einmal zusammen, um eine Stunde still bei Gott zu verweilen, danach beten wir die Vesper. Die

Nachrichtensendung im Anschluß an das Abendbrot gehört gewissermaßen zur „Ordensregel" in unserem Konvent. An einem der Abende in der Woche besprechen wir im „Konventkapitel", was in Kloster und Arbeitsbereich „anliegt", an einem zweiten Abend ist „Rekreation", auf die Teresa zu Recht so viel Wert legte: brüderliches Beisammensein - bei einem Glas Bier... Die übrigen Abende bieten Gelegenheit, Gästen und Freunden zu begegnen, ein Buch zu lesen, einen Brief zu schreiben... Vor dem Schlafengehen betet jeder still die Komplet.

So oder ähnlich ist der Tageslauf in allen Klöstern des Karmel strukturiert. Die konkreten Zeiten sind den örtlichen Gegebenheiten entsprechend verschieden, die Karmelitinnen treffen sich auch zum gemeinsamen Stundengebet der Terz und der Non, in manchen Konventen bleibt man während der beiden Stunden des stillen Verweilens vor Gott - in einigen Orden der Karmelfamilie sind dafür zwei halbe Stunden vorgesehen - allein in der Zelle, im wesentlichen aber ist die Grundstruktur des Lebensstils gleich.

Freilich, dieser Wechsel von Gebet und Arbeit kann dazu verleiten, den Alltag doch wieder in „geistliche" und „normale" Zeiten geteilt zu betrachten. Warum soll ich es verschweigen: Nicht wenige meiner Schwestern und Brüder im Karmel denken bis heute so. Aber das hatten weder Teresa und Johannes vom Kreuz noch die Väter im Karmelgebirge beabsichtigt. Es ist gerade eine meiner kostbarsten Entdeckungen in diesem Orden, daß „Frömmigkeit" eine Sache von vierundzwanzig Stunden meint. Hier geht es nicht darum, Zeiten für das „geistliche Leben" festzuschreiben, sondern *den Alltag im ganzen geistlich zu leben.* Nach der Regel des hl. Albert, dem Grunddokument karmelitanischer Spiritualität, wie auch nach den Anleitungen und dem Lebensbeispiel unserer Heiligen kommt es darauf an zu lernen, „immerwährend" in Zweisamkeit und Freundschaft mit Gott zu leben, auszuruhen mit ihm und zu arbeiten mit ihm, in der Gebetszeit bei ihm zu verweilen und in der Arbeitszeit mit ihm tätig zu sein, die kleinen und großen Entscheidungen gemeinsam mit ihm zu treffen, den Mitmenschen mit ihm zu begegnen, die täglichen Ereignisse, die schönen und die schmerzlichen, mit „vier Augen" zu betrachten...

Nicht nur die religiöse Erziehung und eine zuwenig am Evangelium orientierte kirchliche Verkündigung und Seelsorge, wohl ebenso die entsprechenden persönlichen, meist schon frühkindlichen Erfahrungen mit Eltern und Bezugspersonen oder noch nicht hinreichend aufgearbeitete und „erlöste" Ereignisse in der eigenen Lebensgeschichte führen natürlich auch bei uns Karmeliten zu einem „projizierten" Gottesbild, das dieses Verständnis vom geistlichen Leben verfremdet oder kaum zum Tragen kommen läßt. Auch ich mußte erst lernen, daß Gebet und alles „geistliche Tun", ja das Ordensleben selbst bei Gott nicht „verrechnet" werden können, weder für das eigene Heil noch für das Heil der Mitmenschen. Der Gott, der seine Liebe und seine Barmherzigkeit für entsprechende aszetische Gegenleistungen austeilt, ist nicht der Vater, der „Abba" Jesu Christi. Bei ihm gibt es nichts zu „verdienen", er hat uns seine Gnade - bis in die Liebeshingabe seines Sohnes am Kreuz hinein - schon geschenkt, „als wir noch Sünder waren" (Röm 5,8). Es kommt im Christsein vielmehr zuallererst darauf an, *ihm die Liebe zu glauben, die er zu uns hat* - diese Liebe, die bis ans Kreuz geht. Gebetszeiten, die Eucharistie, Verzicht und Buße... sind *Ausdruck und Verwirklichung des Vertrauens und der Lebensgemeinschaft mit ihm*, nicht aber Mittel, um Erhörung, Erbarmen und Zuwendung herabzuflehen. Die Versuchung liegt freilich nahe, die relativ kompakte „Quantität" der „geistlichen Übungen" im Karmel - wie auch in anderen Orden und Gemeinschaften der Kirche - als „Leistung" auf die vermeintliche göttliche Waage zu legen. Dann werden zentrale christliche Worte wie „Opfer", „Sühne" oder „Stellvertretung", die auch in der Spiritualität des Karmel große Bedeutung haben, ihrer biblischen Wurzel enthoben und - gewiß in gut gemeinter Absicht - herangezogen, um unser Leben im Kloster vor den Fragen der Welt nach seinem Zweck und Sinn zu rechtfertigen oder den eigenen Fixierungen einen frommen Mantel umzulegen. Nur die Ehrlichkeit gegenüber sich selbst, der offenherzige Umgang im freundschaftlich-geschwisterlichen Miteinander und immer wieder die Frage: „Wer bist du, Jesus, wirklich - und wer bin ich/sind wir in deinen Augen?" helfen, den Weg der „*Reinigung*" zu gehen, von dem die Heiligen des Karmel zu sprechen nicht müde wurden.

... und beten lehren

Wer sich mit einem tiefen Lebenssinn beschenkt weiß, möchte davon anderen etwas weitergeben, der eine aus dem Innern heraus drängender, der andere zurückhaltender, der eine auf diese, der andere auf jene Art. Auch bei Karmeliten ist das so. Es ist theologisch und historisch betrachtet nicht richtig, den Karmel - dies gilt für die Brüder wie für die Schwestern - als „rein kontemplativ" zu bezeichnen. Allein schon das Lebensbeispiel unserer Heiligen (vgl. Kapitel II) muß uns eines anderen belehren. „Aktion“ und „Kontemplation“ gehen im christlichen Glaubensverständnis immer in eins, sie werden eins im *Beziehungs*glauben, in der Freundschaft mit Gott, die den Alltag nicht nur umrahmt, sondern wie Salz die ganze Speise, wie Sauerteig den ganzen Trog Mehl, wie ein Licht die ganze Dunkelheit ringsum „durchwirkt“. Der Christ ist - nach den besten Zeugnissen aller geistlichen Traditionen der Kirche, nicht nur des Karmel - ein *„contemplativus in actione“* und ein *„activus in contemplatione“*. Er muß dann sein Gebet nicht als „Apostolat“ rechtfertigen und seine Arbeit nicht als Gebet deklarieren.

Die Art der „Aktionen“ ist - auch im Karmel - freilich verschieden, entsprechend den persönlichen Begabungen, den Umständen und der Situation, den Bedürfnissen der Zeit, den anliegenden Aufgaben... Ob die Tätigkeit „außer Haus“ geschieht, in den Kinder- und Altenheimen der dem Karmel angegliederten Schwesterngemeinschaften etwa oder in den Pfarreien und Geistlichen Zentren, in denen viele Patres unserer Karmelfamilie ihre Dienste tun, oder sich vor allem im Bereich der Klausur und des Klosters vollzieht, wie in den Konventen der Karmelitinnen, ist dabei eine zweitrangige, wenn auch für den wiederum konkreten, spezifischen Lebensstil des jeweiligen Ordens und Konventes nicht unwichtige Frage. Und ob ich selbst vorrangig in der Exerzitienarbeit und am Schreibtisch tätig bin, einer meiner beiden Mitbrüder die hiesige Pfarrgemeinde betreut und der andere unsere Wäsche richtet, die Hecke beschneidet, einen Behinderten besucht und in den Familien hilft, ist grundsätzlich von gleichem Wert.

Der Orden der („Beschuhten“) Karmeliten (Stammorden) und der Teresianische Karmel, dem ich angehöre, besinnen sich heute wieder verstärkt auf eine „spezifische“ Aufgabe, die wir *„Apostolat zur Förderung des geistlichen Lebens“* nennen. Der große Schatz an Erkenntnissen und Erfahrungen, die uns die Heiligen des Karmel hinterlassen haben, soll uns nicht allein gehören. Was wir bei ihnen lernen konnten, gemischt mit der je persönlichen Erfahrung und bereichert mit den Schätzen der gesamten geistlichen Tradition der Christenheit, möchten wir gern mit denen teilen, die ebenfalls nach einer Vertiefung und „Reinigung“ ihres Glaubens suchen. Und derer gibt es, wie wir erleben, gerade heute nicht wenige, auch hierzulande. In den Jahren nach dem Zweiten Vatikanischen Konzil, das auch im Karmel eine bewußtere Rückbesinnung auf die „Quellen“ einleitete, richteten viele Klöster unserer Orden - auch manche Klöster der Karmelitinnen - räumliche und zeitliche Möglichkeiten ein, um Interessierten Gelegenheit zur Teilnahme an den Gebetszeiten, zum persönlichen geistlichen Gespräch oder zu „stillen Tagen im Kloster" anbieten zu können. Die „Nachfrage" ist erstaunlich groß!

Eine Form dieses „geistlichen Apostolats" ist die Exerzitienarbeit. Seit langem schon begleiten auch in Deutschland Karmeliten beider Zweige Besinnungs- und Exerzitienkurse. Inzwischen können sie zu solchen Kursen in je ein ordenseigenes „Geistliches Zentrum" einladen, nach Springiersbach bei Bengel/Mosel, dem Exerzitienhaus der Karmeliten, und nach Birkenwerder bei Berlin, dem Besinnungshaus des Teresianischen Karmel. Beide Zentren haben ein umfangreiches Angebot in ihrem Jahresplan. Im Laufe unserer Ordensgeschichte hat sich geradezu eine eigene „Schule", eine spezifische Art und Weise, Exerzitien zu gestalten und zu begleiten, herausgebildet - neben der sicher bekannteren Art nach der Schule des hl. Ignatius. Wesensmerkmale *karmelitanischer Exerzitien* sind das durchgängig eingehaltene Schweigen und die Anleitung, als ersten „Gesprächspartner" in diesen Tagen Gott selbst, den eigentlichen Meister und Begleiter, zu suchen. In den Kursen, die ich gestalte, mute ich den Teilnehmern zu, in der Regel nur zum Bußsakrament und einem kürzeren geistlichen Gespräch Gelegenheit zu haben - eine „Methode", die sich meiner Erfahrung nach sehr bewährt. Das Verweilen bei Christus, dem Freund, der uns entgegen-wartet, um uns in den Anliegen zu begegnen, die uns aktuell bewegen, kann so konkret für den Alltag des Lebens „eingeübt" werden. Zwei oder drei Vorträge, die immer Fragen des geistlichen Lebens zum Thema haben, geben Anregungen zum Nachdenken und Meditieren, vor allem aber auch Anleitung zum Beten aus dem reichen Erfahrungsschatz der großen Karmeliten. Außer der Eucharistiefeier und den still eingenommenen Mahlzeiten ist kein weiteres „Programm" vorgegeben. Jeder soll sich auf seine Weise der Besinnung und dem Gebet aussetzen können, wobei auch „Schlaf nachholen" und Spazierengehen in der Natur ihren Platz haben dürfen, denn Leib, Nerven und Geist bilden auch in der Erfahrung des Karmel eine Einheit, und stets „baut die Gnade auf der Natur auf".

In elf Klosterjahren ist mir aus Erfahrung klargeworden: Das Leben in den Orden und Gemeinschaften der weit verzweigten Karmelfamilie erfordert gewiß eine eigene Berufung, doch ihre Spiritualität gehört allen Menschen, die innerhalb und außerhalb der Kirche nach konkretem Lebenssinn auf der Suche sind.

2.3. *Prophetisches Engagement für ein Leben in Fülle (Richard Winter OCarm)*

Wenn Jesus seinen Jüngern sagt, sie seien „das Licht der Welt“ (Mt 5,16), dann denkt er sicherlich nicht zuerst an ihre klugen Predigten oder an ihre erleuchtete Theologie, sondern offensichtlich an die Ausstrahlung, die von ihrem Tun ausgeht. Die Jünger sollen also durch die Art ihres Lebens und Handelns sichtbar machen, was Gott mit allen Menschen vorhat.

So drücken Christen heute ihren Glauben an Gott im besonderen durch die Art aus, wie sie selber miteinander umgehen und wofür sie sich einsetzen. Geschwisterlichkeit und der Einsatz für Gerechtigkeit und Frieden werden zum Zeugnis der Gottverbundenheit und zu wichtigen Formen der authentischen Nachfolge. Wenn J.B. Metz Ordensleute als Menschen kennzeichnet, „die sich Gott nicht ausreden lassen“ (J.B. Metz, Gottespassion, Freiburg 1991, S. 8), dann müssen das Menschen sein, die tief verbunden sind mit der Welt ihrer Tage, aber auch durchdrungen von Visionen, die über diese Welt hinausragen.

In verschiedenen Schreiben und Erklärungen unserer Generalkapitel wurde die „Nachfolge Jesu“ wieder in den Mittelpunkt unserer Ordensexistenz gestellt. Den Fußspuren Jesu nachfolgen, das heißt mit ihm den Weg zu den Menschen gehen und sensibel werden für ihre Nöte und Hoffnungen. So können Menschen erfahren, was Gott für sie sein will: ein Gott der Hingabe und Sorge, ein Gott als Mensch unter Menschen, ein Gott, der niemals einen Menschen aufgibt und sich für ihn auch einmal die Beine wund läuft.

Inzwischen wurden überall in den Provinzen der Karmeliten „Kommissionen für Gerechtigkeit und Frieden“ gegründet, die das Bewußtsein für diese Aufgabe wachhalten und schärfen wollen. Und manchmal hat erfreulicherweise die Praxis die Theorie eingeholt, und es sind Projekte entstanden, die sich grundsätzlichen Anfragen und Bedürfnissen heutiger Menschen stellen oder aktuelle Probleme aufgreifen. Neben den beiden im folgenden vorgestellten Projekten entwickelt und praktiziert vor allem der „Offene Jugendtreff“ in Erlangen als ein Treffpunkt für ausländische und deutsche Jugendliche in Zeiten unterschwelliger Ängste und offener Fremdenfeindlichkeit positive Zeichen der Versöhnung und der Möglichkeit eines fruchtbaren Miteinanders, wo die Begegnung mit dem anderen zur Bereicherung des eigenen Lebens führt.

Bei dieser Aufgabe sehen wir Karmeliten uns verbunden mit dem Propheten Elija, der zur prägenden Gestalt unseres Ordens gehört und immer wieder neu aus der Stille und Meditation zum prophetischen Zeugnis und politischen Handeln aufbrach. In Nr. 18 der Rahmenordnung unserer Ausbildung heißt es: „Elija ist der Prophet, der sich sorgt um das Leben des Volkes; er kämpft gegen falsche Götter und führt sein Volk zurück zum Glauben an den wahren Gott. Er ist solidarisch mit den Armen und Verbannten und verteidigt diejenigen, die unter Gewalt und Unrecht leiden."

Der Glaube an den lebendigen Gott bewahrt uns vor einer allzu schnellen „Versöhnung" mit dieser Welt und ihren angeblich unumstößlichen Tatsachen. Dafür müssen wir manchmal das fast Unmögliche möglich machen, nämlich die Menschen zu einem Lebensstil einladen, der gegen eine Ausplünderung oder den Mißbrauch der Natur die Ehrfurcht vor allen Formen des Lebens pflegt und gegen die Faszination der Macht und des Besitzes ein Mehr an Gerechtigkeit und Geschwisterlichkeit sucht.

Diese prophetische Funktion wird die Kirche nur ausüben können, wenn sie mitten in der Welt steht, aber gleichzeitig auch immer ein Stück dieser Welt „entfremdet" bleibt. Ordensgemeinschaften wird diese prophetische Funktion für die Welt wie für die Kirche zugemutet. Dazu haben sie ihren eindeutigen Platz in der Kirche, wenn auch immer mehr am Rande als in der Mitte dieser Kirche.

2.3.1. Offene Tür Erlangen (OTE) – Anlaufstelle für Menschen in seelischer und sozialer Not *(Euchar Schuler OCarm)*

„Notschrei" – das ist der Name eines kleinen Dorfes in der Nähe des Feldberges im Hochschwarzwald, wo manchmal so viel Schnee fällt, daß die Häuser buchstäblich unter der weißen Decke begraben sind. Eine lebensbedrohliche Situation entstand vor etwa 140 Jahren für die Menschen dort, als sie monatelang ohne Lebensmittelnachschub unter der dicken Schneedecke ausharren mußten. Die Not schien kein Ende zu nehmen. Endlich drang von dort der Notschrei nach unten ins Tal. Hilfe wurde organisiert und Rettung gebracht. Die Badische Regierung ließ nun eine feste Straße dorthin bauen, um künftig hilfreicher und schneller tätig werden zu können. Heute führen mehrere Straßen zu diesem Ort mit dem Namen „Notschrei".

Notschrei in unserer Gesellschaft

Nicht wenige Menschen gibt es in unserer Gesellschaft, die in einer ähnlichen Situation leben. Sie fühlen sich von den Mitmenschen abgeschnitten. Ein Notschrei kann kaum mehr durchdringen. Deshalb bleiben viele Menschen in ihrer Isolation mit ihren Problemen allein. Einige sterben unbemerkt in ihren Wohnungen und werden erst nach Wochen vermißt. Andere ertragen die Einsamkeit und den Leistungsdruck nicht mehr und scheiden freiwillig aus dem Leben. Wieder andere suchen nach einem helfenden Gesprächspartner, mit dem sie ihre Schwierigkeiten besprechen können. Sie trauen sich nicht, einen Nachbarn, Verwandten oder Freund anzusprechen, weil sie das Vertrauen zu ihrer bisher vertrauten Umwelt verloren haben.

Offene Türen durchbrechen Mauern

Zwischen den Menschen scheinen heute vielfach unübersteigbare Mauern zu stehen, die von den einen als bergender Schutz, von den anderen als vereinsamende Isolierung erfahren werden. Undurchlässige Mauern sind unmenschlich. Offene Türen durchbrechen dagegen Mauern und werden zu Zeichen der Hoffnung. Die Offene Tür Erlangen trägt ihren Namen im vollen Bewußtsein ihres Auftrags, für die Menschen eine verheißungsvolle Tür zu sein, die mithilft, weitere Türen in den zwischenmenschlichen Beziehungen zu öffnen.

Anfangs eine Idee – heute eine Wirklichkeit

Die „Offene Tür Erlangen – OTE" ist ein Ort der Begegnung, Beratung und Seelsorge, um dem problembelasteten Menschen in seinen seelischen und sozialen Nöten beizustehen. Die Schwellenangst wird abgebaut durch den ungehinderten und unverfänglichen Zugang zu einem Foyer, wo ein erster Kontakt zu den Mitarbeiterinnen und Mitarbeitern der OTE aufgenommen werden kann. Die unkomplizierte Gesprächsanknüpfung möchte den Schritt zum beratenden und begleitenden Gespräch erleichtern. Diese Idee einer „Offenen Tür" hatte sich von den Zeichen der Zeit leiten lassen. Den Menschen fällt es in den gesellschaftlichen Zwängen zunehmend schwerer, sich zurechtzufinden. In persönlichen Lebensbereichen wachsen Lebensangst,

Verzweiflung, Einsamkeit, Abhängigkeit und die Unfähigkeit, verläßliche Beziehungen dauerhaft einzugehen und durchzustehen. Hier Hilfestellung zu leisten, daß Leben gelingen kann, das war die Anfangsidee für die Offene Tür Erlangen.

Erste Begegnung in der OTE

„Ich kann mit niemandem sprechen. Es hört einem keiner mehr zu. Deshalb komme ich zu Ihnen, weil ich hoffe, daß Sie meine Schwierigkeiten und Probleme nicht herumerzählen. Heutzutage findet man kaum jemanden, dem man sich anvertrauen kann." So oder ähnlich kann ein erster Gesprächskontakt mit einem Mitarbeiter der OTE angeknüpft werden. Die Einrichtung OTE stellt die Möglichkeit bereit, in einem offenen, beratenden Gespräch einen Ausweg aus den persönlichen Sorgen und Nöten zu suchen. Darüber hinaus will das anheimelnd gestaltete Haus auch ein Ort der Besinnung, Entspannung oder auch nur ein Platz zum Pausemachen in der Hektik des Alltags sein. Dementsprechend ist das Angebot sehr vielseitig.

Entwicklung der OTE

Die „OFFENE TÜR ERLANGEN - OTE" ist seit ihrer Gründung 1971 tätig. Diese Modelleinrichtung der Diözese Bamberg wirkt in enger Zusammenarbeit mit dem Karmelitenorden und vielen qualifizierten Mitarbeitern im Dienst an den Menschen, die in schwerer Lebenslage einer psychosozialen Hilfe bedürfen. Dieses Angebot wird in unbürokratischer und unkomplizierter Weise kostenfrei geleistet. In den über zwei Jahrzehnten ihres Bestehens suchten annähernd 90.000 Menschen in der OTE Hilfestellung für ihr Leben, die von zwölf hauptverantwortlichen Beratern und weiteren 98 ehrenamtlichen Mitarbeitern geleistet wurde.
Im ersten Informationsblatt wurde dieses therapeutische Angebot so zusammengefaßt:
„Wir sind für Sie da! Wir wollen Ihnen zuhören! Wir wollen Ihnen Orientierung bieten und die Möglichkeit zum Gespräch! - Sie haben die Möglichkeit zur telefonischen Auskunft, zur Information und Diskussion über Glaubensfragen, zu persönlicher Aussprache, Gewissensberatung und Beichte. In diesen Fragen und Problemen möchten wir Ihnen helfen." (Informationsblatt 1972)

In einem einzigen Raum und mit einem einzigen Beratungsseelsorger nahm die OTE im Herbst 1971 ihre Arbeit auf. Nach zunächst vorsichtig tastenden Versuchen und unsicheren Jahren entwickelte sie sich zügig zu einem Zentrum der psychosozialen Lebenshilfe und der Beratungsseelsorge. Heute sind sieben Arbeitsbereiche im Haus „OFFENE TÜR ERLANGEN“ am Katholischen Kirchenplatz 2 in Erlangen untergebracht, das 1984 eigens für die Zwecke dieser Einrichtung umgestaltet wurde.

Der Empfangsbereich bietet die Möglichkeit, sich einmal ungehindert umzusehen, mit einem Gesprächspartner Kontakt aufzunehmen, die Atmosphäre der Beratungseinrichtung kennenzulernen und ein Gespräch anzuknüpfen.

Das Buch-Eck ist unmittelbar zu erreichen. Wer sich seiner Lebensschwierigkeiten bewußt ist, dem können entsprechende Bücher weiterhelfen, die im Buch-Eck angeboten werden, oder er kann einen ersten, unverbindlichen Kontakt zur Beratungsseelsorge schon hier herstellen.

Der Raum der Stille bietet die Möglichkeit zu Meditation, Gebet und Andacht, und er hilft, zu seelischer und körperlicher Ruhe zu kommen.

Das Foyer mit dem Empfangstresen ist ein offener Treffpunkt. In angenehmer und warmherziger Atmosphäre findet der Gast eine freundliche Ansprechpartnerin. Wenn der Besucher es wünscht, kann er auch einen Gesprächstermin für weiterführende Beratung bereits ausmachen.

Die Beratungsseelsorge ist die Mitte des gesamten Beratungszentrums. Sie wurde 1971 als erster Tätigkeitsbereich gegründet, und aus ihr erwuchsen alle anderen Arbeitsbereiche. Wer in seinem Leben in eine schwierige Phase gerät, sucht sich gern einen unparteiischen, verschwiegenen Gesprächspartner, mit dem er unbefangen seine Situation überdenken und zu notwendigen Entscheidungsprozessen gelangen kann. Dabei geht es den Beratern darum, gemeinsam mit dem Gesprächspartner nach Möglichkeiten zu suchen, das Leben zu meistern. Der Trost des einfühlsamen Zuhörens, die Hochschätzung der heilsamen Kräfte des Menschen, die Echtheit der eigenen Empfindungen und Wahrnehmungen und die Ermutigung zum Handeln sind das Instrumentarium der psychosozialen Beratungsseelsorge. Seelsorge meint in diesem Zusammenhang die gemeinsame Suche

nach Orientierung und Sinn in den Fragen des Lebens und des Glaubens. Wichtig ist der Mensch, der jetzt gerade einen verschwiegenen Menschen braucht.
Die Telefonseelsorge Erlangen 11102 ist seit 1978 als eigener Arbeitsbereich der OTE Tag und Nacht gesprächsbereit. Die Telefonseelsorge ist anonym und doch persönlich. Der gute Draht zueinander ermutigt den Suchenden, Ratlosen, Verzweifelten und Hoffnungslosen, den nächsten Schritt aus der ausweglos erscheinenden Lebenssituation zu wagen. Die Telefonseelsorge arbeitet mit der Sondernummer 11102, die im Ortsbereich vom sonst üblichen Telefonlauftakt ausgenommen ist. Die Mitarbeiter leisten ihren Dienst ehrenamtlich, auf den sie sich in einer zweijährigen speziellen Ausbildung vorbereiten. Sie sind zum strengen Schweigen über alles, was sie in der Telefonseelsorge erfahren, verpflichtet.
Die Krisenhilfe Erlangen (KHE) wurde 1983 gegründet. Sie nahm mit erfahrenen Krisenberatern ihre ambulante Arbeit auf, um als „Notdienst in lebensbedrohender Krise“ im Hintergrund der Telefonseelsorge ebenfalls Tag und Nacht in Einsatzbereitschaft zu sein. Die Krisenberater stehen in akuten Krisen dem Betroffenen bei, daß er sich in seiner seelischen Verfassung wieder stabilisieren kann.
Die „Brücke von Mensch zu Mensch“ – Lebensberatung besteht seit 1985. Sie ist organisch aus der Krisenhilfe (KHE) herausgewachsen und wirkt als „Sozialpsychiatrischer Dienst“ in enger Zusammenarbeit mit den Kliniken zum Wohl der Menschen, die mit ihrem Leben nicht mehr zurechtkommen und es zu beenden trachten. Es geht dabei um die psychotherapeutische Nachsorge bei Menschen, die einen Suizidversuch hinter sich haben und eine weitere Begleitung für ihr Leben wünschen.
Die Gesprächs- und Beichtseelsorge ist ein ausschließlich kirchlich-religiöser Bereich der OTE. Schuld ruft nach Vergebung. Was in der Beratung nicht gelöst werden kann, tragen Hilfesuchende in der Beichte vor Gott hin, um einen entlastenden und vergebenden Neubeginn zu erfahren. In der Gesprächs- und Beichtseelsorge bieten die hierbei besonders engagierten Karmeliten geistliche Begleitung als Hilfe für eine spirituelle Lebensgestaltung an.
Die Erwachsenenbildung der OTE sucht seit ihrer Gründung 1984 zusammen mit den hilfesuchenden Menschen auf die Zeichen der Zeit zu antworten. Es geht dabei um das Einüben von Fähigkeiten, die den schwer belasteten und orientierungsunsicheren Menschen helfen, sich in ihrem Leben besser zurechtzufinden. Damit die eige-

nen heilsamen Kräfte angeregt und gestärkt werden, versucht die OTE in Kursen, Vorträgen und Gruppenbegleitung innerhalb ihrer Erwachsenenbildung neue Wege zu gehen.

Theologisch-spirituelle Motivation

Wenn sich der Karmelitenorden für Menschenwürde, Gerechtigkeit und Frieden so engagiert, bezieht er seine Motivation aus seiner kontemplativen Haltung, die sich aus einer dialogischen Beziehungstheologie anregen läßt. Denn Gott lebt in Beziehung zu seinem Sohn, dem Wort Gottes. Aus dieser Beziehung erwächst der Heilige Geist, die Antwort. Dieser dynamische und beziehungsreiche Austausch ist die Lebenskraft, aus der jede menschliche Beziehung ihre dynamische Gestalt gewinnt. Mit dieser theologisch-spirituellen Motivation trifft sich die psychologisch-therapeutische Beziehung zwischen dem hilfesuchenden Menschen und den therapeutischen Beratern. Wort und Antwort als Beratungsgeschehen können so erfahren werden wie ein Geburtsvorgang zu neuem Leben.

Hinaustragen oder aufwecken?

Es wird erzählt, daß in einem Haus Feuer ausbrach, während ein Bewohner fest schlief. Man versuchte, ihn durch das Fenster hinauszutragen. Unmöglich. Man versuchte, ihn durch die Tür zu tragen. Unmöglich. Er war einfach zu groß und zu schwer. Man wußte sich keinen Rat mehr, bis jemand vorschlug: „Weckt ihn doch, dann wird er allein hinausgehen."
Diese Erzählung ist wie ein Gleichnis für das Wirken der OTE. Hier brechen auch Brandherde des Lebens aus. Den hilfesuchenden Gesprächspartner zu befähigen, „aufgeweckt" sein Leben neu in die eigenen Hände zu nehmen, ist die vornehmste Aufgabe der OFFENEN TÜR ERLANGEN.

Adresse der OTE: Kath. Kirchenplatz 2, 91054 Erlangen Tel.: 09131/25046.

2.3.2 Bosnische Flüchtlinge in der Wiener Gemeinde „Maria vom Berge Karmel" Wien – Prophetische Aufbrüche in einer Karmelpfarrei

(Martin Eisenbraun OCarm)

In den Konstitutionen des Karmelitenordens heißt es unter Nr. 14: „Vom Propheten Elija lernen wir den brennenden Eifer für den lebendigen und wahren Gott und die Bereitschaft, von *dem* Zeugnis zu geben, der durch seine Gegenwart auch in einer säkularisierten Welt wirkt." Dieser prophetische Anspruch gilt nicht nur für jedes Mitglied des Ordens persönlich, sondern auch für die konkreten Aufgaben, für die Arbeit vor Ort. Dabei geht es nicht um spektakuläre Maßnahmen, sondern um das Erkennen der Zeichen der Zeit und die Reaktion darauf im Sinne eines hoffnungsvollen, alltäglichen Handelns. So beherbergt unsere Karmelpfarrei seit dem 22. Juni 1992 fünfzehn Kriegsflüchtlinge aus Bosnien. Wie dieses Projekt zustande kam und welche Prozesse (im Sinne einer prophetischen Umgestaltung von Menschen und von Gemeinde) es begleiteten, möchte ich hier kurz skizzieren.

Die Pfarrei „Maria vom Berg Karmel" ist ein Pfarrkonvent der Oberdeutschen Karmelitenprovinz. Sie gehört zum 10. Wiener Gemeindebezirk Favoriten. Es leben ungefähr 7000 Katholiken im Pfarrgebiet, ca. 350 besuchen regelmäßig den Sonntagsgottesdienst. Es gibt in unserem Pfarrgebiet einige Straßenzüge, die vorwiegend von Ausländern bewohnt werden; ansonsten aber weist es eine durchschnittliche soziale Mischung auf.

Mitte Juni 1992 begannen die bürgerkriegsähnlichen Konflikte in Jugoslawien zu eskalieren. Schreckensmeldungen über das Schicksal Vertriebener gingen durch die Medien, und ein Flüchtlingsstrom wälzte sich nach Österreich. Die Entscheidung unseres Konventes stand bald fest: Wir nehmen Flüchtlinge auf. Pfarrgemeinderäte und andere ehrenamtliche Mitarbeiter der Pfarrei dachten das gleiche, so beschlossen Pfarrgemeinderat und Konvent die Bereitstellung zweier Räume für ca. fünfzehn bosnische Flüchtlinge. Am Ende der Fronleichnamsprozession am 18. Juni 1992 teilten wir unsere Entscheidung der Pfarrgemeinde mit und fanden große Zustimmung.

Neun Mitglieder des Betreuerteams und weitere vier Dolmetscher sagten zu, als Kernteam für die Flüchtlinge zu sorgen, und mehr als fünfzehn weitere Personen erklärten sich bereit, im Gelegenheitsfall mitzuhelfen. Am Montag, dem 22. Juni, war es dann soweit: Sieben

Kinder und acht Erwachsene aus dem bosnischen Zvornic kamen in unserer Pfarrei an. Die Flüchtlinge waren völlig erschöpft; sie hatten die vorherige Nacht im Zug von Zvornic nach Wien verbracht und wurden am Morgen nach ärztlicher Kontrolle mit dem Bus zu uns gebracht. Sie hatten nicht viel mehr als die Kleider, die sie auf dem Leib trugen.
Sead, den Vater von zwei kleinen Kindern, mußten wir zwei Stunden nach der Ankunft in ein Krankenhaus bringen. Er hatte, wie wir erfuhren, Kehlkopfkrebs im Endstadium. Nur einer von den fünfzehn, Alia, sprach gebrochen Deutsch. Trotzdem redeten alle Erwachsenen unter den Bosniern sofort auf uns Betreuer ein, sie schrien das Grauen, das sie noch bis vor wenigen Stunden erlebt hatten, heraus. Unsere Dolmetscher weigerten sich, die Grausamkeiten zu übersetzen, von denen die Bosnier sprachen. Sie berichteten alle von ermordeten oder durch Bomben getöteten Familienangehörigen und Nachbarn und daß man die Überlebenden ausgeraubt und dann aus ihren Wohnungen vertrieben hatte. Wir saßen schweigend und betroffen bei den Flüchtlingen, und oft konnten wir nur mit ihnen weinen.
Nach den Erzählungen des Todes galt es nun, das Leben zu organisieren. Betreuer gingen schon nach wenigen Tagen mit den Frauen einkaufen, und die Männer begleiteten wir zu unzähligen Behördengängen. Es dauerte Tage, bis die Kinder sich aus den Räumen trauten, denn oft zuckten sie schon beim Knall einer zugeworfenen Autotür zusammen. Die wohl wichtigste Aufgabe der Betreuer in den ersten Wochen war, anwesend zu sein, ehrliche Anteilnahme zu zeigen, zuzuhören und sich Zeit zu nehmen.
Unsere bosnischen Gäste mußten sich auf eine ganz andere Lebenswelt in Wien einstellen. Bald aber waren sie in der Lage, alleine einkaufen zu gehen und sich in der Stadt zu bewegen. Schon Mitte Juli organisierte eine Betreuerin einen Deutschkurs, der drei Stunden in der Woche umfaßt und zu dem sie bislang über 70 Arbeitsblätter erstellt hat. Als Frucht dieses Bemühens können wir uns inzwischen ganz gut verständigen. Vor allem die Kleinen, die fast den ganzen Tag im Büro unserer Pfarrkanzlistin verbringen, haben wie von selbst Deutsch gelernt. Im September wurden für die schulpflichtigen Kinder dann bosnische Klassen eingerichtet.
Am 26. Juli erlag Sead seinem Krebsleiden. Er hinterläßt eine Frau und zwei Kinder im Alter von drei und sechs Jahren. Unsere Pfarrgemeinde nahm am islamischen Begräbnis teil.

Während der langen Wochen der Sommerferien organisierte unser Helferkreis immer wieder Ausflüge und Besichtigungen. Von August bis Ende September waren unsere Bosnier damit beschäftigt, einen Kellerraum der Pfarrei von Grund auf zu sanieren und zu einem Jugendraum herzurichten. Diese „Beschäftigungsmaßnahmen" waren für das Wohlbefinden unserer Gäste sehr wichtig. Sie halfen ihnen, die Wunden der Vergangenheit heilen zu lassen, sie vermittelten ihnen Erfolgserlebnisse und soziale Akzeptanz, und sie dienten dazu, Spannungen abzubauen, die beim engen Zusammenleben von drei Familien (auf ca. 100 m^2) nicht ausbleiben. In diesem Zusammenhang muß auch gesagt werden, daß die Arbeitsämter ein legales Beschäftigen der Flüchtlinge fast unmöglich machen und ihnen so die Möglichkeit eines eigenen Einkommens vorenthalten. Nur dank der Initiative des Direktors der Bundesbahnwerkstätten, der zu unserer Pfarrgemeinde gehört, konnten die beiden Familienoberhäupter am 2. November in der Gießerei der Bundesbahnen eine sehr harte Arbeit beginnen.
Die erste Veränderung in der Gemeinde war die spontane Bereitschaft ansonsten passiver Gottesdienstbesucher, für die Bosnier tätig zu werden. Neue Talente und Fähigkeiten wurden entdeckt und eingebracht. Aber nicht nur persönlich, auch strukturell gab es Auswirkungen. Seit Jahren war es vielen in unserer Pfarrei ein Anliegen, daß sich wenigstens die Leiter der verschiedenen Pfarrgruppen regelmäßig treffen sollten. Seit die Bosnier bei uns im Haus sind, finden diese Treffen fast wöchentlich statt, da durch das Bosnienprojekt eine umfassende Verknüpfung dieser Gruppen zustande kam. Das Betreuerteam umfaßt nämlich den Pfarrgemeinderatsvorsitzenden, der auch Leiter des Volkstanzkreises ist, mehrere Pfarrgemeinderäte, den Leiter der Legio Mariä, die Leiterin des Caritaskreises, die Leiterin des „Beziehungskreises", den stellvertretenden Leiter der Männerrunde, Mitglieder des Mütterseminars und der Frauenrunde. Gruppenleiter der Kinder und Jugend zählen dann zum erweiterten Betreuerkreis unserer bosnischen Freunde. Oft finden am großen Tisch der Bosnier spontane Gespräche der Pfarrgruppenvertreter statt. Das Verhältnis der einzelnen Gruppen zueinander hat sich sehr verbessert, wohl auch weil Information, Koordination und Meinungsbildung besser gelingen. Die Räume unserer Bosnier sind zu Begegnungszentren für die Pfarrei geworden.
Unsere Gemeinde hat durch dieses Projekt der Flüchtlingshilfe Schritte zu einer gleichberechtigten, empathischen und verantwortungs-

bewußten Gemeinde unter dem Evangelium Christi getan. Das Bosnienprojekt ist zu einem integrierenden Bestandteil unseres Pfarrlebens geworden, das Gruppen und einzelne miteinander in Beziehung gebracht hat. Als ein sehr positives Zeichen empfinde ich, daß die Bosnier mittlerweile bei vielen Veranstaltungen der Pfarrei quasi zum Gesamtbild gehören und auch tatsächlich gern gesehen sind. Oft haben Pfarrmitglieder einen Teil oder die ganze bosnische Gemeinschaft zum Essen, zu einem Ausflug oder in ihre Wohnung eingeladen. Ich glaube, kaum etwas anderes kann ihnen besser zeigen, daß sie angenommen und nicht nur arme Bittsteller sind. Die zwei bosnischen jungen Erwachsenen sind bei allen Festen der Pfarrjugend eingeladen und gelten wie ihresgleichen. Um vielleicht an dieser Stelle noch eine Zahlenangabe zu bieten: Bei einem durchschnittlichen Gottesdienstbesuch von 350 Personen sind es bislang mehr als 50, die um einen persönlichen Kontakt mit den Bosniern bemüht sind. Viele Einzelspenden von nicht wohlhabenden Familien zeigen, daß es durchaus Menschen in unserer Pfarrei gibt, die sich in ihren persönlichen Ansprüchen bescheiden, um helfen zu können. Jazzpartout, die Hausband unserer Pfarre, veranstaltete im September ein Benefizkonzert zugunsten der Bosnier, und auch unsere Jugend beschloß, den Erlös ihres großen „Showtime-Abends" im November mit Tanz, Musik und Kabarett demselben Zweck zuzuwenden. Noch nie wurde für ein einzelnes Projekt so viel an Geld und Sachen gespendet. So finden wir über die persönlichen Kontakte hinaus auch im finanziellen Beitrag unserer Pfarrmitglieder eine Bestätigung dafür, daß das Engagement für unsere bosnischen Freunde eine breite Zustimmung gefunden und konkret unsere Gemeinde verändert hat, von einer weitgehenden Selbstgenügsamkeit hin zu einer neuen Sensibilität für andere und hin zu neuen Horizonten. Eine Zielvorstellung wäre vielleicht, daß unsere Gemeinde dank dieser neuen Sensibilität Situationen erkennen wird, die sie neue Optionen ergreifen läßt, und daß nicht wir als Betreuerkreis, nachdem die Bosnier gegebenenfalls glücklich versorgt sind, krampfhaft nach einem neuen Projekt suchen müssen, mit dem wir unsere Gemeinde „beglücken" wollen. Optionen sollten besser von unten getragen als von oben gemacht werden.

In der Pfarrgemeinde Maria vom Berg Karmel fanden und finden verändernde prophetische Prozesse statt: Manche sind aufgebrochen und haben sich verändert, andere sehen diese Veränderungen eher als Beobachter, wieder andere nehmen diese Veränderungen überhaupt

nicht wahr. Wie das Projekt „Bosnien“ ausgeht, wissen wir nicht; ob es spürbare Veränderungen der Gesamtgemeinde bewirkt, ist trotz allem unklar. Doch wir sind auf dem Weg, und das läßt hoffen.
Diese Beschreibung gemeindlichen Handelns und seiner Prozesse will und kann deshalb auch kein Modell für Gemeindepastoral sein, etwa nach dem Motto: „Man suche sich einige Flüchtlinge, und alles wird anders.“ Anders geworden ist einiges in unserer Pfarrei, weil sich Menschen auf Neues und Herausforderndes einließen, weil sie reflektiert und auch gehandelt haben, weil sie Entwicklungen, Kritik und Veränderung zuließen. In unserer Gemeinde ist das Bewußtsein einer christlichen Alternative zur Gesellschaft gewachsen, wird in Ansätzen gelebt und in diesen Ansätzen offensiv und prophetisch der Gesellschaft gegenüber vertreten.

IV. Die Karmelitinnen

1. Der kontemplativ-apostolische Lebensstil der Karmelitinnen

Veronika Elisabeth Schmitt OCD

Bereits für das Ende des 13. Jahrhunderts ist die Angliederung von Frauen an den Karmelitenorden bezeugt. Die erste Lebensweihe, von der wir wissen, ist die von Sr. Benvenuta Ranieni im Jahr 1304 in Bologna. Im Lauf des 14. Jahrhunderts erfolgten solche Profeßablegungen dann sehr häufig. Gelegentlich schlossen sich diese Frauen auch in Gruppen zusammen; in der Regel lebten sie aber weiterhin in ihren Privathäusern. Erst im 15. Jahrhundert strebte der Orden an, Schwesterngemeinschaften zu errichten, die das ganze Karmelleben verwirklichen sollten. Im seligen Johannes Soreth fand sich ein Generalprior, der sich ganz für die Realisierung dieses Vorhabens einsetzte. In seinem Anliegen der Erneuerung des Ordens sollten die Schwestern eine wichtige Rolle spielen. Mit der Bulle des Papstes Nikolaus V. „Cum nulla“ von 1452, die die Vollmacht erteilte, mit apostolischer Autorität Frauen in den Karmel aufzunehmen, haben die Karmelitinnen schließlich ihren offiziellen Anfang genommen. In den folgenden Jahrzehnten entstanden zahlreiche Karmelitinnenklöster in Italien, den Niederlanden, in Frankreich und Spanien. Auftrag des weiblichen Ordenszweiges war es von Anfang an, in besonderer Weise die kontemplative Dimension des Karmel zu leben. Teresa von Avila ging es dann im 15. Jahrhundert bei ihrer Ordensreform um eine Erneuerung des Lebensstils, der ihrem geistlichen Anliegen: Freundschaft mit Gott, Verweilen beim Freund und eine daraus resultierende Offenheit für den Nächsten zu leben, entsprechen sollte. Sie griff dabei auf die Ursprünge des Ordens zurück. So sollte das eremitische Grundelement in den neuen Klöstern mehr Raum erhalten: Sie führte täglich zwei Stunden Meditation ein, eine am Morgen und eine am Abend, und schuf durch die Klausur die Voraussetzung für eine stärkere Zurückgezogenheit. Auch das Schweigen erhielt eine neue Bedeutung; es sollte den ganzen Tag durchziehen und nur zu bestimmten Zeiten oder Anlässen unterbrochen werden. Die Karmelitinnen bilden aber auch nach Teresa keine rein eremitischen Gemeinschaften, sondern das Charakteristische für sie ist ja, daß sie den eremitisch-kontemplativen Aspekt mit dem zönobitisch-gemeinschaftlichen in einer Ausgewogenheit zu leben versuchen. Die

gemeinschaftsstiftenden Elemente wie gemeinsames Gebet, Eucharistiefeier, gemeinsame Mahlzeiten und tägliche Rekreation sowie wöchentliche Konventgespräche bilden den Gegenpol zur Einsamkeit. Damit ist nicht nur in psychologischer und soziologischer Hinsicht eine wichtige Synthese geschaffen, sondern auch spirituell ein notwendiger Ausgleich. Jede noch so hohe Kontemplation muß sich im konkreten Leben bewähren, und zwar am Mitmenschen. Die Liebe zur Mitschwester, mit der man tagtäglich zu tun hat, ist das Kriterium für die Echtheit der Liebe zu Gott. Dieser geistliche Grundsatz wurde von Teresa entschieden betont und prägt den Lebensstil der Karmelitinnen. Erst das Zusammenspiel der eremitischen und gemeinschaftlichen Elemente bringt jenen charakteristischen Klang hervor, der für den Karmel so typisch ist.
Ein weiteres Charakteristikum für die Lebensweise der Karmelitinnen ist die apostolische Ausrichtung, die Teresa dem kontemplativen Leben gibt. Sie übernimmt die eremitisch-kontemplative Tradition von den Einsiedlern-in-Gemeinschaft am Berg Karmel und stellt diesen Lebensvollzug, bei dem es um die zweckfreie Liebe zu Gott um seiner selbst willen geht, in den weiteren Rahmen der Gemeinschaft der Kirche. Konkret verstanden meint das, daß alle Anliegen und Nöte der Kirche, aber auch der Menschen allgemein, darin Platz haben. Die Kontemplation wird nicht als Selbstzweck verstanden, sondern hat dienenden Charakter. Das Ziel ist der Aufbau des Leibes Christi, wie er sich im weiten Raum der Kirche entfaltet. So hat Teresa schon zu ihrer Zeit die Bedeutung von Kirche im positiven Sinn für das geistliche Leben erkannt, weit bevor uns das II. Vatikanische Konzil diese Dimension so eindringlich ins Bewußtsein gerufen hat. Das Mitfühlen mit der Kirche und das Erspüren und Teilnehmen an ihren Leiden, aber auch an ihren geistlichen Aufbrüchen ist für das Leben der Kirche im kleinen, wie man die Klostergemeinschaft verstehen kann, ganz wesentlich. Dabei darf der Begriff der Kirche nicht zu eng gefaßt werden. Kirche im eigentlichen Sinn überschreitet das, was Amtskirche meint, bei weitem. Auch hier zeigt sich bei Teresa ein waches Gespür für eine gute Ausgewogenheit von Individuum und Gemeinschaft, von dem ganz persönlichen, je einmaligen Weg zu Gott und dem gemeinsamen Weg aller Glaubenden. Nur so gelingt es, bei der Verwirklichung eines geistlich geprägten Lebensstils wie dem der Karmelitinnen Einseitigkeiten zu vermeiden.
Als Spezifikum der Karmelitinnen kann das innere Gebet verstanden werden. Es soll neben den zwei dafür vorgesehenen Stunden den

ganzen Tag durchziehen und prägen. Teresa meint mit dem inneren Gebet die personale, ganz bewußte Beziehung des einzelnen zu Gott, eine Beziehung, die durch eine große Ungleichheit gekennzeichnet ist: die Begrenztheit und Nichtigkeit des Menschen und die unendliche Größe Gottes, der dem Menschen gerade in seiner Schwachheit und Geringheit Freund sein will. Das Erkennen dieser Grundwahrheit nennt Teresa Demut, die, richtig verstanden, für sie die Grundlage des ganzen geistlichen Lebens ist. Der Mensch wird sich im inneren Gebet seiner selbst und Gottes bewußt und lebt diese Beziehung, die ein dynamischer Lebensprozeß mit Wachstums- und Reifungsphasen ist.

Das bewußte Stehen vor Gott führt den Menschen im Schweigen und in der Stille in ein immer tieferes Gewahrwerden der Gegenwart Gottes im eigenen Herzen. Dort, im Innersten der Seele, ist Gott nicht nur gegenwärtig, sondern er ist diese innerste Mitte selbst.

Die primäre Grundübung des Gebetes ist für Teresa das Sich-Vergegenwärtigen der Person Jesu von Nazareth. In ihm ist der transzendente Gott für uns menschlich ganz nahe gekommen, so daß wir uns ihm nahen dürfen und können. Es ist kein Versinken in der Abgründigkeit Gottes, in einer immer unnahbaren Transzendenz, sondern die alle menschlichen Bereiche umfassende Liebe zu diesem Menschen Jesus, in dem uns der abgründige Gott begegnet. Teresa wird nicht müde, die Menschheit Jesu als etwas ganz Wesentliches in das Zentrum des geistlichen Lebens zu stellen. So weit der Mensch auch in der Kontemplation fortgeschritten sein mag, er darf den Menschen Jesus nie aus den Augen verlieren, will er nicht in die Irre gehen.

Auf dem Weg nach innen, in die Innenräume der Seele, die uns Teresa so wunderbar erschlossen hat, gibt es viele Widerstände und Hindernisse. Wir begegnen unserem eigenen Schatten und dem Bösen in und um uns. Es gilt, die Geister unterscheiden zu lernen. Dazu braucht der Mensch die Hilfe eines Erfahrenen, eines Menschen, der ein Stück des Weges bereits gegangen ist. Wichtig ist deshalb auf dem Weg des inneren Gebetes sowohl die Führung oder Begleitung, wie wir heute eher sagen, als auch die Gefährtenschaft. Ganz allein wird man den Weg kaum bewältigen, aber in der Gemeinschaft anderer, die einen solchen Weg ebenfalls gehen wollen, liegt eine große Hilfe. Unsere Klöster haben auch den Sinn, eine solche Gefährtenschaft zu ermöglichen.

Teresa war darum bemüht, die Weise des inneren Betens, des Spre-

chens und Verweilens mit einem Freund, auch anderen Menschen mitzuteilen. Die Menschen zu einem persönlichen Kontakt mit Gott zu führen war für sie etwas so Wesentliches, daß sie die Unterweisungen, die sie auf Bitten ihrer Beichtväter schrieb, nicht auf ihre Schwestern beschränkte, sondern an alle weitergab, die bei ihr Rat suchten oder heute noch in ihren Schriften suchen. Solches Teilen geistlicher Erfahrung mit anderen Menschen, die ebenfalls unterwegs oder auf der Suche sind, gehört auch heute zum Lebensstil der Karmelitinnen.
Die freundschaftliche Beziehung zu Gott sollte sich auch auf die Beziehung der Schwestern untereinander auswirken. Wie Freundinnen sollen sie miteinander umgehen, ohne die eine oder andere vorzuziehen. Dieser familiäre Stil prägt die Gemeinschaften, die zu Teresas Zeit aus nicht mehr als dreizehn Schwestern bestehen sollten und die heute auf 21 Schwestern beschränkt sind.
Ein anderes Merkmal der Karmelitinnenklöster ist die Freude, die in ihnen spürbar sein soll. Teresa wollte keine „sauertöpfischen Heiligen", sondern Menschen, die aus dem freundschaftlichen Umgang mit Gott eine tiefe Freude ausstrahlen, die auch nicht durch die kleinlichen Sorgen des Alltags verdrängt werden kann. So hat in den Klöstern auch die ganz konkrete Freude ihren Platz, das herzliche Lachen und eine gewisse Heiterkeit.
Das Leben im Karmel ist auch geprägt von einer spezifischen Kreuzesmystik. Das Ordensleben wurde von jeher als eine verdichtete Form der Nachfolge Jesu verstanden, und so spielte das Kreuz schon immer eine zentrale Rolle.
Teresa erwähnt in ihren Anweisungen zum Gebet, daß die Schwestern das Kreuz umfangen sollen und nicht vor dem Leid zurückschrecken dürfen. Gotteinigung in und durch Jesus Christus ist nur möglich durch Tod und Auferstehung hindurch. Johannes vom Kreuz bringt diese Wahrheit in seinen Schriften besonders zum Ausdruck. Das Durchschreiten der Nächte, der innere, mystische Tod sind wichtige Etappen des inneren Weges.
Bei den Ordensnamen, die einen Zusatz haben, der einen Glaubensinhalt zum Ausdruck bringt, wird die Bedeutung dieser Dimension sehr augenfällig: „vom Kreuz", „vom Gekreuzigten", „von der gekreuzigten Liebe" sind häufige und beliebte Zunamen.
Es ist auch bezeichnend, daß Teresa sich jahrelang die Ölbergszene vergegenwärtigte, bevor sie einschlief, und daß sie ihre eigentliche Bekehrung vor einem Bild des leidenden Herrn erfuhr. Auch ihre mystische Vereinigung mit dem Herrn verstand sie unter dem Zei-

chen des Kreuzes. Es wurde ihr vom Herrn kein Ring, sondern ein Nagel gereicht.
Kreuzesnachfolge wurde im Orden lange Zeit als Bußetun und Opferbringen verstanden, und je häufiger und härter dies geschah, um so mehr Wert hatte es. In diesem Punkt liegt vielleicht die größte Veränderung in unserer Zeit. Heute verstehen wir zunehmend, daß es nur einen gibt, der Versöhnung mit Gott bewirken konnte: Jesus Christus, und daß wir an seinem sühnenden Leiden und Sterben immer nur Anteil haben können durch die Gemeinschaft mit ihm. Wir selber können aus uns selbst heraus nicht sühnen oder Gott eine Leistung entgegenbringen. Mit leeren Händen verstand sich Therese von Lisieux vor Gott und durchbrach damit das Glaubensverständnis ihrer Zeit, das sich so hartnäckig über Jahrhunderte hinweg gehalten hatte. Ebenso hat sich heute das Verständnis vom Kreuz gewandelt. Nicht die selbst gesuchten und zurechtgemachten Kreuze sind es, die uns aufgegeben werden, sondern die, die mit unserem Leben verbunden sind und denen wir oftmals so gerne ausweichen möchten: Gegebenheiten unseres physischen und psychischen Grundbefindens, Wunden unserer Lebensgeschichte, zwischenmenschliche Probleme, Alter, Krankheit und Tod. Diese Kreuze übersehen wir nur allzugern und wenden uns lieber den selbst gewählten zu.
Beim Verständnis von Askese ist ebenfalls ein großer Wandel eingetreten. Askese wird wieder mehr im ganz ursprünglichen Sinn von Übung verstanden, einer Übung, die eine innere Haltung bewirken soll. Dabei wird der Leib nicht mehr aus dem Blickwinkel einer ungesunden Leibfeindlichkeit heraus als etwas gesehen, das im Weg steht und „vernichtet" werden muß, sondern er steht im Dienst des Geistes. Auch die leibliche Dimension des Lebens soll ganz integriert werden und dazu beitragen, unser Leben als ganzes geistlicher werden zu lassen. Der Leib soll nicht „vernichtet", sondern transparent, durchlässig werden. Deshalb geht es nicht mehr um „Abtötung", in welcher Form auch immer, sondern um das Loslassen; beides sind schmerzliche Prozesse, ersterer jedoch wirkt sich destruktiv aus, während das Loslassen im positiven Sinn läuternd wirkt.
Wir können uns unsere vermeintliche Vollkommenheit und Heiligkeit nicht selbst zurechtzimmern. Gott muß an uns handeln; wir können ihm nur Raum dazu geben. Wir müssen unser kleines Ich erkennen und loslassen lernen, bereit werden, reif zu werden, auch durch schmerzliche Prozesse hindurch, in denen uns Gott uns selbst entwindet, bis wir ganz durchlässig werden für seine Gegenwart in

uns und für jene Einheit mit ihm, die allein die Freiheit des Geistes zu schenken vermag.
Abschließend sei noch ein wichtiges Element der Karmelitinnenklöster erwähnt. Sie sind, bis auf die Gesetzgebung der Konstitutionen, autonom und demokratisch strukturiert. Teresa selbst hat gewünscht, daß ihre Schwestern die Priorin und die Ratsschwestern selbst wählen, jeweils für drei Jahre. Die Gemeinschaften sollen somit nicht nur im spirituellen Bereich vom Geist der Freiheit und der Eigenverantwortlichkeit geprägt sein, daß also jede Schwester eigenständig ihre persönliche Gottesbeziehung im inneren Gebet finden und leben muß, sondern auch im konkret zwischenmenschlichen Bereich innerhalb der Gemeinschaft. Teresa hat mit diesem Anliegen wichtige Bedingungen geschaffen für das, was wir heute mit Mündigkeit bezeichnen. Häufig schlich sich früher in die Klöster ein unreifes Festhalten des Mutter-Kind-Schemas ein, das oft zu infantilen Verhaltensweisen führte und ein Mündigwerden, wie es ein reifes menschliches und geistliches Leben erfordert, verhinderte. Auf Zukunft hin wird die grundlegend demokratische Struktur der Karmelitinnenklöster sich ausweiten müssen auf Gemeinschaften und Länder übergreifende Zusammenschlüsse, Föderationen genannt, um den Anforderungen unserer Zeit entsprechen zu können.
Einige typische Merkmale der Lebensweise der Karmelitinnen sind hier angesprochen worden. Das Ganze ist aber auch hier mehr als die Summe der Einzelteile. Jede abstrakte Darstellung bleibt hinter einem unmittelbaren Erleben zurück. Das einzuholen muß der Leserin, dem Leser selbst überlassen bleiben.

2. Zwei Karmelitinnenklöster stellen sich vor

2.1. Karmel „Regina Pacis", Rödelmaier

Bis zur „Wende" 1989 im Grenzgebiet der ehemaligen DDR gelegen, liegt Rödelmaier jetzt fast im Herzen Deutschlands, 5 km östlich von Bad Neustadt/Saale. Die Ausläufer der Rhön bestimmen das Klima dieser etwas rauhen Gegend.
Die Siedlung „rotlimar", was soviel bedeutet wie „Ort an der Rodungsquelle", gehörte zu jenen Liegenschaften, welche Otto III. im Jahr 1000 dem Bischof Heinrich von Würzburg zum Geschenk machte. Im Laufe der Geschichte wechselte der Ort mehrmals seine adligen

Herren, vom thüringischen Grafengeschlecht derer von Henneberg und Käfernburg im 12./13. Jahrhundert über die Ritter von Brende im 15. Jahrhundert, bis es zu Beginn des 16. Jahrhunderts die Ritterfamilie Voite von der Salzburg erwarb, in deren Besitz es volle 300 Jahre verblieb. 1562 bauten sie sich hier das sog. „alte Schloß", heute Rathaus von Rödelmaier. Als sich einer der ritterlichen Nachfahren mit dem Bau eines neuen Rokokoschlößchens in Rödelmaier seine Wünsche nach - für damalige Begriffe - modernem Wohngefühl erfüllte, legte er damit den Grundstein für unseren Karmel, wenngleich unsere Gründungsschwestern erst knappe 200 Jahre später dort einziehen konnten. Schon 1795 mußte das Gut wegen Verschuldung verkauft werden, danach wechselte es mehrmals seine Besitzer. Der letzte scheiterte finanziell am Bau einer massiven Mauer - heute unsere Klausurmauer.
Das war zu Beginn dieses Jahrhunderts. Damals suchte Schwester Gabriela vom heiligsten Sakrament, geb. Hedwig von Liszt, eine Cousine des bekannten Komponisten, eine Möglichkeit zur Niederlassung. Sie war 1890 in den Karmel von Wien-Baumgarten eingetreten. 1905 wurde sie nach Kärnten in den Karmel Himmelau als Subpriorin und Novizenmeisterin berufen. Wegen der ungünstigen Verhältnisse verließ sie diesen Karmel jedoch bald wieder und versuchte eine Neugründung an verschiedenen Orten, bis sie nach Neubistritz in Böhmen kam, wo sie mit ihrer inzwischen auf acht Schwestern angewachsenen Gemeinschaft vierzehn Jahre lebte. Dann wurden die Schwierigkeiten dort zu groß, und so bewarb sie sich um den Kauf des leerstehenden Rittergutes in Rödelmaier.
Die Anfänge der Schwestern im Jahr 1926 waren denkbar arm. Das große Haus stand leer, und sie selbst brachten kaum Möbel mit. So waren sie auf die Großherzigkeit und Hilfsbereitschaft der Dorfbewohner angewiesen. Die wurde ihnen zumeist gern gewährt, und das nicht nur materiell!
Bereits 1927 trat das erste Mädchen aus Rödelmaier in den neu errichteten Karmel ein. Sr. Immakulata erzählt selbst: „Als die ersten Schwestern gekommen sind, da ist mir was durchs Herz gegangen. Es hat mir so imponiert, daß sie bei all ihrer Armut so glücklich und zufrieden ausgeschaut haben. Das hat mich so angezogen."
Bis zum Ausbruch des 2. Weltkrieges traten noch zehn weitere Schwestern ein. Die Gemeinschaft verdiente ihren Lebensunterhalt durch den Verkauf von Blumen, Obst und Gemüse aus dem Garten. Das ehemalige Rittergut hatten sie in mühevoller Arbeit zu einem Kloster

umgestaltet. So hinterließ Mutter Gabriela bei ihrem Tod 1941 einen blühenden Karmel. Die große Einfachheit in der Errichtung des Hauses blieb jedoch; sie war es aber auch, die unsere Gemeinschaft während des Krieges vor Vertreibung und Beschlagnahmung des Klosters bewahrte.
In den sechziger Jahren hielten die Schwestern nach einer geeigneteren Tätigkeit Ausschau. Einerseits war unsere Konkurrenzfähigkeit in der Gärtnerei sehr gering, zum andern überstieg der Arbeitsaufwand die Möglichkeiten einer kontemplativen Lebensform. 1967 wurde uns die Hostienbäckerei samt Kundenstamm der Fuldaer Vinzentinerinnen angeboten. Seither ist dies unsere Haupteinnahmequelle. Gartenerzeugnisse werden nur noch für den eigenen Bedarf angebaut.
Wenn es darum gehen soll, dieses konkrete Karmelitinnenkloster von Rödelmaier vorzustellen, kann es nur gleichsam eine Momentaufnahme sein, aufgenommen 1993, fast siebzig Jahre nach der Gründung. Wir sind zur Zeit 21 Schwestern, davon leben zwei an der Pforte, drei sind im Noviziat, eine davon mit zeitlichen Gelübden, die anderen sechzehn Schwestern haben die ewige Profeß abgelegt. Unsere Altersstruktur ist etwas ungewöhnlich: Elf Schwestern sind über siebzig Jahre alt, drei zwischen fünfzig und sechzig, sieben zwischen 25 und 45. Dem entspricht das Gemeinschaftsleben. Die Spannweite und das Miteinander der Generationen ist vielleicht das ausgeprägteste Merkmal unserer Gemeinschaft, unsere Chance und unsere Herausforderung. Gilt es doch, nach der Zielvorstellung Teresas „als Freundinnen" in dieser konkreten Gemeinschaft zu leben. Das Gleichgewicht zwischen gemeinsamer Übereinkunft und Individualität versuchen wir je neu zu finden. Dabei erweist sich der durch Regel und Tagesordnung gegebene Rahmen als notwendig und hilfreich. Er schützt vor allem die Zeiten des Gebetes, des Schweigens und der Einsamkeit. Das eremitische Element kommt besonders in den beiden Meditationsstunden zum Tragen, die wir morgens und abends halten, außerdem im sog. großen Stillschweigen, das zwischen der letzten Gebetszeit am Abend und der ersten am Morgen liegt. Schweigend wollen wir auch unsere größtenteils sehr einfachen Arbeiten in Haus, Garten und Hostienbäckerei verrichten, um gemäß unserer Regel Tag und Nacht mit dem Herrn verbunden zu leben. Unser schöner und relativ großer Garten lädt zudem nicht nur zur Arbeit ein, vielmehr wirken sich Erholung und Freude in der Natur bereichernd aus auf ein Leben des Schweigens und des Gebetes, wie Johannes vom Kreuz sagt: „Die Schöpfung ist gleichsam ein Abdruck der Fußspur Gottes."

Der gemeinschaftliche Charakter unseres Lebensstils konkretisiert sich täglich im Chorgebet, in den gemeinsamen Erholungsstunden, je eine mittags und eine abends, sowie durch die Arbeit und schwesterliche Mitsorge füreinander, die sich in vielfachen menschlichen Diensten ausdrückt.
Dabei wäre die Darstellung unvollständig, würde nicht erwähnt, daß unsere Gemeinschaft sehr sangesfreudig ist und die Musik ja eine doppelte Wirkung hat: Sie erhebt die Seele und kann dadurch zu einem persönlichen Ausdruck der Hingabe an Gott werden, hat aber auch eine nicht zu unterschätzende gemeinschaftsbildende Wirkung.
Die Einbindung in die Gemeinde vor Ort ist im Laufe der Jahre gewachsen und inzwischen selbstverständlich geworden. Es gibt viele Menschen, die mit uns beten, die mit uns ihre Freuden und Sorgen teilen, die auch mit uns ganz lebensnah die Gaben der Erde teilen. Immer wieder kommen Gruppen, die einen Ausflug in die Rhön mit einem Besuch in unserem Kloster verbinden, um mit uns die Vesper zu singen und etwas aus unserem Leben zu erfahren.
Bei allem ist uns die Verbundenheit mit Gott im Gebet, die existentielle Freundschaft mit ihm sehr wichtig. Darin sehen wir unsere Hauptaufgabe und den Sinn unserer Berufung: im Miteinander- und Füreinanderstehen vor Gott.
Aufs Ganze gesehen ist der Karmel von Rödelmaier ein Kloster von großer Einfachheit, unauffällig eingebettet in die geographische wie auch kirchliche Landschaft. Dies schließt nicht aus, daß im Leben der Gemeinschaft wie auch der einzelnen das Leben mit Gott seine Spuren einprägt und hinterläßt, Kreise zieht, die unüberschaubar sind.

2.2. Karmel „Heilig Blut", Dachau

Das Besondere an diesem Karmel ist sein Ort, nicht wiederholbar und einmalig. Das Kloster wurde unmittelbar im Anschluß an das ehemalige KZ-Gelände errichtet. Dachau ist einer jener symbolischen Orte, für die wir heute erneut sehr sensibel werden.
So erkannte es die Gründerin des Karmel Dachau, Mutter Maria Theresia von der gekreuzigten Liebe (Dr. Berta Vorbach, † 1970), als besonderen Anruf der Zeit, an diesem Ort einstigen Terrors einen Karmel als Zeichen der Versöhnung und des gelebten Glaubens zu errichten. In einem Brief an den damaligen Kardinal Julius Döpfner von München schrieb sie: „Es ist unser großes Anliegen, diese Stätte

‚Dachau' durch die Übergabe an den Erlöser zu einer Stätte desOpfers und des Gebetes zu machen. Wir denken auch... an die vielen, die heute noch um ihrer Überzeugung willen gefangen sind..., sowie an alle, die immer wieder in neuen Formen Unheil anrichten"...(1962).
Ein kurzer Rückblick in die Geschichte läßt uns den tieferen Sinn verstehen, wenn ein Orden, der historisch gesehen in Israel und geistlich im Judentum verwurzelt ist, an einem solchen Ort ein Zeichen setzen will.
Am Ursprung des Karmel stehen als biblische Größen der Prophet Elija und Maria als Mutter und Schwester im Glauben. Die Erfahrung des lebendigen Gottes, das betende Hören auf das Wort des Herrn und der prophetische Auftrag haben von Anfang an bis zur Gegenwart die karmelitanische Spiritualität geprägt. Dieser Herausforderung der Geschichte wissen wir uns auch heute verpflichtet, gerade hier in Dachau. Die Menora der jüdischen Gedenkstätte, die weithin das Klostergelände überragt, und die Todesangst-Christi-Kapelle sind unübersehbare Zeichen an dieser Stätte.
Auch der Architekt dieses Karmel, Prof. Josef Wiedemann, München, hat sich Gedanken gemacht über Bau und Stil dieser Klosteranlage: „Das rechte Haus für den Karmel in Dachau suchten wir auf zwei Wegen: der eine führt über die Ordensregel, über all das, was in dem Haus getan werden muß und was darin möglich sein soll; der andere geht über die Geschichte des Ordens zum Ursprung, zur Quelle, um aus ihr eine gültige Gestalt zu schöpfen." Der ganze Bau ist ebenerdig und in der Verlängerung der Lagerstraße in Kreuzesform angelegt.
Der Dachauer Karmel ist ein Klosterbau zeitgemäßer Architektur, der die Elemente der jüngsten Vergangenheit (Barackenbau) und die Ursprünge (kleine Einzelzellen, die aneinandergereiht sind) miteinander verbindet.
Diese Stätte ist prägend für unser Leben hier. Wir werden anders und intensiver mit dem Leid der Vergangenheit konfrontiert, schon allein durch die Besucher, denen unsere Kirche offensteht und die uns in einem Anliegenkasten, in Briefen und vielen Gesprächen ihre Sorgen und Nöte mitteilen und sie unserem Gebet empfehlen. Für Menschen, die Stille, Besinnung und Orientierung suchen, besteht die Möglichkeit, einige Tage als Gast bei uns zu verbringen und an Stundengebet und Eucharistiefeier des Konventes teilzunehmen.
Trotz des Spezifikums unseres Hauses an diesem Ort führen wir ein ganz normales Karmelleben. Der Karmel entfaltet seine Eigengesetzlichkeit, gleichgültig, wo er sich befindet. Durch das Gebet, die Medi-

tation und alle anderen für uns charakteristischen Elemente des Gemeinschaftslebens gestalten wir unseren Lebensraum ganz bewußt, und so kann aus dieser leidvollen Stätte ein „fruchtbarer Garten" werden, wie es uns die Übersetzung des Wortes „Karmel" nahelegt.
Unser Karmel ist, wie alle anderen Klöster, in seinem Lebensunterhalt auf verschiedene Erwerbstätigkeiten angewiesen. Wir haben eine Töpferei, eine Kerzenwerkstatt und eine Ikonenmalerei. Einige Schwestern sind - neben der Hausarbeit, die von allen getan wird - mit schriftlichen Arbeiten beschäftigt, versorgen die Pforte, den kleinen Klosterladen und betreuen unsere Gäste.
Heute leben 21 Schwestern in dieser Gemeinschaft. Wir versuchen, unser Dasein aus der Erinnerung an das Vergangene, aber mit dem Blick auf die Gegenwart und Zukunft zu gestalten. Der Bogen der Zeit ist weit gespannt. Es gilt, den Kairos der jeweiligen Stunde zu erkennen und ihn fruchtbar werden zu lassen, wie es bereits das II. Vatikanische Konzil gefordert hat.
So wissen wir uns dem Erbe unserer großen Reformatorin Teresa von Avila verpflichtet, wenn wir heute versuchen, in ihrem Geist nach dem Evangelium zu leben durch das Apostolat des inneren Gebetes als Dienst für Kirche und Welt.

V. Die Karmelitanische Gemeinschaft

Im Laufe der geschichtlichen Entwicklung, meist aus einer konkreten Not der Zeit heraus, entstanden in der Kirche verschiedenartige Ordensgemeinschaften. Viele dieser neuen Institute schlossen sich einer alten Tradition an, so auch im Karmel. Einem Baum zu vergleichen, wuchsen aus der gleichen Wurzel, der Karmelregel des Albert von Jerusalem, unterschiedlichste Gemeinschaften von Frauen und Männern mit verschiedenen Aufgaben. Meist handelt es sich um selbständige Ordensinstitute, die aber teilhaben an der spirituellen Tradition des Karmel und ihm so geistig, geistlich verbunden sind. Sie sind der Versuch, in konkreten geschichtlichen Situationen aus dem Geist des Karmel heraus Antwort zu geben auf Fragen und Erfordernisse der Zeit. So entstanden etwa in den letzten hundert bis hundertfünfzig Jahren Gemeinschaften, die sich der Kranken- und Altenpflege, der Erziehung oder dem Dienst an verschiedenen sozialen Gruppen widmen. Sie leben gemeinsam in der Struktur von Konventen und legen die drei klassischen Gelübde der Ehelosigkeit, der Armut und des Gehorsams ab. Eigene Konstitutionen aktualisieren die Karmelregel für das jeweilige Institut und passen sie den spezifischen Gegebenheiten an.

Eine andere Form sind die Säkularinstitute, in denen sich Menschen zusammenschließen, die die evangelischen Räte leben und normalerweise nicht in Gemeinschaften organisiert sind, gleichwohl sie sich immer wieder zur geistlichen Erneuerung und zu Gebet und Austausch treffen, ansonsten aber in der Welt leben und ihrem Beruf nachgehen.

Schließlich gibt es den Zweig der Laiengemeinschaften des Karmel, der früher so genannten Dritten Orden. Das sind Menschen aus unterschiedlichsten Lebenszusammenhängen und Berufen, verheiratet oder ledig, die sich zur Spiritualität des Karmel hingezogen fühlen und daraus Anregungen für ihr Leben als Christen in der Welt gewinnen. Diese Strukturen sind im Moment in einer gewissen Umbruchphase, so daß es verschiedene Formen der Bindung gibt, von Versprechen und der Übernahme von Verpflichtungen bis hin zu einer ganz lockeren Form des Interesses am Karmel mit gelegentlichen Treffen und Veranstaltungen.

Es gibt weltweit sehr viele solcher Äste und Zweige am Baum des

Karmel, wir wollen uns hier auf die Darstellung derer beschränken, die auch im deutschsprachigen Raum vertreten sind.
Allen gemeinsam ist, wie gesagt, die Wurzel, und alle sind berufen, in ihren spezifischen Strukturen und Situationen aus dem Geist des Karmel heraus gute Früchte zu bringen, denn „an ihren Früchten werdet ihr sie erkennen" (Mt 7,20).
Michael Plattig OCarm

1. Karmelitanische Kongregationen

1.1. Die Kongregation der Marienschwestern vom Karmel SMC (Hedwigis Jenauth SMC)

Wir vergleichen uns mit einem jungen Reis, das aus dem tiefverwurzelten Baum des Karmelordens hervorkam.

Die Entstehungsgeschichte unserer Kongregation

Die Kongregation der Schwestern des III.Ordens Unserer Lieben Frau vom Berge Karmel - „Tertiarschwestern" - wurde 1861 in Linz an der Donau durch den Zusammenschluß in der Welt lebender Mitglieder des III. Ordens vom Karmel zu einer klösterlichen Gemeinschaft gegründet.
Maria Böck, geboren 1826, legte als erstes Mitglied dieser kleinen Gemeinschaft als Schwester Maria Theresia vom heiligen Josef am 26. Februar 1861 ihre Profeß ab.
Das erste Regelbüchlein, „annäherungsweise den Vorschriften des Karmelitenordens angepaßt", wurde 1866 durch den Karmelitenpater Seraphion Wenzel der Gemeinschaft übergeben.
Franz Josef Rudigier, Bischof von Linz, wies den Schwestern den Weg in die apostolische Tätigkeit.
1885 erhielt das Institut die staatliche und kirchliche Anerkennung.
Durch Dekret vom 3. April 1906 wurde das Institut dem Karmelitenorden eingegliedert.
1919 entstand die erste Niederlassung in Bayern (Regensburg).
1940 wurden die Niederlassungen in Bayern, mit dem Sitz in Regensburg, zur Provinz erhoben.

1960 erfolgte die Namensänderung. Die Mitglieder der Kongregation nennen sich seither: „Marienschwestern vom Karmel".

Die Spiritualität unserer Kongregation

Wir versuchen, das kontemplative Ideal des Karmel, „die Zusammengehörigkeit mit Christus bei Tag und Nacht", mit apostolischer Tätigkeit zu verbinden. Gemeinsames Stundengebet, Meditation, geistliche Lesung und das liebende Aufmerken auf Christus während des ganzen Tages tragen unseren Dienst an den Menschen.
Unsere Ordensfamilie hat sich Maria geweiht. Die Verehrung und Nachahmung Mariens prägt unsere Gemeinschaft. Marienschwester zu sein ist Lebensaufgabe.
Wir hüten und fördern das Erbe unserer hl. Mutter Teresa von Avila, wenn wir „mit Christus zu leben versuchen wie mit einem Freund" und unseren apostolischen Dienst in der Kirche wirksam werden lassen. Wir bewahren unser Gründungscharisma, wenn wir, gemäß dem Auftrag von Bischof Franz Rudigier, den Menschen besonders in Werken tätiger Liebe dienen. Unsere Aufgabengebiete sind vor allem: Kindergärten, Schulen, Jugendwohnheime, Kneipp- und Kurhäuser, Krankenhäuser, Seniorenheime, ambulante Krankenpflege und Paramentik.
Nach dem Vorbild der hl. Theresia von Lisieux versuchen wir „Jesus Freude zu machen" , indem wir alles aus Liebe zu ihm tun, wenn es uns auch manchmal schwerfällt. Wir wollen, wie sie, besorgt sein um die Ausbreitung des Reiches Gottes und deshalb ein offenes Ohr und Herz für die Mission behalten.
Eine Vorrangstellung nimmt die eucharistische Anbetung bei uns ein. Im Anbetungskloster Konnersreuth tragen wir die Anliegen der Kirche und der ganzen Welt täglich vor den eucharistischen Herrn. Im Mutterhaus und Provinzhaus ist das Allerheiligste jeden Donnerstag zur Anbetung ausgesetzt.
Wir fühlen uns in die Gebets- und Lebensgemeinschaft des Karmel eingebunden und freuen uns, die karmelitanische Spiritualität durch Kontemplation und Aktion in der Welt wirksam werden zu lassen. Unser ganzes Dasein für Christus und unseren Dienst an den Menschen drücken wir aus in unserem Ordenswahlspruch: „Alles aus Liebe zu Jesus und Maria".

1.2 *Die Schwestern Unserer Lieben Frau vom Berge Karmel in Luxemburg (Tertiarkarmelitinnen) (Myriam Ney)*

Als die Kongregation der Tertiarkarmelitinnen am 2. Februar 1875 in Luxemburg ihren Weg begann, gaben ihr die Stifter - Mutter Paula, geb. Anna Bové, Mutter Josepha, geb. Luzia Niederprüm, und Prof. Nicolas Wies - Grundsätze mit, die bis heute ihr Leben und Wirken bestimmen. Mutter Paula wählte für sie das Wort: „Einfache, einfache Kinder der lieben Mutter Gottes vom Berge Karmel wollen wir bleiben." „Die Werke Gottes müssen, wenn sie gedeihen sollen, im Schatten des Kreuzes aufwachsen." Mit diesem Leitgedanken ergänzte die Stifterin, Mutter Josepha, das „Weggeleit" von Mutter Paula. Prof. Nicolas Wies vervollständigte das Konzept mit dem Wort: „Arbeitet, legt Hand an, ergreift die Arbeit, so wie sie sich anbietet." Betrachtet man diese Grundsätze der Stifter, so läßt sich eine aus dem Evangelium und der Karmelspiritualität geschöpfte Orientierung feststellen (vgl. Ronig, F., Mitten in der Welt, S. 203).

Mutter Paula dachte bei ihrer Aussage sowohl an das Christuswort: „Ich preise dich, Vater, Herr des Himmels und der Erde, weil du all das den Weisen und Klugen verborgen, den Unmündigen aber offenbart hast" (Mt 11,25) als auch an das einfache Mädchen aus Nazareth, das im Karmel als „Mater Carmeli - Mutter des Karmel" verehrt wird. Mutter Paula durfte nur wenige Monate als Postulantin im Karmel leben, eine kurze Zeit, die aber genügen sollte, eine junge Frau so mit dem Geist des Karmel zu durchdringen, daß sie später Mut und Kraft hatte, damit einer Kongregation ihre spirituelle Ausrichtung zu geben.

Auch Mutter Josepha verankerte ihren Leitgedanken in der Frohbotschaft Jesu Christi und im Gedankengut des Karmel. Das Leben Jesu stand unter dem Zeichen des Kreuzes, und so konnte er auch von allen, die ihm nachfolgen wollten, verlangen: „Wer nicht sein Kreuz auf sich nimmt und mir nachfolgt, ist meiner nicht würdig" (Mt 10,38). Für Mutter Josepha war das Kreuz ein Symbol der Vereinigung mit Christus. Nur in Verbindung mit Christus kann der Mensch wahrhaft Großes vollbringen. Ähnlich wie Teresa von Avila im Rückblick auf ihre Gründungstätigkeit zu der Feststellung gelangte, daß sie nichts Großartiges geleistet hat, sondern daß es der Herr war, der alles so fügte.

Prof. Nicolas Wies betonte in seinem Leitsatz die Bedeutsamkeit der menschlichen Arbeit. Schon der Apostel Paulus fordert auf zu arbei-

ten, um keinem zur Last zu fallen (vgl. 1 Thess 2,9). Auch die Regel des hl. Albert behandelt in Kapitel 16 den Aspekt der Handarbeit.
So wie zur Gründerzeit sieht sich auch heute noch die Kongregation dem karmelitanischen Geist verpflichtet. Wie die Stifter ihre Aufmerksamkeit vornehmlich auf die tiefliegende Not der Menschen ihrer Zeit richteten (vgl. Ronig, F., Mitten in der Welt, S. 203), so werden auch heute noch die Apostolatsfelder der Not der Zeit entsprechend aufgebaut.
Die Gründung der Kongregation basiert auf dem „Verein für christliche Dienstmädchen". Mutter Paula setzte sich mit Sensibilität und Engagement für die Belange und Rechte der Frauen ein, vor allem der arbeitenden Frauen, damit diese nicht ausgenutzt, ausgebeutet und diskriminiert wurden, sondern als Mensch und Person Achtung und Würde erlangten. Auch hier lassen sich Parallelen mit Teresa von Avila feststellen. Mutter Paula war für ihre Zeit - ähnlich wie Teresa im Spanien des 16. Jahrhunderts - eine emanzipierte Frau, sofern man darunter sowohl eine „vollentfaltete und unverkürzte" als auch eine „selbstbewußte und demütige" Frau zugleich verstand.
Dieses „Werk für die Frau" von Mutter Paula findet seine Fortsetzung in dem Frauenhaus „Foyer Paula Bové" und in der Mutter-Kind-Wohngemeinschaft „Hôtel maternel". In beiden Werken sind Tertiarkarmelitinnen tätig, die Frauen gegen gesellschaftliche Ungerechtigkeit und Benachteiligung schützen.
Auch die anderen Apostolatsfelder haben eine karmelitanische Orientierung. Bei ihnen steht die „Ganzheitlichkeit des Menschen", das Heil an Geist, Leib und Seele im Vordergrund. Körper und Seele gehören untrennbar zusammen, denn sie bedingen sich gegenseitig.
Kranken- und Altenpflege sowie pastorale Gemeindearbeit hätten ihren Sinn verloren und ihr Ziel verfehlt, wenn nicht der Mensch als Geschöpf Gottes, als Ebenbild Gottes, in ihrer Mitte stünde. Gerade in diesen Apostolatsfeldern begegnet man Menschen, die in einer erschreckenden Gottferne leben. Wir sehen unsere Aufgabe vornehmlich darin, den Menschen in seiner Ganzheit zu erfassen. Neben der Heilung des Körpers wollen wir den Menschen Wege aus der Gottferne aufzeigen, damit sie zu ihrem wahren Menschsein gelangen, um sich so als Geschöpf Gottes zu erkennen und dadurch in der „Freundschaft mit Gott" leben zu wollen.
Wie Teresa sagt, muß sich unser Glaube, unsere Gotteserfahrung in einem überzeugten Engagement in der Welt, in einem unerschütterlichen Einsatz für Gott auswirken.

In unseren Missionen in Malawi wollen wir uns mit den dortigen Menschen solidarisch erklären, an ihrem Leben teilhaben und ihnen Anerkennung, Hochschätzung und Würde entgegenbringen, damit Gott auch ihnen das „Leben in Fülle" schenkt (Joh 10,10).

1.3. Die Karmelitinnen vom Göttlichen Herzen Jesu (Karmel DCJ) (Pia Theresia Brühl DCJ)

Unter den karmelitanischen Ordensgemeinschaften, die im 19. Jahrhundert im deutschen Sprachraum gegründet wurden, ist der Karmel vom Göttlichen Herzen Jesu (Karmel DCJ) zu nennen. Die Stifterin, Mutter Maria-Teresa vom hl. Josef, war die älteste Tochter des evangelischen Pastors Hermann Tauscher, der zeitweise auch Superintendent war. Außerdem war er der Mitbegründer der evangelischen St.-Lukas-Kirche in Berlin. Anna Maria Tauscher war am 19. Juni 1855 in Sandow in der Mark Brandenburg geboren. Heute ist Sandow, das jenseits der Oder liegt, polnisch und heißt Sadów. Die einst evangelische Kirche und Gemeinde sind katholisch.
Maria, die Älteste in der Familie, wurde religiös erzogen, dazu hatte sie von der Mutter Pauline, geb. van den Bosch, ein warmes Herz für die Not der Mitmenschen geerbt, vor allem für Arme, Kranke und Kinder. Schon als Kind durfte sie ihre Mutter bei Gängen zu Notleidenden begleiten. Mit 19 Jahren verlor Maria ihre Mutter. Der Kulturkampf, den sie aufmerksam verfolgte, stand auf seinem Höhepunkt. Während ihrer Tätigkeit als Oberschwester an der Kölner Nervenheilanstalt Lindenburg lernte sie den katholischen Glauben kennen, der sie tief berührte. Sie konvertierte am 30. Oktober 1888 in Sankt Aposteln in Köln. Ihre Stelle wurde darauf gekündigt und ihr das Elternhaus verwehrt. Sie weihte nun ihr ganzes Leben dem Dienst Gottes und der Sorge für Heimatlose und Notleidende. Besonders die Not der Kinder, die oft durch Zeitungsannoncen zum Verschenken angeboten wurden, ging ihr zu Herzen. In Berlin, wohin es sie wieder verschlagen hatte, begann sie 1891 ihr Werk mit der Betreuung armer Kinder und mit Hausmission. Auch der italienischen Emigranten nahm sie sich an und lud sie zu Gottesdiensten ins kleine St.-Josefs-Heim ein. Mit der Industrialisierung vieler Gebiete, besonders der Großstädte, kam eine unvorstellbare Not und Armut unter das Arbeiterproletariat. Außerdem standen in Berlin für die 150 000 Katholiken nur zwei Kirchen und einige Kapellen zur Verfügung. Delegat

Dr. Joseph Jahnel ermunterte Maria Tauscher zu ihrem wohltätigen Werk und gab den kirchlichen Auftrag dazu. So wird der 2. Juli 1891 als Stiftungstag angesehen. Papst Leo XIII. hatte im gleichen Jahr seine Enzyklika „Rerum Novarum" über die Arbeiterfrage und christliche Sozialreform herausgegeben. Kardinal Kopp, der zwar soziale Tätigkeiten in der katholischen Kirche schätzte, aber aus verschiedenen Gründen nach dem Kulturkampf keine neue Ordensgründung in seinem Bistum zulassen wollte, ließ Maria in der Diözese nichts Neues stiften. Berlin war zu jener Zeit noch nicht eigenes Bistum, sondern gehörte zu Breslau. Maria Tauscher war jedoch ganz von der Liebe Gottes, der Herz-Jesu-Verehrung und dem Karmelgeist ergriffen und suchte dieselben mit ihren caritativen Tätigkeiten in Verbindung zu bringen. So wandte sie sich um Rat fragend an den Männerkarmel in Wadowice. In der hl. Teresa von Avila hatte sie ihre große Lehrmeisterin gefunden. Schließlich gelang es ihr unter Mühen und Leiden aller Art, eine kontemplativ-apostolische Ordensgemeinschaft für Frauen ins Leben zu rufen. Der Karmel vom Göttlichen Herzen Jesu will Antwort geben auf die Liebe Gottes und die dringenden Bedürfnisse in Kirche und Welt.

Im Dezember 1897 wurde die Stifterin im Generalat des Teresianischen Karmel in Rom hilfreich beraten und ihr Ordensgewand geweiht. Sie wollte nun eher Deutschland verlassen als dem Karmel untreu werden. Kardinal Satolli, der die Diözese Frascati leitete, erlaubte 1904, in Rocca di Papa bei Rom ein Mutter- und Noviziatshaus der Karmelitinnen vom Göttlichen Herzen Jesu zu errichten, die Berliner St.-Josefs-Heime durften weiterbestehen, und es kamen neue Gründungen dazu in Böhmen, Oldenburg, Holland, England, in der Schweiz, in Italien, Ungarn, Österreich, Nordamerika (USA und Kanada), Kroatien und Deutschland. Bei den Stiftungen wurden Diasporagebiete und Städte mit Fabriken und Arbeiterbevölkerung bevorzugt. Als Mutter Maria-Theresia am 20. September 1938 in Sittard/Niederlanden starb (wo seit 1922 das Mutterhaus ist), hinterließ sie 58 St.-Josefs-Heime. „Heimatlosen Heimat geben" ist auch heute noch das Leitziel des Karmel DCJ, wenn auch die gesellschaftlichen Strukturen sich zeitgemäß ändern. So ist z.B. Kinderbetreuung und Erziehung in den armen Ländern anders, teils auch unproblematischer als in den Wohlfahrtsstaaten. Neben Kindern in Heimen, Kindergärten und Horten werden alte Menschen in Altenheimen betreut; es gibt Müttererholung, Armenhilfe, religiöse Angebote in Exerzitien- und Besinnungshäusern, Kontakte mit Familien,

um sie für das religiöse Leben zu erwärmen, wo nötig auch Pfarrhilfe und Religionsunterricht. Durch Vermittlung von Glaubensinformationen wird versucht, an der Neu-Evangelisierung der einst christlichen Länder mitzuhelfen.
Der Karmel vom Göttlichen Herzen Jesu zählt ungefähr 500 Profeßschwestern. Derzeit gibt es 57 Niederlassungen. Zu den obengenannten Ländern kamen hinzu: Nicaragua, Venezuela, Brasilien. Seit 1986 sind junge Nigerianerinnen in den Karmel DCJ gekommen. In der Tschechischen Republik leben z. Zt. keine Schwestern mehr, da das Haus enteignet wurde und neue Kandidatinnen nicht aufgenommen werden durften. Die acht Niederlassungen in Ungarn wurden 1950 konfisziert, die Schwestern lebten verstreut. Da sich Mädchen mit Ordensberuf meldeten und noch keines der Häuser zurückgegeben wurde, erstellten die Schwestern mit der Hilfe vieler Freunde ein kleines neues Kloster, das am 25. März 1993 eingeweiht wurde.
Das kleine Stiftungshaus in der Pappelallee besteht noch. Mutter Teresia vom hl. Josef ruhte bis 1987 auf dem Klosterfriedhof in Sittard und wurde dann seitlich der großen Mutterhauskapelle beigesetzt. Ihr Seligsprechungsprozeß begann am 2. Februar 1953. Auch heute noch will sie den Menschen helfen, sich aus der Innerlichkeit, wie der Karmel sie lebt, im Apostolat hinzugeben.

2. Gott und der Welt gehören – Das Säkularinstitut „Notre Dame de Vie“

Elisabeth Feldmann

Im Herzen der Provence, in Südfrankreich, 30 km von Avignon entfernt, liegt auf einem Felsplateau das kleine Dorf Venasque, dessen Geschichte bis in die Römerzeit zurückreicht. Am Fuß des Felsens, unten im Tal der Nesque, steht an der Stelle einer alten Gebetsstätte die Kapelle „Notre Dame de Vie“, zu der ein kleines Landgut gehört. Seit dem 6. Jahrhundert wird hier Maria als die Mutter des Lebens angerufen. In unseren Tagen erwuchs dem alten klassischen Orden des Karmel dort ein junger Trieb: das Säkularinstitut Notre Dame de Vie.
Säkularinstitute – Weltgemeinschaften – haben seit der Apostolischen Konstitution „Provida Mater“ (1947) neben den Orden und Kongregationen ihren festen Platz in der Kirche gefunden. Sie entstanden in

unserem Jahrhundert in verschiedenen Ländern, unabhängig voneinander, als kleine Gemeinschaften, die wie die Ordensgemeinschaften ein Leben der radikalen Nachfolge Christi führen wollen. Mitten in der Welt stellen sie sich diesem Anspruch in Armut, Ehelosigkeit und Gehorsam. Das „welthafte Element" ist die spezifische Eigenart der Säkularinstitute und muß „in allen Dingen zum Ausdruck kommen" (Motu Proprio „Primo feliciter"). Ihr Lebenszeugnis soll „aus dem Innern der Welt hervor ausgeübt werden" (ebd.), in Berufsformen und Umständen, die der welthaften Lebensweise entsprechen.

Am Anfang der Geschichte des Instituts Notre Dame de Vie steht ein Mann, der gleicherweise im Irdischen wie im Ewigen verankert war: Marie-Eugène Grialou (1894-1967). Auf der Suche nach seinem eigentlichen Weg hatte er als junger Priester seine Berufung in der geistlichen Tradition des Karmel gefunden. Den prophetischen Geist des Karmel in seiner doppelten Ausrichtung auf Kontemplation und Apostolat zu leben und weiterzugeben wurde sein großes Anliegen und seine eigentliche Sendung.

1932 kam nach einer Vortragsreihe über das kontemplative Gebet eine kleine Gruppe von Frauen zu ihm, junge Lehrerinnen, die in Marseille eine Privatschule leiteten. Er erkannte in ihnen die Berufung zu einem kontemplativen Leben, das zugleich auf apostolische Tätigkeit ausgerichtet ist. Die Verwirklichung seines Ziels rückte näher.

1931 war dem Karmel das Landgut mit der Kapelle „Notre Dame de Vie" angeboten worden. Hier begann die kleine Gruppe von Frauen, zunächst zwei Jahre lang in Einsamkeit und Gebet geformt, unter der Führung von Marie-Eugène Grialou eine Lebensform zu entwickeln, in der Leben mit Gott nach den evangelischen Räten und Dienst am Menschen in Beruf und Welt fest miteinander verbunden sind, ja, sich gegenseitig reinigen, bereichern und befruchten. „Ihr seid aktiv und kontemplativ, ihr gehört Gott und der Welt, vergeßt das niemals!" (Marie-Eugène Grialou in: M. Pila, Le Fondateur, S. 125).

Dem Ideal des Instituts Notre Dame de Vie „Aktion und Kontemplation eng vereint" folgen heute mehr als 500 Mitglieder in vier Erdteilen. Marie Pila führte die Idee des Gründers weiter bis zur endgültigen Rechtsform. 1973 wurde Notre Dame de Vie als Institut mit drei Zweigen von der Kirche anerkannt: zwei Laienzweige (Frauen und Männer) und ein Priesterzweig.

Seit 1957 hat das Institut eine Niederlassung in Deutschland (Weisendorf bei Erlangen). Die Mitglieder sind in den verschiedensten Berufen tätig. In ihrem Haus in Weisendorf bieten sie regelmäßig Besinnungstage an und gestalten Bibel- und Gesprächskreise. So begleiten sie Menschen unserer Tage zu einer tieferen Begegnung mit Christus. Inzwischen ist das Haus zu klein geworden; ein neues und größeres Bildungshaus ist im Bau. Es wird 1995 eröffnet werden. So will das Institut Notre Dame de Vie mitwirken am Sendungsauftrag des Karmel, der nach den Worten von M.-E. Grialou darin besteht, „die göttliche Liebe zu offenbaren, sich ihr auszuliefern und die Menschen zu ihr zu führen".

3. Die „Karmelitanische Gemeinschaft" und die „Teresianische Karmel-Gemeinschaft" – zwei Laienbewegungen des Karmel

Evelyn Scriba

Am Beginn der Laienbewegung stand der Wunsch, das Leben in der „Welt" nach der Spiritualität eines Ordens auszurichten. So schlossen sich Gläubige während des 13. Jahrhunderts bei den verschiedensten Orden der Kirche zu Vereinigungen zusammen. Die aus den Brüdern, dem „Ersten Orden", und den Schwestern, dem „Zweiten Orden", bestehenden Ordensfamilien nahmen sie unter dem Namen „Dritter Orden" auf.

Seit dem II. Vatikanischen Konzil, auf dem die Berufung des Laien in der Kirche neu durchdacht wurde, hat sich das bis dahin entwickelte Selbstverständnis der „Dritten Orden" grundlegend geändert. Die Laienbewegung der Karmeliten (Stammorden) heißt heute „Karmelitanische Gemeinschaft", die des Teresianischen Karmel „Teresianische Karmel-Gemeinschaft"; ihre Mitglieder bilden an zentral gelegenen Orten „Karmel-Gemeinden". Während früher die Drittordens-Angehörigen versuchten, ordensähnlich in der „Welt" zu leben, verbindet die Mitglieder der „Karmel-Gemeinden" heute kein gemeinsamer Lebensstil mehr. Auch üben sie kein gemeinsames Apostolat aus. Das für sie charakteristisch Gemeinsame liegt in ihrer geistlichen Orientierung an der Spiritualität des Karmel, besonders aber in ihrer Grundhaltung gegenüber Gott, den Menschen und der Schöpfung: Das Gebet, das Sprechen mit Gott oder Schweigen vor Gott, ist Ausdruck einer tiefen persönlichen Beziehung, einer echten Ich-Du-Beziehung. Mit Gott mitzuleben bedeutet aber, mit ihm mitzulieben, d.h. seine liebende Aufmerksamkeit dem Mitmenschen, ja der Schöpfung schlechthin zu schenken. Natürlich ist sich das Mitglied einer solchen Gemeinschaft bewußt, daß es sich dabei um Zielvorstellungen handelt. Trotz aller eigenen Unzulänglichkeit versucht es aber immer wieder, sich auf sie hin auszurichten. Die Karmel-Gemeinschaften sind für Menschen gedacht, denen die Wahrheit wertvoller ist als ihre persönlichen, lieb gewordenen Glaubensansichten. Damit eine solche Einstellung reifen kann, müssen die Karmel-Gemeinden Schulen der Offenheit, der Toleranz und der gegenseitigen Achtung sein.

Regelmäßig – gewöhnlich einmal im Monat – kommt eine Karmel-Gemeinde zum Gebet und Gedankenaustausch zusammen. Hier lernen die Mitglieder die Spiritualität des Karmel und das Leben der großen Karmeliten kennen oder denken gemeinsam über Grundfragen des Glaubens nach. Als ihre eigentliche „Gemeinde" betrachten sie jedoch die Menschen, mit denen sie täglich zu tun haben: die Familie, die Nachbarn, die Mitarbeiter auf der Arbeitsstelle, die Pfarrgemeinde... .

Ihr Berufs- und Familienleben wollen die Mitglieder der Karmel-Gemeinschaften aus der Freundschaft mit Gott und den Menschen heraus gestalten. Daher wählen sie aus dem Schatz der „Geistlichen Übungen" – wie das Mitbeten von Teilen des kirchlichen Stundengebetes, die Mitfeier des Gottesdienstes, die Geistliche Lesung und die Meditation, aber auch die Teilnahme an Glaubensgesprächen – das aus, was dieser Freundschaft entspricht und sie stärkt. In welcher Form, wie oft und wie lang sie dem „geistlichen Tun" Raum und Zeit widmen, kann jeder seinen jeweiligen Lebensumständen entsprechend gestalten.

Der Eintritt in eine der Karmel-Gemeinschaften steht katholischen Christen – vor allem Laien, aber auch Diözesanpriestern – offen. Vorausgesetzt wird menschliche Reife, seelische Gesundheit und die Aussicht, an den Zusammenkünften der Karmel-Gemeinde teilnehmen zu können. Die Aufnahme erfolgt nach einer mehrjährigen Einführungszeit durch ein zunächst zeitliches und dann endgültiges Versprechen.

Die Karmelitanische Gemeinschaft des Stammordens gibt es im deutschsprachigen Raum in Bad Reichenhall, Bamberg, Köln, Ohrdruf, Straubing und Wien; Teresianische Karmel-Gemeinden sind in Aachen, Augsburg, Birkenwerder (bei Berlin), Düren, Essen, Hainburg, Hildesheim, Karlsruhe, Köln, München, Münster, Neustadt/Weinstraße, Nonnenhorn/Bodensee, Regensburg, Reisach/Oberaudorf, Schwandorf, Tübingen, Würzburg und Zürich.

4. Jugendliche und Junge Erwachsene als Freunde des Karmel

Brigitte Sopp / Birgit Aust

Auf vielfältige Weise, in der Auseinandersetzung mit dem Geist des Karmel, seinen Vorbildern, Heiligen und Idealen oder durch den Kontakt und das persönliche Glaubenszeugnis von Karmeliten, fühlen sich immer wieder Menschen dem Karmel verbunden. Dies in einer Zeit, in der mehr und mehr Menschen der Kirche und dem Glauben distanziert gegenübertreten, ihre Werte und Forderungen in Frage stellen und oftmals den traditionell übernommenen Glauben kritisch hinterfragen.

In unserer Zeit, die geprägt ist durch ein immer stärker werdendes Fortschrittsbewußtsein, wird ein Großteil an Lebensenergie dafür verwandt, die Bedürfnisse nach Ausgleich und Freizeit und den durch die Massenmedien suggerierten Wunsch nach Konsum zu befriedigen. Auf der Strecke bleiben zwischenmenschliche Beziehungen, die Verwirklichung christlich-humanitärer Ideale und die Beziehung zu Gott. Doch auf die Frage nach dem Sinn suchen auch heute noch Menschen in der Religion eine Antwort.

Da unsere Gesellschaft ständigen Veränderungen unterworfen ist, ist es notwendig, auch in den kirchlichen Gemeinschaften für unsere Zeit Formen und Möglichkeiten des Kontaktes und des Austausches über Fragen des Glaubens, den persönlichen Lebensweg und seine Verbindung zum Glauben zu suchen. Gemeinschaften oder religiöse Gruppen können eine wertvolle Hilfe sein, die christliche Botschaft zu überdenken und in den Alltag des einzelnen zu übertragen.

Wir wollen hier zwei Gemeinschaften vorstellen, in denen sich junge Christen zusammenfinden, um in Freundschaft und Verbindung mit dem Karmel und den Karmeliten ihr persönliches Leben aus ihrem Geist zu gestalten.

Junge Karmel-Gemeinde (JKG)

Als im Jahre 1985 Pater Titus Brandsma von Johannes Paul II. seliggesprochen wurde, war dies der Anlaß, mit einer größeren Pilgergruppe nach Rom zu reisen. Die 1.400 Pilger waren Mitglieder von Karmelpfarreien der Ober- und der Niederdeutschen Provinz und wurden daher von deutschen Karmeliten betreut. Unter den Pilgern befanden sich ca. 350 Jugendliche. Als am Abend der Seligsprechung

in San Lorenzo ein internationales Jugendtreffen stattfand, waren die Teilnehmer von dem dort aufbrechenden Gemeinschaftsgefühl so beeindruckt, daß sie sich spontan entschlossen, sich häufiger zu treffen, Kontakte zu pflegen und evtl. Gemeinsames zu unternehmen.
Bei einigen lockeren Nachtreffen, die stattfanden, um das Geschehene von Rom aufzuarbeiten, kam der Wunsch auf, sich zu einer festeren Gemeinschaft zusammenzuschließen. Daraus entstand eine überregionale Jugendarbeit, die die Jugendlichen in den Geist des Karmel einführt und sich darüber Gedanken macht, wie karmelitanische Spiritualität auch im Alltag der Jugendlichen gelebt werden kann.
So bildete sich die „Junge Karmel-Gemeinde", die inzwischen ca. 60 Mitglieder auf dem Gebiet der Niederdeutschen Provinz zählt. Sehr früh entstand schon eine kleine Informationsschrift, das „JKG -Info", das an die Mitglieder versandt wird, deren Alter zwischen 18 und 30 Jahren liegt.
Seit 1986 treffen wir uns zu Pfingsten im Edith-Stein-Haus in Kamp-Lintfort, wo sich eines der Klöster der Niederdeutschen Provinz befindet. Themen solcher Pfingsttreffen sind z. B. „Wirken des Geistes in und aus Maria", „Versöhnung", „Begeisterung, Besinnung, Beziehung". Die Tage sind bestimmt von Besinnung, Meditation, Gespräch, kreativem Tun und auch Spiel und Gesang. Die Ergebnisse unseres Tuns werden in die Gottesdienste eingebracht. Einmal im Jahr treffen wir uns außerdem abwechselnd in den einzelnen Karmelgemeinden.
Des weiteren findet alljährlich eine einwöchige Fußwallfahrt zum Grab des Apostels Matthias in Trier statt. Die Meditationswanderungen stehen unter Themen wie „Spurensuche", „Mit Maria in das Jahr 2000", „Du schaffst meinen Schritten weiten Raum", „Mit Bibel und Rucksack". Während der Wallfahrt werden immer wieder Impulse gegeben, über die man dann unterwegs reden, nachdenken oder meditieren kann.
Für die nähere Zukunft haben wir geplant, Jugendliche im Alter von 13 - 17 Jahren anzusprechen und in einer neuen Gruppe in die JKG aufzunehmen. Des weiteren wollen wir Wochenenden anbieten, an denen aktuelle Fragen der Mitglieder - z. B. an das eigene Leben, an Gesellschaft und Kirche - in jeweiligen Interessengruppen behandelt werden. Gemeinsame kreative Freizeitangebote sollen die Möglichkeit bieten, Kontakte zu anderen zu knüpfen und zu vertiefen.

Seit einigen Jahren treffen sich regelmäßig junge Christen im Bamberger Karmelitenkloster. Zunächst war dies ein sehr offener Kreis, an dem jeder teilnehmen konnte, der sich durch die Einladung angesprochen fühlte. Nach und nach entwickelte sich daraus eine verbindlichere Gemeinschaft von derzeit acht Teilnehmern, die zwar offen ist für neue Mitglieder, aber den Anspruch der Verbindlichkeit und regelmäßigen Teilnahme hat.
In unserer Gruppe suchen wir den Austausch über unseren Glauben und unsere Erfahrungen mit Gott. In Offenheit sprechen wir über unsere Fragen und Probleme, um so einander zu helfen, unseren Glauben immer neu mitten im Leben verwirklichen zu können. Wir sehen es als notwendig an, unsere Berufung als Christen zu finden und ihr zu folgen, indem wir uns am Wort Gottes und am Leben Jesu Christi orientieren. Dieses Ziel wollen wir mit Hilfe der karmelitanischen Spiritualität erreichen. Deshalb bemühen wir uns, diese Spiritualität immer tiefer kennenzulernen und in unseren Alltag zu übertragen. Aus diesem Grund treffen wir uns im Karmel mit Karmeliten. Jeder einzelne unserer Gruppe trägt Verantwortung für den anderen und für das Wohl der Gemeinschaft. Daraus ergibt sich die Verbindlichkeit des „Karmel in der Welt".
Wie aber äußert sich dies alles konkret? Wir treffen uns alle zwei bis drei Monate für ein Wochenende. Da wir immer ein Thema für das nächste Treffen festlegen, kann jeder seinen Teil zur Vorbereitung und zum Ablauf des Wochenendes beitragen. Anhand unserer Vorschläge und Ideen gestalten wir die Tage: Wir beten und schweigen, kochen und lachen, wir singen und spielen, erarbeiten Texte, basteln, schauen Filme und Dias an und feiern miteinander Eucharistie. Im Gespräch tauschen wir unsere Erfahrungen aus. Soweit es möglich ist, nehmen wir am Chorgebet und an den Mahlzeiten der Karmeliten teil und gestalten hin und wieder den Sonntagsgottesdienst mit. Meist vergehen die Tage wie im Flug, und immer wieder freuen wir uns auf das nächste Treffen. Dazwischen halten wir mehr oder weniger intensiven Kontakt miteinander, indem wir uns schreiben oder miteinander telefonieren.
Für die Zukunft haben wir uns vorgenommen, in einem gemeinsamen Projekt, wenigstens zeichenhaft, unserer Sorge um Gerechtigkeit und Frieden Ausdruck zu verleihen.
Gewiß, auch in unserer Gruppe gibt es von Zeit zu Zeit

Veränderungen. Teilnehmer gehen weg, andere kommen hinzu, wodurch sich das Gruppenbild ändert und neu geprägt wird. Dabei ist für uns alle die Erfahrung von Glaubensgemeinschaft wichtig. In der Gemeinschaft von Gleichgesinnten und im Gespräch miteinander läßt sich christliches Leben im Alltag leichter verwirklichen, gerade in unserer Welt und Zeit, die manchmal so wenig christlich ist. Da unsere Zeit aber Christus und christliches Zeugnis braucht, wollen wir einander helfen, dieses Zeugnis immer neu geben zu können.

VI. Karmel – eine internationale Gemeinschaft

1. Die weltweite Präsenz des Karmelitenordens

Richard Winter OCarm

Nach der Übersiedlung des Karmel aus dem Hl. Land wurden innerhalb kurzer Zeit Niederlassungen in fast allen Ländern des damaligen Europa gegründet. Durch die Reformation und die Auflösung vieler Klöster im 19. Jahrhundert gingen die meisten Konvente in Europa jedoch verloren.

Heute ist der Orden wieder in den meisten europäischen Ländern vertreten. Von Europa, Afrika und Asien gingen auch bedeutende Impulse zu Neugründungen in Lateinamerika und Asien aus. So hat die Gesamtzahl der Ordensmitglieder nicht abgenommen, sich aber sehr stark in neue Gebiete verlagert. Damit zeigt sich in der Entwicklung des Ordens, was zur Zeit auch für die Gesamtkirche gilt: daß sie immer gründlicher ihr einseitig europäisch geprägtes Gewand abstreifen muß, um in anderen Teilen dieser Erde neu erblühen zu können.

Von den Niederlanden aus wurden zwei Provinzen im Norden Brasiliens und in der Gegend von São Paulo und Rio de Janeiro gegründet. Vor allem im Freiheitskampf der Brasilianer im vergangenen Jahrhundert spielten Karmeliten eine bedeutende Rolle. Diese tiefe Verbundenheit mit dem brasilianischen Volk hat in viele Lieder und Geschichten Eingang gefunden, die heute noch bei Festen, in den Schulen oder bei Theateraufführungen gesungen und weitererzählt werden. In der Millionenstadt Recife, im armen Nordosten Brasiliens, ziehen Tausende von Menschen durch die Straßen der Altstadt, wenn die Geschichte des Freiheitskämpfers P. Joachim Caneca OCarm nachgespielt und wieder lebendig wird.

Ein Zeugnis lebendigen Glaubens sind auch die nunmehr 42 Jahre der Karmeliten im Staate Paraná im Süden Brasiliens. 1951 bekam P. Ulrich Gövert, der bereits 14 Jahre im Norden Brasiliens tätig war, den Auftrag, auch im Süden des riesigen Landes den Karmel anzusiedeln. Weitere Mitbrüder aus Deutschland folgten. Eine intensive Bildungs- und Berufungsarbeit führte dazu, daß der einheimische Ordensnachwuchs bald die Zahl der deutschen Mitbrüder überholte. In Paranavaí, wo die Geschichte des Karmel im Süden Brasiliens begann, sieht man heute überall Schulen, Kindergärten, Festhallen oder Sportplätze, die schon von ihrem Namen her auf eine Gründung

durch die Karmeliten hinweisen. P. Albert Först, der über viele Jahre am Aufbau und der Ausbreitung des Karmel im Staate Paraná mitwirkte, ist heute im benachbarten Bundesstaat Mato Grosso do Sul Bischof der Diözese Dourados.
Außer in Brasilien kam es in den letzten Jahrzehnten in den meisten Ländern Süd- und Mittelamerikas zu Neugründungen, die größtenteils von Spanien und Nordamerika ausgingen.
In Nordamerika hat sich in den letzten 100 Jahren neben der Elija-Provinz die Provinz „Purissimi cordis Mariae" zu einer der größten Provinzen unseres Ordens entwickelt. Sie entstand durch die Initiative von Mitbrüdern, die 1864 von Straubing nach Nordamerika aufbrachen und unter oft sehr abenteuerlichen Umständen den Karmel in Nordamerika fortpflanzten.
Und noch einmal spielte bei einer Neugründung der Karmel in Deutschland eine wichtige Rolle.
Vor zehn Jahren fand die Einweihung des ersten Klosters in Indien statt, und heute bereits sind unsere Konvente in Indien blühende Niederlassungen. Bei der großen Anzahl junger Inder, die in den Orden eintreten wollen, gilt natürlich die Hauptsorge der Aus- und Weiterbildung. Dabei kommt aber auch die Sozialarbeit und die Planung für die Übernahme neuer Missionsstationen nicht zu kurz.
Wie in Indien, so nimmt auch in den übrigen Gebieten Asiens die Anzahl der Ordensmitglieder erfreulicherweise stark zu. Die indonesische Provinz – von den Niederlanden aus gegründet – hat heute die meisten jungen Leute. Auch die Schwestern, deren Gründung von Deutschland ausging, haben in Indonesien stets guten Nachwuchs.
Durch das Engagement niederländischer Mitbrüder entstanden die ersten Klöster auf den Philippinen. Von hier gingen in den letzten Jahren entscheidende Impulse für die Arbeit der verschiedenen „iustitia et pax"-Gruppen im Gesamtorden aus.
Neben Amerika und Asien sind Karmeliten natürlich auch in Australien und Afrika vertreten: zunächst durch Gründungen der irischen Provinz in Simbabwe und seit 1973 unter Beteiligung der italienischen Provinzen in Zaire.
Die letzten Neugründungen des Ordens entstanden in Frankreich und in verschiedenen Ländern Osteuropas. Eine zahlenmäßig starke Provinz bestand in Polen auch während der kommunistischen Herrschaft. In der ehemaligen Tschechoslowakei mußten die Brüder allerdings über viele Jahre hin im Untergrund leben. Seit einigen Jahren entstehen dort neue Gemeinschaften, die sich mit viel Idealismus und

Einsatz um ein Wiederaufblühen des Karmel bemühen. Erste Schritte zu einer Neugründung des Karmel in Rumänien wurden von der Italienischen Provinz eingeleitet.
Viel deutet darauf hin, daß in Zukunft der Karmel noch stärker herausgefordert und sein Zeugnis nach dem Wort des Propheten Elija: „Es lebt Gott, vor dessen Angesicht ich stehe" noch intensiver verlangt wird.

2. Neuaufbrüche im Teresianischen Karmel

Ulrich Dobhan OCD

Der Blick auf die Geschichte des Teresianischen Karmel (vgl. Kapitel I. 3) hat gezeigt, daß sich - abgesehen von Osteuropa - seine Lebenskraft, was die numerische Expansion anbelangt, zur Zeit mehr auf der südlichen Hälfte der Erdkugel zeigt. Dort gibt es zur Zeit in mehreren Ländern Neuaufbrüche.

Asien, Lateinamerika, Afrika, Naher Osten

Unter diesen Gebieten ragt vor allem Indien heraus, wohin die Söhne Teresas bereits zu Beginn des 17. Jahrhunderts gekommen sind. Von Goa aus starteten 1638 zwei Karmeliten nach Sumatra, wo sie bald schon den Märtyrertod fanden und so zu den Protomartyrern des Teresianischen Karmel wurden: die Seligen Dionysius und Redemptus.
Zu Beginn des 20. Jahrhunderts kamen Missionare aus Flandern und Spanien nach Indien, deren Arbeit auch für den Orden reiche Frucht brachte. Heute gibt es vier Provinzen in Indien und eine Generaldelegation, in denen 603 Mitbrüder leben sowie 430 Karmelitinnen in dreißig Klöstern. Neben der allgemeinen Seelsorge haben die Karmeliten verschiedene Missionsgebiete innerhalb und außerhalb ihres Heimatlandes übernommen und leiten drei Institute für Spiritualität und sechs Exerzitienhäuser.
Im Fernen Osten faßte der Teresianische Karmel erst in diesem Jahrhundert Fuß, wobei die Schwestern die Vorhut bildeten. Diese waren sogar schon 1885 nach Australien gekommen, wo es heute sieben Kommunitäten gibt. Die Brüder folgten erst 1947; sie verfügen heute über vier Häuser, einem ist ein Exerzitienhaus angeschlossen.

Auf den Philippinen begann die Präsenz des Ordens 1923 mit der Ankunft der ersten Schwestern, denen 1947 Brüder aus den USA und später aus Irland folgten. Zur Zeit besteht auf den Philippinen ein Kommissariat mit 35 Mitbrüdern, darunter der Bischof von Infanta, und 22 Klöster der Karmelitinnen mit 332 Schwestern.
Auch in Japan bildeten die Schwestern die Vorhut mit der Gründung eines Klosters in Tokio im Jahre 1933. Heute gibt es dort acht Klöster mit 140 Schwestern, die alle aus Japan stammen. Die Brüder kamen 1951 ins Land, wohin sie sich nach ihrer Vertreibung aus China begaben. Sie erhielten Unterstützung durch weitere Kräfte aus Italien, so daß 1978 eine Generaldelegation errichtet werden konnte. Heute gehören 42 Mitbrüder dazu, 23 davon Japaner, die in zehn Konventen leben und neben der allgemeinen Seelsorge sich vorzugsweise der Arbeit in Exerzitienhäusern widmen. Eine besondere Erwähnung verdient in diesem Land, in dem es knapp eine halbe Million Katholiken gibt, die Gruppe von 350 Mitgliedern des Säkularordens.
Noch nicht einmal zwanzig Jahre alt ist die Präsenz des männlichen Zweiges des Teresianischen Karmel in Korea. 1976 wurde der erste Konvent gegründet, dem bald ein weiterer folgte. Zur Zeit gehören dem Orden in Korea 35 Mitbrüder, einschließlich fünf Novizen, an. Die Schwestern waren bereits 1939 nach Korea gekommen, ursprünglich aus Frankreich, 1962 verstärkt durch ein Gruppe aus Mariazell in Österreich. Zur Zeit gibt es sieben Klöster in Korea.
Noch jüngeren Datums ist die Gründung des Teresianischen Karmel in Taiwan. Von früheren Gründungen abgesehen, die 1951 alle aufgelöst wurden, konnte erst 1954 ein Schwesternkloster in Taiwan errichtet werden, eine Kommunität von Brüdern gar erst 1983. Zur Zeit gibt es zehn Mitbrüder in zwei Kommunitäten.
Den Orden nach Indonesien verpflanzt zu haben ist das Verdienst indischer Mitbrüder. Sie kamen 1982 nach Flores und sind heute mit fünf Patres, 23 Studenten und acht Novizen vertreten; Klöster der Schwestern gibt es dort drei; es sind Gründungen aus der niederländischen Kolonialzeit.
In anderen Ländern Asiens ist der Teresianische Karmel nur durch Schwestern vertreten: vier Klöster in Malaysia, je drei in Sri Lanka, Thailand und Vietnam, je eines in Singapur, Hongkong, Pakistan und Guam; in Ozeanien zwei Klöster in Neuseeland, je ein Kloster in Papua Neuguinea und auf Samoa. Insgesamt gibt es in Asien 738 Brüder und 1365 Schwestern.

Nach Lateinamerika kamen die ersten Söhne Teresas 1585, wo sie in Mexiko City und Puebla Konvente gründeten. Auch Johannes vom Kreuz sollte dorthin gehen. Bereits 1594 wurde in Mexiko eine eigene Provinz gegründet. In den letzten Jahren hat sich der Orden auch in diesem riesigen Kontinent mehr ausbreiten können, vor allem dadurch, daß man gezielt Berufungspastoral betrieben hat.
Heute ist der Orden in allen Ländern Lateinamerikas mit Schwestern und Brüdern vertreten, insgesamt mit 111 Konventen und 631 Brüdern, von denen ein Drittel in Ausbildung ist, und 165 Schwesternklöstern.
Die ersten Versuche, in Afrika Fuß zu fassen, machte der Teresianische Karmel noch zu Lebzeiten der hl. Teresa. Doch erst Bemühungen in den letzten Jahren zeitigten mehr Erfolge, so daß der Orden heute mit 182 Mitgliedern in zwölf Ländern vertreten ist: Zaire, Malawi, Madagaskar, Burundi, Zentralafrikanische Republik, Tansania, Rwanda, Kamerun, Kongo, Nigeria, Kenia, Burkina Faso. Die Hälfte davon sind einheimische Mitbrüder, also noch in Ausbildung. Das zeigt am besten die Situation des Neuaufbruches mit allen Hoffnungen und Risiken.
Eine besondere Erwähnung bei diesem Überblick verdient die Präsenz des Ordens im Nahen Osten. Am stabilsten erweist sich dabei die Semiprovinz Libanon mit knapp vierzig Mitgliedern in fünf Konventen. Einer bereits langen Tradition folgend sind Karmeliten im Irak, von denen einer Lateinischer Erzbischof von Bagdad und als solcher für die rund 3.500 Katholiken zuständig ist, unterstützt von einigen Mitbrüdern. Repräsentant der Katholischen Kirche in Kuwait ist seit 1954 jeweils ein aus dem Teresianischen Karmel stammender Apostolischer Vikar, der zusammen mit vier Mitbrüdern die rund hundert Christen betreut. Im Heimatland des Karmelitenordens, dem heutigen Staat Israel, liegt das „Mutterkloster" auf dem Berg Karmel mit der Basilika „Stella Maris". Außer der Betreuung der Pilger obliegt diesem Kloster die Durchführung von Fortbildungskursen für Mitbrüder aus dem ganzen Orden. Geplant ist, das in Zukunft mit Mitbrüdern des Stammordens zu tun. Drei weitere Kommunitäten in Israel sowie vier Karmelitinnenklöster verstärken die Präsenz des Ordens an seinem Entstehungsort. Je ein Schwesternkloster gibt es im Libanon, in Syrien und in Kairo (Ägypten), wo eine Kommunität von Brüdern einen vielbesuchten Wallfahrtsort zur hl. Therese von Lisieux betreut.

Seit der politischen Wende und dem Zusammenbruch des Sozialismus in Osteuropa hat der Teresianische Karmel dort alte Positionen wieder zurückbekommen und neue Stützpunkte errichten können. Weiterhin ungebrochen ist die zahlenmäßige Ausbreitung des Ordens in Polen. Dort waren bereits in der Frühzeit des Teresianischen Karmel Klöster gegründet worden. Nach Niedergang und erneutem Aufblühen hat sich die polnische Ordensprovinz inzwischen so stark entwickelt, daß inzwischen eine Teilung vorgenommen wurde und es jetzt eine Provinz Krakau mit ca. 175 Mitgliedern, davon ca. fünfzig in Ausbildung, und eine Provinz Warschau mit 115 Mitgliedern, davon ca. vierzig in Ausbildung, gibt. Hand in Hand mit diesem zahlenmäßigen Neuaufbruch vollzieht sich auch ein Wandel in den Aktivitäten. In Posen und in Krakau gibt es je ein Institut für Spiritualität, in Czerna, dem traditionellen Noviziatskonvent, ein Exerzitienhaus; ein eigener Verlag sorgt für die Verbreitung karmelitanischer Literatur. So sind die beiden Provinzen in Polen geradezu prädestiniert, den Teresianischen Karmel in Osteuropa zu verbreiten.
Noch im letzten Jahr wurden in der Ukraine zwei Konvente errichtet, ebenso in Weißrußland. Die Wiederbesiedlung des Klosters an der Kirche zur hl. Teresa in Wilna, Litauen, mit dem marianischen Nationalheiligtum ist schon seit langem geplant. Polnische Mitbrüder sind auch in der Tschechischen Republik, wo sie zusammen mit Patres aus Italien die traditionsreiche Kirche des Prager Jesuleins übernehmen.
Einen neuen Frühling in diesen Ländern erleben auch die Karmelitinnen. Die Prager Kommunität, die in der Verbannung mit zum Schluß noch fünf Schwestern überlebt hat, konnte ihr Kloster am Hradschin wieder besiedeln und erfreut sich nach wie vor eines großen Zulaufs, so daß schon Pläne für eine Neugründung gemacht werden. Schwestern aus Polen gründen in der Slowakei und in der Ukraine, haben sich in Island und in Norwegen niedergelassen, Amerikanerinnen in Moskau, in der Hoffnung, dort eines Tages ein Kloster gründen zu können.
Auch in Ungarn erlebt der Teresianische Karmel einen Neuanfang nach vierzig Jahren der Unterdrückung. Von der alten Provinz haben noch fast dreißig Patres überlebt, einer von ihnen ist sogar Bischof geworden. Bereits im Herbst 1989 haben zehn Novizen mit der Ausbildung begonnen, so daß 1993 die ersten ihre feierliche Profeß

machen konnten. Fünf Klöster sind den Mitbrüdern inzwischen schon wieder zurückgegeben worden. Vor allem das Budapester Kloster kann seiner Aufgabe als Provinzialat und Studienkonvent schon voll gerecht werden.

Für die Karmelitinnen gibt es ein Kloster in Pécs, in dem einige der alten Schwestern, die auch während der kommunistischen Herrschaft am Ordensleben festgehalten haben, neu beginnen konnten, inzwischen schon von einigen Novizinnen und zwei Schwestern aus Frankreich unterstützt.

Auch in Kroatien kann der Orden in den letzten Jahren ein langsames, aber stetiges Wachstum verzeichnen. Aus dem bis 1918 zu Ungarn gehörenden Konvent Sombor hervorgegangen, besteht die erst vor einigen Jahren errichtete Provinz Kroatien aus drei Konventen mit ca. vierzig Mitbrüdern, davon mehr als ein Viertel in Ausbildung, eine vierte Gründung ist in Vorbereitung. Hervorzuheben ist das Institut für Spiritualität am Kloster in Zagreb, das der Theologischen Fakultät angegliedert ist und inzwischen ein volles Jahresprogramm anbietet. Trotz des Bürgerkriegs kann die kleine Provinz ein kontinuierliches Wachstum verzeichnen und die systematische Veröffentlichung der Werke der Ordensheiligen fortsetzen.

Die Schwestern, die bisher mit drei Klöstern vertreten sind (eines in Slowenien, zwei in Kroatien), haben ihre Präsenz auch verstärken können, konnten allerdings zwei Neugründungen, davon eine in Sarajewo, wegen des Krieges bis jetzt nicht verwirklichen; dafür helfen sie im Karmel zu Sofia und in Italien aus.

Die in fast allen genannten Ländern große Zahl von Auszubildenden, manchmal bis zur Hälfte der Gesamtmitgliederzahl, berechtigt zu neuen Hoffnungen, macht aber auch deutlich, wie wenig stabil die Lage des Ordens ist. Hoffnungsvoll stimmt auch, daß sich überall – und das gilt auch für das „alte" Europa – die Bemühungen für das spezifische Apostolat des Ordens verstärken, nämlich das Apostolat der Spiritualität, also der Förderung des geistlichen Lebens der Menschen, sei es durch Institute für Spiritualität oder Exerzitienhäuser oder auch einfach durch Gebetsschulen und die Wiederbelebung so manch traditioneller Apostolatsformen wie die Teresianische Karmel-Gemeinschaft (früher III. Orden). Dennoch bleibt die ständige Herausforderung, mit Hilfe der Zeichen der Zeit herauszufinden, was heute der konkrete Auftrag des Ordens ist, um das Charisma der hl. Teresa und des hl. Johannes vom Kreuz den Menschen unserer Zeit zugänglich zu machen.

Erwähnenswert ist auch noch, daß sich die Ausbreitung des Ordens und die verschiedenen Neuaufbrüche in guter Zusammenarbeit mit den Schwestern vollziehen. Meistens sind sie die ersten, die in einem neuen Land Fuß fassen. So erfüllt sich darin der Wunsch Teresas, die *eine* Ordensfamilie von Schwestern und Brüdern wollte und auch immer als Gründerin des männlichen Zweiges des nach ihr benannten Karmel galt.

3. Unterwegs zu einem neuen Miteinander der verschiedenen Zweige des Karmel

Richard Winter OCarm

„Die Herausforderungen der Neuevangelisierung und der Option für die Armen haben uns geholfen, unser Charisma besser zu verstehen und auch, wer wir sind; diese Herausforderungen waren uns eine Hilfe, es schätzenzulernen, daß wir unser Charisma in zwei verschiedenen Traditionen leben, die – wenn auch unterschiedlich – in ihrer Ausformung dennoch von der gleichen Wurzel kommen." Camilo Maccise, Generalprior des Teresianischen Karmel, begann mit diesen Worten seine Ausführungen zum Thema „Neuevangelisierung", das den Schwerpunkt der Generalkongregation der Karmeliten (OCarm) 1992 in Caracas/Venezuela bildete.
Bereits zuvor hatte diese vertiefte Besinnung auf die gemeinsamen Wurzeln begonnen. Es kam zu verschiedenen Treffen der Ordensleitungen von Karmeliten (OCarm) und Teresianischen Karmeliten (OCD). Diese Treffen wurden zu einer Geste neuer Geschwisterlichkeit, da sie halfen, auf beiden Seiten Schwierigkeiten und Erinnerungen an Wunden, die von der gemeinsamen Geschichte herrühren, hinter sich zu lassen. Der Karmel lebt in der Tat aus einer gemeinsamen Wurzel, aber in zwei Grundtraditionen, die es füreinander fruchtbar zu machen gilt.
Nach mehreren vorbereitenden Treffen wandten sich am 16. Juli 1992, dem Hochfest unseres Ordens, die beiden Generaloberen John Malley OCarm und Camilo Maccise OCD in einem Schreiben an alle Schwestern und Brüder des Karmel. Als Ziel ihrer bisherigen Begegnungen versuchen sie, „einen gemeinsamen Reflexionsprozeß zu starten, um einerseits die schon länger in Gang gekommenen Überlegungen fortzusetzen, wie wir dem Gut, das der Herr unseren beiden Ordensfamilien anvertraut hat, in schöpferischer Treue einen

zeitgemäßen Ausdruck geben, dann aber auch, wie wir dieses Gut in der Welt von heute in den Dienst der Neuevangelisierung stellen können".

Das gemeinsame Schreiben trägt den Titel „Betende Gemeinschaften im Dienste der Menschen" und richtet sich über den I. und II. Orden hinaus an alle, die mit dem Karmel verbunden sind und seine Spiritualität teilen. Solche Gemeinschaften „im Geist des Karmel" sind heute auf allen Kontinenten verbreitet. Die beiden Generaloberen betonen ausdrücklich, wie sehr es ihnen ein Anliegen ist, daß solch geschwisterliche Begegnungen der beiden Ordenszweige und der verschiedenen karmelitanischen Gemeinschaften immer wieder zustande kommen. Sie schreiben: „So werden wir hellhörig für das, was Gott von uns wünscht. Und wir werden fähig sein, in geschwisterlicher Zusammenarbeit neue Wege zu eröffnen, um auch an der Schwelle des dritten Jahrtausends das Charisma des Karmel zu leben und zu bezeugen." Seitdem finden regelmäßige Treffen der beiden Ordensgemeinschaften statt. So wurde für die 1994 geplante Bischofssynode „Das gottgeweihte Leben und seine Sendung in Kirche und Welt" eine gemeinsame Stellungnahme erarbeitet, die zur Zeit in den einzelnen Provinzen diskutiert wird.

Infolge dieses Bemühens um neue Wege der Zusammenarbeit gründeten die fünf nordamerikanischen Provinzen (drei OCD und zwei OCarm) in Whitefriars Hall in Washington ein gemeinsames Institut (North American Carmelite Institute = NACI), das die Spiritualität des Karmel im wissenschaftlichen und pastoralen Bereich darstellen und an Interessierte weitergeben will. In Lateinamerika wurde eine Kommission gegründet, die Möglichkeiten der Zusammenarbeit vor allem auf dem Gebiet der Aus- und Weiterbildung sucht und entsprechende Projekte in Gang bringt. Der 400. Todestag des Johannes vom Kreuz führte im Jahr 1991 in den europäischen Provinzen zu vielen gemeinsamen Seminaren und Tagungen, um das Erbe dieses großen Heiligen zu studieren. In Deutschland wurde solch ein Forum, das sich mit der Vertiefung und Aktualisierung karmelitanischer Spiritualität beschäftigt, bereits im Jahr 1971 in Form der „Karmelitanischen Besinnungstage" (KBS) eingerichtet; neben den beiden OCarm-Provinzen sind dazu auch die Mitbrüder des Teresianischen Karmel und die Schwestern eingeladen. Diese Besinnungstage finden jedes Jahr in Bamberg oder Springiersbach statt.

1992 wurde in Würzburg die „Interkarmelitanische Arbeitsgemeinschaft" (INTERKARM) gegründet, die einen Zusammenschluß ver-

schiedener karmelitanischer Gemeinschaften im deutschen Sprachraum darstellt. Bei der ersten Sitzung haben die TagungsteilnehmerInnen vor allem „die Verbreitung des karmelitanischen Gedankenguts nach innen und nach außen“ als ihr besonderes Anliegen formuliert. Die bereits bestehenden geistlichen Veranstaltungen der einzelnen Gemeinschaften wurden für einen breiteren Interessentenkreis geöffnet, und darüber hinaus organisieren die Mitglieder der INTERKARM Karmeltage für alle Angehörigen der in ihr vertretenen Gemeinschaften. Ein weiteres Anliegen der Arbeitsgemeinschaft ist die Förderung und Verbreitung karmelitanischer Literatur. Dazu wurde die gemeinsame Finanzierung von Übersetzungen und Publikationen beschlossen. Ebenfalls soll die Mitarbeit bei Zeitschriften verstärkt betrieben werden.
All diese Bemühungen um neue Wege der Zusammenarbeit geschehen aus dem Bewußtsein, daß das „Erbe des Karmel“ auch heutigen Menschen auf dem Weg zu einem „Leben in Fülle“ (Joh 10,10) wertvolle Hilfe leisten kann, daß dies aber gegenüber den Herausforderungen einer immer mehr säkularisierten Welt nur gelingt, wenn man die verschiedensten Kräfte des Karmel vereint. So kann seine Präsenz ein fruchtbarer Dienst an der Kirche und Welt bleiben.

4. Verheißungsvolle und zukunftsweisende Projekte

4.1. Ein neuer Anfang - Die Karmeliten in der Tschechischen Republik (Clemens M. Vecheta OCarm / Ivan Hrusa OCarm)

Der folgende Artikel soll weder eine historische Studie noch eine Reportage sein, sondern vielmehr ein Zeugnis. Ein Zeugnis davon, daß Gott nicht einmal in den schwersten Augenblicken sein Volk verläßt, wie wir das in unserem Land erfahren durften. Derjenige, der Gott erkannt hat, weiß auch, daß Gott wirklich der Herr ist, daß nichts ohne seinen Willen geschieht und daß er die Macht hat, alles Böse in Gutes zu verwandeln.
Zu Beginn wollen wir unseren Blick ein wenig zurück in die Vergangenheit werfen. Auf diese Weise können wir die interessante Beobachtung machen, daß für den Karmel in den tschechischen Ländern das immer neue Anfangen sozusagen charakteristisch ist.
Unser Gott ist der Gott der neuen Anfänge; dies gilt sowohl im

geistlichen Leben jedes einzelnen als auch im Leben der Gemeinschaft. In unsere Länder kamen die Karmeliten auf Einladung Kaiser Karls IV. im Jahr 1347; das ist zugleich auch das Jahr seiner Krönung zum tschechischen König. Die erste Karmelitenkirche und das Kloster wurden in Prag im Stadtviertel Nové Mesto (Neustadt) errichtet. Die Kirche erhielt den Namen „Maria Schnee" und sollte nach dem Vorbild der gleichnamigen Basilika in Rom gebaut werden und durch ihre Größe alle anderen Kirchen in Prag übertreffen. Aber nur ein kleiner Teil des Plans ließ sich verwirklichen, denn lediglich das Presbyterium konnte fertiggestellt werden; es dient heute als Kirche. Der Anfang war hoffnungsvoll, aber bereits während der Hussitenkriege am Anfang des 15. Jahrhunderts wurde das Prager Kloster ausgeplündert (1419), ebenso das später gegründete Kloster in Tachov (1427); in der Reformationszeit sind schließlich auch alle anderen Karmelitenklöster in unserem Land aufgelöst worden.

Im Jahr 1624 lebte der Karmel neu auf. Die Teresianischen Karmeliten bekamen die Kirche „Maria Sieg" auf der Kleinseite in Prag; zur selben Zeit kamen auch die Brüder des Stammordens nach Prag zurück. Weil aber die Kirche „Maria Schnee", die ursprünglich ihnen gehört hatte, schon von den Franziskanern besetzt war, erhielten sie die Kirche St. Gallus. Das Ordensleben entfaltete sich dann bis zum Regierungsantritt Kaiser Josefs II., der im Jahr 1782 alle Klöster auflöste, die nach dem aufklärerischen Rationalismus für den Staat ohne Nutzen waren, darunter auch die Karmelitenklöster.

Mehr als hundert Jahre mußten vergehen, bevor die Karmeliten nach Böhmen zurückkehrten. Auf Einladung des Brünner Bischofs Huyn kamen sie 1908 unter der Leitung des von Aachen stammenden P. Telesfordus Hardt OCarm aus Österreich an einen Marienwallfahrtsort in der Nähe von Kostelní Vydrí (Kirchwiedern). Dieses Dorf liegt im Grenzgebiet zwischen Böhmen und Mähren, nicht weit entfernt von der Grenze zu Österreich. Das Kloster war zwar schon im 18. Jahrhundert gebaut worden, aber wegen der Säkularisation konnten die Karmeliten es nicht früher besiedeln. 1915 lebten dort 13 Brüder, die auch die nahe liegende Pfarrei Cizkrajov (Sitzgras) mit dem Wallfahrtsort Monserrat zu betreuen hatten. 1920 mußten die deutschen Karmeliten wegen ihrer Herkunft das Land verlassen und nach Österreich zurückkehren. Bis 1950 lebten einige tschechische Karmeliten in Kostelní Vydrí.

Im Jahr 1950 wurden alle Klöster in unseren Ländern aufgelöst, ihre Tätigkeit verboten und die Ordensleute in Arbeitslagern interniert;

diesen Ereignissen ging 1948 die Machtergreifung der kommunistischen Partei voraus. Während der folgenden vierzig Jahre war die Kirche bei uns praktisch in die Illegalität abgedrängt. Die atheistische Erziehung war unverzichtbarer Bestandteil des Regierungsprogramms der kommunistischen Partei. Alle Bischöfe und viele Priester, vor allem Ordenspriester, wurden zu langjährigen Freiheitsstrafen verurteilt. Die Kirche wurde nur im Rahmen der Sakramentenspendung innerhalb der Kirchen geduldet, und zwar unter der strengen Kontrolle der Staatsverwaltung. Die Meinung der meisten Bürger damals war, daß diese Situation bald ein Ende haben müßte, aber das traf nicht zu. Die zweite Hälfte der kommunistischen Ära stand dann nicht mehr unter dem Zeichen des Wartens, sondern unter dem Zeichen des Widerstands. Einen entscheidenden Impuls dazu gab der sogenannte „Prager Frühling" 1968, als die politische Szene sich zu ändern begann. Durch den Eingriff der sowjetischen Truppen kam es aber zu einem gewaltsamen Rückschlag, und das kommunistische System konnte sich noch weitere zwanzig Jahre halten.

Trotz aller Bemühungen des Staates blieb der Glaube in unserem Land lebendig. Durch verschiedene geheime Gemeinschaften kamen viele junge Leute zum Glauben. Literatur, die offiziell nicht veröffentlicht werden durfte, wurde verbreitet. Durch die Leiden der Verfolgung kam es zu einer Erneuerung der Kirche. Viele schauten mit Sympathie auf sie als ein Zeichen, ein Symbol des Widerstands. Aber nicht nur das; sie wurde auch als eine Gemeinschaft gesehen, die den Hunger nach geistigen und geistlichen Werten zu stillen vermag. Es fanden sich auch immer mehr Leute, die trotz aller Hindernisse Gott und den Menschen in der Kirche dienen wollten.

Obwohl das Ordensleben nach außen hin ausgelöscht war, war es nach innen lebendig; die meisten Ordensgemeinschaften existierten weiter, es entstanden sogar neue Gemeinschaften, und es kamen immer wieder neue Mitglieder hinzu - alles natürlich im Geheimen. In unserem Orden war es ähnlich. Bis 1989 gab es bei uns nur noch einen einzigen Karmeliten, P. Metodej Minarík. Er steht am Anfang eines erneuten Aufbruchs des tschechischen Karmel, der so unauffällig war wie ein Samenkorn, das im Boden keimt. Vor allem ihm ist es zu verdanken, daß der Karmel nicht einmal in der kommunistischen Zeit zu leben aufhörte. Gott gebrauchte ihn wie einen Weinstock, aus dem ein neuer Zweig hervorschoß. Bereits Mitte der achtziger Jahre legten die ersten drei Priester in die Hände von P. Metodej ihre ewige Profeß ab. Durch weitere junge Menschen, die die

Spiritualität des Karmel anzog, wuchs die Gemeinschaft. Mit dem Ende der kommunistischen Herrschaft kam ans Licht, daß der Orden in der Tschechischen Republik, einschließlich der Novizen, bereits sechzehn Mitglieder hatte.

Somit begann also im November 1989 ein neues Kapitel in der Geschichte unseres Karmel. Die seitdem vergangenen vier Jahre könnte man mit zwei Begriffen zusammenfassen: die Erneuerung der Struktur des Ordens und die Suche nach der eigenen Ordensidentität im Geist des II. Vatikanischen Konzils. Es ist klar, daß sich innerhalb der letzten vierzig Jahre die Situation der Gesellschaft und der Kirche geändert hat und daß es für jede Ordensgemeinschaft sehr wichtig ist, diese Fragen ehrlich zu beantworten: Was ist unsere Sendung in der gegenwärtigen Welt? Was ist unsere eigene, unverwechselbare Identität? Auch unsere Gemeinschaft stellt sich diese Fragen. Die Antworten erhalten wir von den Zeichen der Zeit: Hunger nach geistig-geistlichen Werten, den keine ökonomische Reform stillen kann, Interesse an spiritueller Literatur, an Exerzitien, am Eintritt in den Orden und an einer Mitarbeit am Werk der geistlichen Erneuerung; Sehnsucht nach geistlicher Begleitung, nach Vorträgen, nach Möglichkeiten außerordentlicher Seelsorge, nach glaubwürdig gelebtem Christsein ... So sehen wir uns vor große Herausforderungen gestellt. Nicht zuletzt ist der anstrengende Aufbau einer tragfähigen und hilfreichen äußeren Struktur zu nennen, die Renovierung und Errichtung von Gebäuden, organisatorische und ökonomische Absicherung der Aufgaben. Nur dank großzügiger finanzieller Hilfe unserer ausländischen Brüder kommen wir in diesen eher materiellen Angelegenheiten so schnell voran; für ihre brüderliche Hilfe sind wir sehr dankbar. So war es inzwischen schon möglich, in Olomouc (Olmütz) ein Studienhaus für die Brüder herzurichten, die sich durch das Theologiestudium auf die Priesterweihe vorbereiten. Mittlerweile bauen wir ein neues Klostergebäude in Kostelní Vydrí, das nicht nur ordensintern, sondern auch als geistliches Zentrum genutzt werden soll. Neben Kostelní Vydrí und Olomouc gibt es noch eine dritte Niederlassung in Frýdlant nad Ostravicí.

Das Wachstum des Karmel erstreckt sich aber nicht nur auf den sog. „Ersten Orden" der Brüder, sondern auch auf den Zweiten und Dritten Orden. So verbringen bereits einige tschechische Novizinnen ihr Noviziat im Kloster der kontemplativen Karmelitinnen in Vetralla/Italien. Unter dem Namen „Karmel in der Welt" entstand eine Drittordens-Gemeinschaft, die heute schon ca. 120 Mitglieder zählt.

Wir haben auch gute Kontakte mit unseren Brüdern im Teresianischen Karmel; zwar gibt es bei ihnen im Moment nur zwei tschechische Brüder, dafür leben aber im weiblichen Teresianischen Karmel in Prag über zwanzig Schwestern. Ein Zeichen für die Ausbreitung karmelitanischer Spiritualität ist auch die erste Niederlassung der „Gemeinschaft der Seligpreisungen" in Dolany bei Olomouc. Direkt in Kostelní Vydrí entsteht eine neue Gemeinschaft unserer apostolisch tätigen Schwestern; auch für sie wird ein Gebäude hergerichtet. In Frýdlant wird ein weiteres Haus für die Schwestern der internationalen karmelitanischen Gemeinschaft „Donum Dei" renoviert; es soll später als Pfarrzentrum und Restaurant dienen. Drei Schwestern dieser Kongregation sind bereits in unserem Land, um Sprache und Kultur kennenzulernen. Schließlich gehen noch Schwestern einer polnisch-italienischen Kongregation des Karmel in das Dorf Lidecko, um dort alte und kranke Leute zu betreuen. Das Haus für diese Schwestern wurde bereits hergerichtet und wird bald offiziell eröffnet.
Unsere Gemeinschaft tritt nicht nur durch die Pfarrseelsorge und den Wallfahrtsort Kostelní Vydrí ins Bewußtsein der Menschen, sondern vor allem auch durch die von unserem karmelitanischen Verlag herausgegebenen Bücher. In den vergangenen vier Jahren erschienen etwa dreißig Titel geistlicher Literatur, von denen die meisten Übersetzungen aus anderen Sprachen sind. Wir – als Zeugen dieses neuen Anfangs – müssen selbst über dieses Werk staunen. Wir erfahren darin, wie der Herr mit uns rechnet, da seine Hilfe tatsächlich spürbar ist.
Die Mitbrüder, die die Hauptverantwortung für unseren Neuanfang tragen, sind neben dem schon genannten P. Metodej Minarík vor allem P. Josef Jancár, Generaldelegat und Klerikatsleiter in Olomouc, P. Vojtech Kodet, Prior und Noviziatsleiter in Kostelní Vydrí, und P. Jan Fatka, der Leiter des karmelitanischen Verlags. Zum tschechischen Karmel gehören noch weitere siebzehn Brüder, einschließlich der Novizen und Postulanten. Das Interesse junger Menschen am Ordensleben hält an. Probleme sind jedoch häufig persönliche Unreife und z.T. falsche Vorstellungen vom Ordensleben. Deswegen ist die Jugendarbeit sehr wichtig, nicht nur im Hinblick auf Berufungen, sondern vor allem auch für die geistige und moralische Erneuerung der Gesellschaft. Dieser Arbeit wollen wir uns in den Orten, in denen wir leben, widmen. Darüber hinaus möchten wir allen Menschen gegenüber offen sein, die unseren Dienst brauchen, sei es durch geistliche Begleitung, Exerzitien, Besinnungstage, Mitleben in der Ge-

meinschaft oder auch in ganz spezifischen Angelegenheiten. Schon jetzt übersteigt das Interesse weit unsere Möglichkeiten; dies bedeutet aber gleichzeitig eine große Ermutigung für uns. Wir sind überzeugt, daß Gott selbst sich dieses Aufbruchs angenommen hat und daß er für alles Notwendige sorgen wird.

Immer mehr wird uns klar, daß die erste Voraussetzung für den Wert unseres Wirkens darin besteht, daß sich jeder von uns von Gott verändern und umgestalten läßt. Unser Dienst als einzelne wie als Gemeinschaft muß aus dem Gebet und dem Leben mit Gott erwachsen. Nach den beiden großen Vorbildern des Karmel, Elija und Maria, wollen wir uns dem Herrn zur Verfügung stellen, um mitzuhelfen beim Aufbau seines Reiches, hier in unserem Land.

4.2. Carlos Mesters OCarm und das „Centro de Estudos Bíblicos" (CEBI) - Ein „Zentrum für Biblische Studien" inmitten Lateinamerikas (Eliseu Hugo Lopes, CEBI)

Frei Carlos Mesters ist von Geburt Niederländer, mehr aber noch ist er aufgrund seiner Tätigkeit Brasilianer, denn hierher kam er schon 1949 im Alter von 17 Jahren. In Brasilien trat er in den Karmel ein, wo er seinen Ordensnamen „Frei Carlos" erhielt und das Philosophiestudium absolvierte. Zum Studium der Theologie ging er dann nach Rom; dem folgte in Rom und Jerusalem ein Aufbaustudium in Bibelwissenschaften. Um das Wort Gottes auszusäen, kehrte er dann 1963 nach Brasilien zurück. Hier vermittelte das familiäre Zusammenleben mit dem Volk Frei Carlos einen Erfahrungsschatz, der seinem ganzen Wirken als Karmelit und Verkünder des Evangeliums Richtung gab: immer so einfach und gewinnend zu reden oder zu schreiben, daß Leute, die wie sein Vater Arbeiter waren, sein Anliegen verstehen könnten.

Seit der Erneuerung durch das II. Vatikanische Konzil zeigte auch das nicht akademisch gebildete christliche Volk ein wachsendes Interesse an der Bibel: Es las, hörte, diskutierte und deutete sie in seinen Versammlungen. Frei Carlos war für diesen Ruf des Volkes empfänglich, und er begriff die Neuheit und den Reichtum dieser Interpretation der Bibel durch das Volk; ihr geht es darum, als Schlüssel zur Auslegung eines biblischen Textes die eigene Lebenswirklichkeit zu nehmen und dann in der Gruppe eine gemeinsame Deutung zu versuchen. Das Volk liest also die Schrift im Licht seines

konkreten Lebens, um zu verstehen, was hinter dem Buchstaben steht, was Gott ihm in der aktuellen Situation, in der es lebt, sagen will. Die Bibel wird somit nicht eines geistlichen Genusses oder einer persönlichen Auferbauung wegen gelesen, sondern im Blick auf die Realität, die von uns Christen einen Aufschrei gegen das Unrecht und ein Wort der Hoffnung verlangt. Eine solche Lektüre der Bibel hilft die Ereignisse des Lebens zu deuten und darin zu entdecken, wie Gott auch heute in und durch die Geschichte wirkt. Das betende und zugleich lebensbezogene Lesen der Bibel stärkt und verlebendigt den Glauben und zielt auf eine Veränderung der Wirklichkeit, insbesondere der ungerechten Verhältnisse, in denen die breite Mehrheit des Volkes lebt. Auch der Bibelwissenschaftler läßt sich in diesen Prozeß mit hineinnehmen, in dem das Wort von gestern in der heutigen Wirklichkeit unter dem fruchtbaren Wirken des Geistes widerhallt, der dort wirkt, wo „zwei oder drei im Namen des Herrn versammelt sind“ (vgl. Mt 18,20).
Nach einer fünfzehnjährigen Praxis der Auslegung der Bibel durch das Volk beschloß Carlos Mesters 1978 zusammen mit einigen Freunden, das „Centro de Estudos Bíblicos“ (CEBI) ins Leben zu rufen; sein Sitz wurde der Konvent der Karmeliten in Angra dos Reis (Rio de Janeiro). Als Zeichen für die ökumenische Ausrichtung dieses Zentrums übernahm dort Pastor Iranildes Dutra, ein Methodist, das Sekretariat.
Frei Carlos sagte zur Gründung des CEBI: „Das Centro Bíblico entstand, um zu dienen. Es entstand nicht aus Überheblichkeit, sondern aus der seit Jahren von vielen Menschen verspürten Notwendigkeit, für die christlichen Gemeinden eine Hilfe beim Umgang und der Auslegung der Bibel zur Verfügung zu stellen. So wurde die Bibel zum unsichtbaren Treibstoff für die Erneuerung der Kirchen, die von der Basis ausgeht, und zum Licht für das Engagement vieler Christen zur Umformung der Gesellschaft.“
Dank seiner Bibelkurse in den verschiedenen Regionen des Landes und dank seiner Schriften, von denen viele auch in deutscher Sprache erschienen sind, wurde Carlos Mesters in ganz Brasilien bekannt, und die Nachricht von der Gründung des „Centro de Estudos Bíblicos“ fand bei zahlreichen Christen begeisterte Aufnahme. Frei Carlos ging es nicht um die Durchsetzung seines Programmes, sondern um die gemeinsame Verwirklichung des Bibelprojektes; deshalb stellte er sich ganz der Gruppe zur Verfügung. Niemals ging es dabei um einen akademischen Lehrgang, sondern um die Verbindung von Studium

und Praxis. Das Lehrer-Schüler-Verhältnis trat zurück, und alle fanden sich als Hörer des Wortes im selben Prozeß des Suchens.
Die Bibelkurse dauern gewöhnlich zwischen zehn und dreißig Tagen. Sie bauen zuallererst auf der Mitarbeit aller Teilnehmer auf, denn alle Beiträge sollen in ein gemeinsames Ergebnis einfließen. Am Gruppengespräch nimmt auch jeweils ein „Assessor" teil, der auf Anfrage seine wissenschaftlichen Kenntnisse von der Bibel zur Verfügung stellt; dies erfordert natürlich eine gediegene Kompetenz, hohe Aufmerksamkeit und viel Gespür für das Gespräch in der Gruppe. Natürlich bildet auch die Feier der Liturgie einen wichtigen Bestandteil in der Auseinandersetzung mit dem Wort Gottes.
Im Lauf der Zeit begann das CEBI auch regionale Kurse von zweiwöchiger Dauer und einen nationalen Kurs von einem Monat zu organisieren. Zu deren Nachbereitung bildeten sich Koordinationsteams über das ganze Land. Sie sind wie Übertragungsstationen für das Licht und die Energie des Wortes Gottes im ganzen riesigen Territorium Brasiliens.
Je nach den verschiedenen Gegebenheiten einer jeden Region nimmt die Beschäftigung mit der Bibel vielfältige Formen an: Studienwochen, Bibeltage, Schulungen, Einkehrtage, Wallfahrten usw. Für die Ausbildung der „Assessoren" gibt es zum einen den Intensivkurs, der auf ökumenischer Basis für ganz Lateinamerika stattfindet und sechs Monate dauert, ferner den fünfjährigen Extensivkurs, der in Seminaren stattfindet, die Schüler und Assessoren vereinen, und bei dem kleine Gruppen gemeinsam unter der Begleitung eines Bibelwissenschaftlers studieren.
Über verschiedene Wege wurde das CEBI mehr und mehr in den anderen Ländern Lateinamerikas bekannt: durch seine Veröffentlichungen, durch die Teilnahme von spanischsprachigen Mitbrüdern an den Veranstaltungen, durch die Arbeit von Mitgliedern des CEBI in benachbarten Ländern und besonders durch die Teilnahme von Schülern und Lehrern verschiedener Länder am Intensivkurs des CEBI. Außer in Brasilien fand dieser Kurs bisher schon in Mexico, Kolumbien und Chile statt. Seine gleichbleibende Identität ist gewahrt durch das Programm, die Methode und die Assessoren, die ihn begleiten.
Der 500. Jahrestag der Ankunft der Spanier in Lateinamerika gab den Christen Anlaß, ihre Erinnerung und ihre Identität der Vergangenheit zu entreißen, wie es die Bibel auch für das Volk Gottes in den kritischsten Phasen seiner Geschichte bezeugt. Dieses Bemühen wird

beispielsweise in einer eigenen Namensgebung für diesen Teil der Welt deutlich: nicht mehr „Lateinamerika“, sondern „Amer-India“ oder genauer „America-Afro-Latindia“, aber auch ganz wesentlich in der Theologie der Befreiung, die hier ihre Wiege hat. Mehr aber noch als durch die Bücher der Theologen keimt und nährt sich diese neue Art, den Glauben zu denken und vor allem zu leben, aus der Reflexion, die das Volk über das offenbarte Wort anstellt.
Eine neue Lektüre der Bibel durch das Volk ist Ansporn, dieselbe auch als biblische Lektüre der Geschichte der Menschen Lateinamerikas zu gestalten, und zwar nicht mehr aus der Sicht der Herrschenden und Kolonisierenden, sondern aus der Sicht der Einheimischen und der afrikanischen „Stämme“, die das Massensterben und den Völkermord überlebten. Carlos Mesters und das CEBI arbeiten an der Seite des armen und unterdrückten Volkes, um ihm die Chance bewußt zu machen, in der eigenen Geschichte die Kraft, den Mut, den Glauben und die Hoffnung zu suchen, um sich selbst wiederaufzubauen – unter dem Zeichen der Evangelisierung.
Noch kann man nicht beurteilen, welche Stellung Frei Carlos in dem Neuen, das in der Kirche Lateinamerikas aufgebrochen ist, hat. Er steht nicht allein bei dieser Arbeit, aber er besitzt die Fähigkeit, als Multiplikator viele Menschen zu erreichen. Heute hat das CEBI eine eigene Organisation in Lateinamerika, aber es beginnt und lebt an der Basis, in den kleinen Gruppen. Durch Tausende solcher Basisgruppen und ihrer Leiter ist die neue Methode des Bibellesens des CEBI eine große Ermutigung und Kraftquelle für die Gemeinden geworden.

4.3. Die Mission der Oberdeutschen Provinz der Karmeliten in Indien (Joseph Kotschner OCarm)

„Die Oberdeutsche Provinz will aus Verantwortung für die Mission der Kirche und die Ausbreitung des Ordens ... der Kirche in Indien helfen. Diese Hilfe soll darin bestehen, daß junge Inder, die unserem Orden beitreten, auf Kosten der Provinz ihre phil.-theol. Studien in Deutschland absolvieren. Nach Abschluß der Studien sollen sie als Karmeliten in Indien wirken. – Es ist der ausdrückliche Wille des Kapitels, daß sich die ganze Provinz an den Kosten beteiligt, um so der Verantwortung gegenüber der Weltmission und der Dritten Welt sichtbaren Ausdruck zu geben.“

Was in diesem am 13. Juni 1973 gebilligten Antrag auf dem Provinzkapitel seinen nüchternen Ausdruck findet und den offiziellen Beginn der Indienmission der Oberdeutschen Provinz der Karmeliten markiert, hat mich bereits Jahre vorher umgetrieben und im Juni 1972 in unserem Ordensorgan „forum internum" unter der Überschrift „Zur Diskussion gestellt: Projekt Indien" einen ersten Niederschlag gefunden. Nach fast 25 Jahren kontinuierlicher Betreuung konnte unser brasilianisches Missionsprojekt im Bundesstaat Paraná als „Selbstläufer" betrachtet werden, und die Zeit war gekommen, den Orden einem neuen Auftrag zu verpflichten. Voraussetzung hierfür war freilich die Bereitschaft der Provinz, sich unmittelbar zu engagieren und keinen anonymen Spendentransfer zu initiieren. Und das trotz der vielfältigen Aufgaben vor Ort und der unabsehbaren technischen, organisatorischen und psychologischen Probleme im Zusammenhang mit einem siebenjährigen Studienaufenthalt für junge Inder fern der Heimat.
Ermutigung und Bestätigung erfuhr ich freilich seitens des Afroasiatischen Instituts in München, von verschiedenen Bischöfen und Ordensleuten in Indien und vor allem den Claretinern mit ihrer langjährigen positiven Erfahrung auf dem Gebiet von Studentenprogrammen mit Indern. Im Unterschied zu dem irischen Provinzial Myles Prendergast, der bei seinem Versuch, Anfang des 19. Jahrhunderts den Stammorden in Indien anzusiedeln, am eigenen Übereifer und seinem eurozentrischen Vorgehen scheiterte, hatte ich mir vorgenommen, nur Anstöße von außen zu geben und den Indern keine westlichen Denk- und Handlungsweisen aufzuzwingen. Von Beginn an war unser Projekt konzipiert als „Synthese von Möglichkeiten und Erfordernissen", nicht zuletzt deshalb, weil die indische Regierung nach wie vor ausländischen Glaubenslehren eher ablehnend gegenübersteht. Darüber hinaus lag es weder in der Intention noch im Bereich des personell Machbaren, seitens der Provinz auf Dauer Missionare nach Indien zu entsenden.
Kern des Vorhabens war es, zunächst vier bis sechs junge Inder mit sehr guten religiösen, charakterlichen und intellektuellen Fähigkeiten zu uns nach Deutschland kommen zu lassen. Als Ausbildungsstätten waren die Universität Bamberg sowie die Bamberger Karmelitenseminare Theresianum und Marianum vorgesehen, für die ihrerseits interessante Impulse zu erwarten waren. Nach einem Jahr intensiven Deutschunterrichts am Theresianum (Englisch konnte vorausgesetzt werden) sollte ein Noviziatsjahr folgen, anschließend das Studium der

Philosophie und Theologie. Nach ihrer Priesterweihe war für die indischen Karmeliten die Rückkehr in ihre Heimat vorgesehen, um dort als Ordensleute und Priester zu wirken. In der Entwicklungshilfepolitik nennt man diesen freilich viel zu selten praktizierten Ansatz „Hilfe zur Selbsthilfe".

Doch zunächst brauchte ich, nachdem die Ordensprovinz das Projekt gebilligt hatte, selbst Hilfe, um mich auf dem riesigen Subkontinent zurechtzufinden und geeignete Kandidaten auswählen zu können. Die karmelitanische CMI-Kongregation hat mir in dieser Hinsicht eine ganz außerordentliche Unterstützung zuteil werden lassen, die ich gerade vor dem Hintergrund meiner ersten Indienreise vom 23. März bis 20. April 1973 gar nicht überbewerten kann. Denn sowohl der Sekretär der Indischen Bischofskonferenz wie die „Kommission für geistliche Berufe" standen meinen Plänen recht zurückhaltend gegenüber, und erst bei Gesprächen im Dharmaram-College der CMI in Bangalore, einer der bedeutendsten katholischen Hochschulen Indiens, spürte ich in mir Hoffnung für einen fruchtbaren Beginn unseres Projektes keimen.

Nachdem die Indische Ordensoberenkonferenz sowie alle relevanten Kirchenmänner der Region ihr Einverständnis signalisiert hatten, konnte bereits nach einer Woche unter Federführung des Generals der CMI-Kongregation in Ernakulam, Bundesstaat Kerala, ein Gremium von drei erfahrenen Patres eingesetzt werden, das technisch und inhaltlich für die Auswahl der Kandidaten verantwortlich zeichnete. Mit viel diplomatischem Fingerspitzengefühl mußte ich parallel dazu mit einem Großteil der siebzehn regierenden Bischöfe Keralas in Unterredungen eintreten, um ein möglichst günstiges Klima für unser Vorhaben zu schaffen. Die Mühen wurden belohnt, als sich Mitte April die Bischofskonferenz wohlwollend hinsichtlich unserer Absichten äußerte.

Noch während die Verhandlungen zu den Vertragsbedingungen für potentielle Bewerber liefen, stellten sich die ersten drei Kandidaten vor, und die eigentliche Projektarbeit konnte beginnen: Der Grundstein zu einer bisher außerordentlich erfolgreichen Missionsanstrengung der Oberdeutschen Provinz war gelegt, wenngleich noch viele Reisen in diesen Subkontinent nötig wurden, um das Projekt auf eigene Beine zu stellen.

Bereits im Dezember desselben Jahres siedelte eine erste Gruppe von vier jungen Männern nach Deutschland über, und ein knappes Jahr darauf folgte die zweite Gruppe, um sich in Bamberg auf ein Leben als Karmelit und Priester vorzubereiten. Aus den Berichten und Briefen ging immer wieder hervor, daß nur Kandidaten „mit vorzüglichen religiösen, charakterlichen und intellektuellen Eigenschaften und einer echten Berufung“ angeworben werden sollten. Diese vorsichtigen Worte machen auf eine Schwierigkeit aufmerksam, die von der Kurie gesehen und als Einwand formuliert worden ist. Obwohl die Kongregation für die Orientalischen Kirchen in ihrem Brief vom 12. Mai 1975 die Initiative der Oberdeutschen Provinz hoch bewertete, verwies sie auf die Vorbehalte des Apostolischen Pronuntius in Indien und zitierte einen Abschnitt aus dessen Gutachten: „Sie sind, Eminenz, sicher gut unterrichtet über die zahlreichen Fälle von indischen Alumnen (...), welche nicht ungewöhnliche Schwierigkeiten hatten, sich wieder in die Verhältnisse ihrer Heimat einzufügen, auch wenn sie den echten Willen besaßen, sich ganz der Seelsorge zu widmen; hatten sie doch wegen ihrer Ausbildung im Ausland jahrelang fast völlig abgeschnitten von ihrer gesellschaftlichen, kulturellen und religiösen Umwelt gelebt ...“

In Bamberg wurde mittlerweile für Dezember d.J. die dritte und letzte Gruppe aus Indien erwartet. Mit Verweis auf die wohlwollende Zustimmung der indischen Oberhirten, die strengen Aufnahmekriterien des „Auswahlgremiums“ der CMI und die offene Aufklärung der Kandidaten über die Risiken hielt ich deshalb in einem Antwortschreiben vom 7. Juni 1975 dagegen: „Um einer jahrelangen Isolation von der heimatlichen gesellschaftlich-religiös-kulturellen Umwelt während der Ausbildungszeit in Deutschland entgegenzuwirken, legen wir großen Wert darauf, daß unsere indischen Kandidaten auch hier von guten malabarischen Priestern im Rahmen des Möglichen betreut werden und daß Beziehungen zu den Verwandten erhalten bleiben, unbeschadet aller Erfordernisse eines klösterlichen Lebens. Darüber hinaus fördern wir alles, was dem intensiven Kontakt unserer indischen Brüder mit ihrer Heimat Kerala dienlich sein kann. (...) Die verantwortliche Führung zu einem echten, tiefen religiösen und klösterlichen Leben und einer charakterlichen kritisch-reflektierenden Dynamik ist für uns ein hauptsächlich angestrebtes Ziel in der Heranbildung unserer Kandidaten, vor allem auch im Blick auf die genannten Probleme und Risiken.“

Der Probleme und Risiken gab und gibt es genug. Doch am 8. September 1975 legten die ersten indischen Brüder ihre zeitlichen Gelübde ab.

Ein Schritt folgte nun auf den anderen: Erwerb eines Grundstückes

für das neu zu gründende „Karmelnivas", Studienabschluß der ersten drei Inder im Sommer 1981 und einstimmiger Beschluß des Provinzrates, in Kothamangalam, Kerala, eine Niederlassung unserer Ordensprovinz zu gründen, Ankauf einer Kaffee- und Nutzholzplantage für den Unterhalt der Gemeinschaft, die Priesterweihe Fr. Sunny Georges am 26. Juni 1982 in Bamberg, die Entsendung der beiden ersten indischen Karmelitenpatres in ihre Heimat am 25. Juli d.J. und die kanonische Errichtung des „Karmelnivas" am 1. August 1982. Bereits am 11. Mai 1983 konnte ich der Kongregation der Orientalischen Kirchen offiziell die Neugründung mitteilen. Besonders froh war ich aber darüber, daß die indischen Mitbrüder in keiner Weise entwurzelt schienen, sondern ihrem syro-malabarischen Ritus treu geblieben sind.
Am 1. August 1983 beschloß der Provinzrat offiziell, in Kartikulam ein Noviziatshaus einzurichten, da mittlerweile drei indische Patres, ein Diakon und ein Kleriker der Oberdeutschen Provinz angehörten und seit Juni d.J. bereits 23 Kandidaten studierten, von denen einige im Mai 1984 das Noviziat beginnen sollten. Am 31. Oktober 1983 schließlich genehmigte das Ordensgeneralat in Rom die kanonische Errichtung des Noviziatshauses „Karmelnikethan" in Kartikulam.
Früher als vermutet, konnte am 8. September 1987 in Bangalore, Kerala, der Grundstein des mittlerweile dringend benötigten Studienhauses „Karmeljyoti" mit über dreißig Einzelzimmern und einer Reihe größerer Mehrzweckräume für die indischen Kleriker gelegt werden. Das kanonische Errichtungsdekret wurde am 20. Februar 1988 erteilt.
Am 14. November 1987, am Fest Ordensallerheiligen, konnte ich mit der Grundsteinlegung für das „Karnua Bhavan", das „Haus der Barmherzigkeit", einem Siechenheim für bis zu 25 alte Männer, zu meiner großen Freude die Gewißheit erlangen, daß nun auch das soziale Engagement unserer Ordensniederlassung Gestalt gewinnt.
Doch damit nicht genug: Beflügelt durch den Segen, der auf unserm Projekt liegt, stellte ich am 2. Oktober 1990 den Antrag an den Provinzrat, auch die Karmelitinnen nach Indien zu verpflanzen, was von den Bischöfen dieses klassischen Landes der Kontemplation nur zu gerne gesehen würde.
Auf meiner dreizehnten Indienreise von Juni bis August 1992 konnte ich voll Freude und Dankbarkeit erfahren, daß die indischen Mitbrüder inzwischen an einen Missionseinsatz im Inland (Mittel- oder Nordindien) oder gar im Ausland denken. Zwei neugeweihte

Patres haben in aller Form die Frage gestellt, wo sie am besten eingesetzt werden können. Eine ganz neue Dimension des Indienprojekts tut sich auf. Im Oktober 1993, nach genau einem Jahrzehnt unserer Präsenz in Kerala, wurde das „Provinzkommissariat Indien“ offiziell errichtet, zu dem zur Zeit rund fünfzig Brüder.

Gerne erinnere ich mich deshalb zurückblickend an die Worte eines Ordensmannes, in denen alles zusammengefaßt ist: „Das wichtigste Kapital, das Sie hier in Kerala investieren, sind die Menschen. Von Ihren jungen Mitbrüdern wird es abhängen, ob Ihre Gründung in Indien gedeiht.“

Anhang

Adressen der Karmelitanischen Familie im deutschsprachigen Raum

I. Karmeliten (OCarm)

1. Oberdeutsche Karmelitenprovinz

1.1. Provinzialat (Kontaktadresse):
Provinzialat der Karmeliten, Karmelitenplatz 1, 96049 Bamberg,
Tel.: 0951 / 95290; Fax: 0951 / 59538.

1.2. Klöster:
Bad Reichenhall: Karmelitenkloster, Dreifaltigkeitsgasse 10,
83421 Bad Reichenhall,
Tel.: 08651 / 61746.
Bamberg: Karmelitenkloster, Karmelitenplatz 1, 96049 Bamberg,
Tel.: 0951 / 95290; Fax: 0951 / 59538.
Angebote: *Kloster auf Zeit, Stille Tage.*
Beilstein/Mosel: Karmelitenkloster, Haus Nr. 55, 56814 Beilstein,
Tel.: 02673 / 1653.
Erlangen: Karmelitenkloster, Langfeldstr. 36, 91058 Erlangen,
Tel.: 09131 / 71650; Fax: 09131 / 716530.
Fürth: Karmelitenkloster, Friedrich-Ebert-Str. 5, 90766 Fürth,
Tel.: 0911 / 735088; Fax: 0911 / 735089.
Ohrdruf/Thüringen: Karmelitenkloster St. Elija, Lindenaustr. 44,
99885 Ohrdruf,
Tel.: 03624 / 37190; Fax: 03624 / 371914.
Angebote: *Kloster auf Zeit, Stille Tage, Einzelexerzitien.*
Springiersbach/Mosel: Karmelitenkloster Springiersbach, 54538 Bengel,
Tel.: 06532 / 2287; Fax: 06532 / 4549
Angebote: *Kloster auf Zeit, Stille Tage, Einzelexerzitien, Exerzitienkurse, Ferienmöglichkeiten.*
Straubing: Karmelitenkloster, Albrechtsgasse 20, 94315 Straubing,
Tel.: 09421 / 10612.
Angebote: *Kloster auf Zeit, Stille Tage, Einzelexerzitien*
Wien: Karmelitenkloster, Stefan-Fadinger-Platz 2, A-1100 Wien X,

Tel.: 01 / 6043461; von Deutschland aus: 00431 / 6043461.
Angebote: *Kloster auf Zeit.*

1.3. Provinzeinrichtungen:
Theresianum, Spätberufenenschule der Karmeliten, Gymnasium und Kolleg, Spätberufenenseminar der Karmeliten,
Karmelitenplatz 1, 96049 Bamberg, Tel.: 0951 / 952240.
Theresianum, Spätberufenenseminar der Karmeliten,
Karmelitenplatz 1, 96049 Bamberg, Tel.: 0951 / 54061.
Marianum, Jugendbildungshaus und Bildungshaus der Karmeliten,
Karmelitenplatz 1, 96049 Bamberg,
Tel.: 0951 / 53492; Fax: 0951 / 59538.
Exerzitienhaus Carmel Springiersbach, 54538 Bengel, Tel.: 06532 / 2287;
Fax: 06532 / 4549

2. Niederdeutsche Karmelitenprovinz

2.1. Provinzialat (Kontaktadresse):
Provinzialat der Karmeliter, Karmeliterstr. 7, 55116 Mainz,
Tel.: 06131 / 232645 oder 232646.

2.2. Klöster:
Duisburg: Karmeliterkloster, Karmelplatz 1-3, 47051 Duisburg,
Tel.: 0203 / 26409.
Essen: Karmeliterkloster, Margaretenstr. 17, 45144 Essen,
Tel.: 0201 / 730071.
Kamp-Lintfort: Karmeliterkloster, Abteiplatz 13, 47475 Kamp-Lintfort,
Tel.: 02842 / 4041.
Köln: Karmeliterkloster, Klarastr. 17, 50823 Köln,
Tel.: 0221 / 516630.
Mainz: Karmeliterkloster, Karmeliterstr. 7, 55116 Mainz,
Tel.: 06131 / 232645 oder 232646.
Angebote: *Kloster auf Zeit, Stille Tage.*
Marienthal: Karmeliterkloster Marienthal, An der Klosterkirche 8,
46499 Hamminkeln-Marienthal,
Tel.: 02856 / 2360.
Angebote *Kloster auf Zeit, Stille Tage, Exerzitien.*
Wegberg: Karmeliterkloster, Rathausplatz 6, 41844 Wegberg,
Tel.: 02434 / 4064.

2.3. Provinzeinrichtung:
Edith-Stein-Haus, Karmel-Bildungsstätte,
Rheinbergstr. 34, 47475 Kamp-Lintfort, Tel.: 02842 / 42011.

II. Teresianischer Karmel (OCD)

1. Bayerische Provinz

1.1. Provinzialat (Kontaktadresse):
Provinzialat der Karmeliten, Dom-Pedro-Str. 39, 80637 München,
Tel.: 089 / 1215520; Fax: 089 / 1298345.

1.2. Klöster:
Birkenwerder (bei Berlin): Karmelitenkloster St. Teresa, Schützenstr. 12,
16547 Birkenwerder,
Tel.: 03303 / 501380; Fax: 03303 / 2574.
Angebote: *Stille Tage, Einzelexerzitien, Exerzitienkurse, Glaubensseminare, Ferienmöglichkeiten.*
München: Karmelitenkloster, Dom-Pedro-Str. 39, 80637 München,
Tel.: 089 / 1215520.
Angebote: *Tage im Kloster für Interessierte am Ordensleben.*
Neumarkt: Karmelitenkloster, Am Mariahilfberg 1, 92318 Neumarkt,
Tel.: 09181 / 32688.
Angebote *Tage im Kloster für Interessierte am Ordensleben.*
Regensburg: Karmelitenkloster, Alter Kornmarkt 7, 93047 Regensburg,
Tel.: 0941 / 585330.
Reisach: Karmelitenkloster Reisach, 83080 Oberaudorf,
Tel.: 08033 / 1465.
Angebote *Stille Tage, Einzelexerzitien.*
Schwandorf: Karmelitenkloster, Kreuzberg 3, 92421 Schwandorf,
Tel.: 09431 / 4014.
Würzburg: Karmelitenkloster, Sanderstr. 12, 97070 Würzburg,
Tel.: 0931 / 354320; Fax: 0931 / 3543213.
Angebote: *Tage im Kloster für Interessierte am Ordensleben.*

1.3. Provinzeinrichtung:
Exerzitien- und Gästehaus Karmel St. Teresa, Schützenstr. 12,
16547 Birkenwerder (bei Berlin), Tel.: 03303 / 2324.

2. Österreichische Semiprovinz

2.1. Provinzialat (Kontaktadresse):
Provinzialat der Karmeliten, Karmelitenkloster, Landstr. 33, A-4020 Linz,
Tel.: 0732 / 770217; von Deutschland aus: 0043732 / 770217.

2.2. Klöster:
Graz: Karmelitenkloster, Grabenstr. 144, A-8010 Graz,
Tel.: 0316 / 62206; von Deutschland aus: 0043316 / 62206.
Innsbruck: Karmelitenkloster, Gramartstr. 4, A-6020 Innsbruck,
Tel.: 0512 / 892219; von Deutschland aus: 0043512 / 892219.
Linz: Karmelitenkloster, Landstr. 33, A-4020 Linz,
Tel.: 0732 / 270217 oder 274127;
von Deutschland aus: 0043732 / 270217 oder 274127.
Angebote: *Kloster auf Zeit, Stille Tage, Einzelexerzitien.*
Wien: Karmelitenkloster, Silbergasse 35, A-1190 Wien,
Tel.: 01 / 323340 oder 325364;
von Deutschland aus: 00431 / 323340 oder 325364.
Angebote: *Kloster auf Zeit.*

III. Karmelitinnen (OCarm und OCD)
Angebote wie Tage im Kloster, Stille Tage, Exerzitien u.ä. bitte bei den einzelnen Klöstern erfragen.

1. Karmelitinnenklöster in Deutschland:
Aachen (OCD): Karmelitinnenkloster, Lousbergstr. 14, 52072 Aachen,
Tel.: 0241 / 156402.
Auderath (OCD): Karmelitinnenkloster Waldfrieden, 56766 Auderath,
Tel.: 02676 / 514.
Aufkirchen (OCD): Karmelitinnenkloster Aufkirchen, Marienplatz 2, 82335 Berg,
Tel.: 08151 / 5331.
Berlin (OCD): Karmelitinnenkloster, Heckerdamm 232, 13627 Berlin,
Tel.: 030 / 3826011.
Bonn (OCD): Karmelitinnenkloster Pützchen, Karmeliterstr. 1, 53229 Bonn, Tel.: 0228 / 480141.
Dachau (OCD): Karmelitinnenkloster, Alte Römerstr. 91, 85221 Dachau, Tel.: 08131 / 21068.

Düren (OCD): Karmelitinnenkloster, Kölner Landstr. 261,
52351 Düren,
Tel.: 02421 / 32696.
Duisburg (OCarm): Karmelitinnenkloster, Karmelplatz 7,
47051 Duisburg,
Tel.: 0203 / 26119.
Erlangen (OCarm): Karmelitinnenkloster, Forchheimer Str. 27,
91056 Erlangen,
Tel.: 09131 / 992727
Essen (OCD): Karmelitinnenkloster, Kapitelberg 1, 45141 Essen,
Tel.: 0201 / 211467.
Hainburg (OCD): Karmelitinnenkloster, Hauptstr. 6-8,
63512 Hainburg,
Tel.: 06182 / 4255.
Hauenstein (OCD): Karmelitinnenkloster, Kapellenweg 13,
76846 Hauenstein,
Tel.: 06392 / 1430.
Kirchzarten (OCD): Karmelitinnenkloster, Dietenbacher Str. 46,
79199 Kirchzarten,
Tel.: 07661 / 4038.
Köln (OCD): Karmelitinnenkloster, Vor den Siebenburgen 6,
50676 Köln,
Tel.: 0221 / 311637.
Rödelmaier (OCD): Karmelitinnenkloster, 97618 Rödelmaier,
Tel.: 09771 / 3151 oder 5031.
Speyer (OCD): Karmelitinnenkloster, Remlingstr. 83, 67346 Speyer,
Tel.: 06232 / 25518.
Tübingen (OCD): Karmelitinnenkloster, Neckarhalde 64,
72070 Tübingen,
Tel.: 07071 / 43134.
Vilsbiburg (OCD): Karmelitinnenkloster, Maria-Hilf-Kirchenweg 8,
84137 Vilsbiburg,
Tel.: 08741 / 1848.
Welden (OCD): Karmelitinnenkloster, Theklasteig 5, 86465 Welden,
Tel.: 08293 / 273.
Witten (OCD): Karmelitinnenkloster, Auf der Klippe 20,
58453 Witten,
Tel.: 02302 / 60301.
Würzburg (OCD): Karmelitinnenkloster, Mainaustr. 40,
97082 Würzburg,

Tel.: 0931 / 42178.
Zweifall (OCD): Karmelitinnenkloster Zweifall, Klosterstr. 10, 52224 Stolberg,
Tel.: 02402 / 72135.

2. Karmelitinnenklöster in Österreich:
Bärnbach (OCD): Karmelitinnenkloster, Heiliger Berg 1, A-8572 Bärnbach,
Tel.: 03142 / 2374; von Deutschland aus: 00433142 / 2374.
Gmunden (OCD): Karmelitinnenkloster, Klosterplatz 9, A-4810 Gmunden,
Tel.: 07612 / 67964; von Deutschland aus: 00437612 / 67964.
Graz (OCD): Karmelitinnenkloster, Grabenstr. 114, A-8010 Graz,
Tel.: 0316 / 63213; von Deutschland aus: 0043316 / 63213.
Himmelau (OCD): Karmelitinnenkloster Himmelau, A-9411 St. Michael/Lavanttal,
Tel.: 04352 / 618083; von Deutschland aus: 00434352 / 618083.
Innsbruck (OCD): Karmelitinnenkloster, Adamgasse 25, Postfach 256, A-6010 Innsbruck,
Tel.: 0512 / 572170; von Deutschland aus: 0043512 / 572170.
Linz (OCD): Karmelitinnenkloster, Langgasse 17, A-4020 Linz,
Tel.: 0732 / 663410; von Deutschland aus: 0043732 / 663410.
Maria Jeutendorf (OCD): Karmelitinnenkloster, Maria Jeutendorf, A-3140 Pottenbrunn,
Tel.: 02784 / 2733; von Deutschland aus: 00432784 / 2733.
Mariazell (OCD): Karmelitinnenkloster, Karmelweg 1, A-8630 Mariazell,
Tel.: 03882 / 2619; von Deutschland aus: 00433882 / 2619.
Mayerling (OCD): Karmelitinnenkloster, Mayerling 3, A-2534 Alland,
Tel.: 02258 / 2275; von Deutschland aus: 00432258 / 2275.
Rankweil (OCD): Karmelitinnenkloster, Treietstr. 18, A-6830 Rankweil,
Tel.: 05522 / 42349; von Deutschland aus: 00435522 / 42349.
Wien (OCD): Karmelitinnenkloster, Hanschweg 1, A-1130 Wien,
Tel.: 01 / 8041328; von Deutschland aus: 00431 / 8041328.

IV. Die Karmelitanische Gemeinschaft

1. Karmelitanische Gemeinschaft (Dritter Orden der Karmeliten)
Kontaktadressen:
Provinzialat der Karmeliten, Karmelitenplatz 1, 96049 Bamberg,
Tel.: 0951 / 95290; Fax: 0951 / 59538.
Provinzialat der Karmeliter, Karmeliterstr. 7, 55116 Mainz,
Tel.: 06131 / 232645 oder 232646.

2. Teresianische Karmel-Gemeinschaft
Kontaktadressen:
Provinzialat der Karmeliten, – TKG –, Dom-Pedro-Str. 39,
80637 München,
Tel.: 089 / 1215520; Fax: 089 / 1298345.
Provinzialat der Karmeliten, – TKG –, Landstr. 33, A-4020 Linz,
Tel.: 0732 / 270217 oder 274127; von Deutschland aus: 0043732 / 270217 oder 274127.

3. Karmel in der Welt (der Oberdeutschen Karmelitenprovinz)
Kontaktadresse:
Provinzialat der Karmeliten, Karmelitenplatz 1, 96049 Bamberg,
Tel.: 0951 / 95290; Fax: 0951 / 59538.

4. Junge Karmel-Gemeinde JKG (der Niederdeutschen Karmelitenprovinz)
Kontaktadresse:
Provinzialat der Karmeliter, Karmeliterstr. 7, 55116 Mainz,
Tel.: 06131 / 232645 oder 232646.

V. Karmel-Kongregationen

Angebote wie Tage im Kloster, Stille Tage, Exerzitien u.ä. bitte bei den Kontaktadressen erfragen.

1. Marienschwestern vom Karmel (SMC)
Kontaktadresse:
Provinzhaus der Marienschwestern vom Karmel, Landshuter Str. 32,
93047 Regensburg,
Tel.: 0941 / 51314.

2. Schwestern Unserer Lieben Frau vom Berge Karmel (Tertiarkarmelitinnen)
Kontaktadresse:
Maison Généralice, 32, rue de Ste Zithe, L-2763 Luxembourg,
Tel. von Deutschland aus: 00352 / 481584 und 488193.

3. Karmelitinnen vom Göttlichen Herzen Jesu (Karmel DCJ)
Kontaktadresse:
Provinzialat des Karmel DCJ, Bremer Str. 9, 49377 Vechta,
Tel.: 04441 / 2194.
Provinzialat des Karmel DCJ, Pappelallee 61, 10437 Berlin,
Tel.: 030 / 4482837.

VI. Säkularinstitut „Notre Dame de Vie"

Kontaktadresse:
Institut „Notre Dame de Vie", Höchstadter Str. 2, 91085 Weisendorf,
Tel.: 09135 / 8612.

Ausgewählte Literatur

I. Zur Geschichte des Karmel

Deckert, A., Die Oberdeutsche Provinz der Karmeliten nach den Akten ihrer Kapitel von 1421 bis 1529, Rom 1961 (Archivum Historicum Carmelitanum Bd. 1).

Ders., Art. Karmeliten, in: W. Brandmüller (Hg.), Handbuch der Bayerischen Kirchengeschichte Bd. II. Von der Glaubensspaltung bis zur Säkularisation. St. Ottilien 1993, S. 773–793. *(Im Register dieses Handbuches werden irrtümlich alle auftretenden Karmeliten mit dem Ordensattribut „OCD" bezeichnet; dies muß durchgängig als „OCarm." gelesen werden.)*

Mesters, G., Die Rheinische Karmeliterprovinz während der Gegenreformation (1600–1660), Speyer 1958.

Panzer, St., Gabriel ab Annuntiatione BMV OCarm. (1611–1679) und die Einführung der Tourainer Reform bei den Karmeliten in Bamberg und Straubing. Diplomarbeit Bamberg 1992 (Manuskript).

Smet, J., Die Karmeliten. Eine Geschichte der Brüder U. L. Frau vom Berge Karmel. Von den Anfängen (ca. 1200) bis zum Konzil von Trient, Freiburg i. Brsg. 1981.

II. Zur Spiritualität des Karmel

Dobhan, U., Die Spiritualität des Karmel, Leutesdorf a. Rh. 1990.

Hense, E., Tanz der göttlichen Liebe. Das Hohelied im Karmel, Freiburg 1991, S. 75–84.

Körner, R., Ehrlich fromm sein. Geistliches Leben aus den Quellen des Karmel, Leipzig 1992.

Malley, J., Maccise, C., Betende Gemeinschaften im Dienste der Menschen, Rom 1992

Towards a Prophetic Brotherhood, Documents of the Carmelite Order 1972–1982, Melbourne 1984. *(Die einzelnen Dokumente sind auch ordensintern in deutscher Sprache erschienen und können in den OCarm-Klöstern eingesehen werden; siehe Adressenanhang).*

Edwards, B., Die Regel des hl. Albert – Die Regel des Karmel, Würzburg 1979.

Jantsch, J., Butterweck, Ch., Die Regel des Karmel. Geschichte und

Gegenwart einer Lebensnorm. Hrsg. v. J. Kotschner, Aschaffenburg 1986.
Steggink, O., Tigcheler, J., Waaijmann, K., Karmelregel, Almelo 1978.
Nützel, J. M., Menschen vor Gott. Elija - Jeremia - Ijob, Schriftenreihe zur Meditation Nr. 48, München 1982.
ders., „So wahr der Herr lebt, vor dessen Angesicht ich stehe...". Der Prophet Elija und sein Stehen vor Gott, in: Christliche Innerlichkeit 26(1991), S. 16–23.
Mesters, C., Der Prophet Elija zwischen Vergangenheit und Zukunft, in: Ders., Das Wort Gottes in der Geschichte der Menschheit, Neukirchen-Vluyn 1984, S. 33–45.
Plattig, M., Elija als „Gründer" der Karmeliten, in: Weismayer Josef (Hrsg.), Mönchsväter und Ordensgründer. Männer und Frauen in der Nachfolge Jesu, Würzburg 1991, S. 187–200.
Dorner, S., Das Skapulier. Mit Maria leben im Geist des Karmel, Wien 1987.
Dobhan, U., Marienverehrung im Karmel, Leutesdorf 1990.
Buch der ersten Mönche, eingeführt von Camillus Lapauw OCD, übersetzt von Hermine Geßl OCD, München 1980 (Hier wird leider nur das erste Buch des Werkes geboten).
Teresa von Jesus, Werke, 6 Bände, München 1933–1941.
Teresa von Avila, Die innere Burg. Hg. und übers. von Fritz Vogelsang, Zürich 1979 (detebe-Klassiker 20643).
Teresa von Jesus, Weg der Vollkommenheit, Leutesdorf 1992.
Dobhan, U., Teresa von Avila. Freundschaft mit Gott, München 1987.
Herráiz-García, M., Beten mit der hl. Teresa. Anleitung zum geistlichen Leben, Wien 1987.
Lorenz, E., Ein Pfad im Weglosen. Teresa von Avila - Erfahrungsberichte und innere Biographie, Freiburg 1986.
Johannes vom Kreuz, Sämtliche Werke, 4 Bde., Einsiedeln 1961–1978.
Johannes vom Kreuz, Sämtliche Werke in fünf Bänden, Darmstadt 1987 (Reprint der Kösel-Ausgabe von 1924–1929).
Eine Neuausgabe der Werke in der Übersetzung von Elisabeth Hense und Elisabeth Peters OCD ist in Vorbereitung.
Benker, G., Loslassen können - die Liebe finden. Die Mystik des Johannes vom Kreuz, Mainz 1991.
Boldt, J., Johannes vom Kreuz - Sein Leben in Kontemplation und Aktion, Mainz 1990.
Dobhan, U., Körner, R., Johannes vom Kreuz - Die Biographie, Freiburg 1992.

Körner, R., Mein sind die Himmel und mein ist die Erde. Geistliches Leben nach Johannes vom Kreuz, Würzburg 1989.
ders., Freiheit, die von innen kommt. Geistliche Orientierung an Johannes vom Kreuz, Leipzig 1992.
ders., Johannes vom Kreuz. Gestalt - Begegnung - Gebet, Freiburg 1993.
Lorenz, E., Ins Dunkel geschrieben. Johannes vom Kreuz - Briefe geistlicher Führung, Freiburg 1987.
Repges, W., Johannes vom Kreuz - der Sänger der Liebe, Würzburg 1985.
ders., Alles war so voll Geheimnis. Johannes vom Kreuz - Sänger der Hoffnung, Würzburg 1991.
Blommestijn, H., Jean de Saint-Samson, Oeuvres complètes I, Paris 1992, Oeuvres complètes II, Paris 1993.
ders., Die mystische Erfahrung eines blinden Karmelitenbruders, in: Geist und Leben 6/1987, S. 402–410.
Therese vom Kinde Jesus, Selbstbiographische Schriften, Einsiedeln 1958.
Briefe der heiligen Therese von Lisieux, Leutesdorf 1976.
Ich gehe ins Leben ein, Letzte Gespräche der Heiligen von Lisieux, Leutesdorf 1979.
Balthasar, H. U. von, Therese von Lisieux. Geschichte einer Sendung, Köln 1960.
Gaucher, G., Chronik eines Lebens. Schwester Therese vom Kinde Jesus und vom Heiligen Antlitz. Therese Martin (1873–1897), Leutesdorf 1987.
Six, J. F., Theresia von Lisieux. Ihr Leben, wie es wirklich war, Freiburg ³1978.
Elisabeth von Dijon, Ein Lied für Gott. Eine Biographie in Bildern, St. Ottilien 1984.
Elisabeth von Dijon, Ich gehe zum Licht. Leben und Erfahrungen im Selbstzeugnis. Hrsg. von Conrad de Meester OCD, Freiburg 1984.
Elisabeth von Dijon, Licht, das mich führt. Geistliche Botschaft. Hrsg. von Conrad de Meester OCD, Freiburg 1986.
Edith-Stein-Werke Bd. I–XVff., Freiburg u.a. 1950–1993ff.
Edith Stein, Wege zur inneren Stille. Hg. von W. Herbstrith, Aschaffenburg 1987 .
Edith Stein, Am Kreuz vermählt. Ausgew. u. eingel. v. N. Hartmann, Zürich-Einsiedeln-Köln 1984 („Klassiker der Meditation“).
Edith Stein, Im verschlossenen Garten der Seele. Ausgew. u. eingel. v.

A. E. Bejas, Freiburg-Basel-Wien 1987 („Texte zum Nachdenken").
Edith Stein, Aus der Tiefe leben. Ausgew. Texte zu Fragen der Zeit v. W. Herbstrith, München 1988.
Elders, L., (Hg.), Edith Stein. Leben, Philosophie, Vollendung, Würzburg 1991.
Gerl, B., Unerbittliches Licht. Edith Stein - Philosophie, Mystik, Leben, Mainz 1991.
Schandl, F. M., „Ich sah aus meinem Volk die Kirche wachsen". Jüdische Bezüge und Strukturen in Leben und Werk Edith Steins (1891-1942), Sinzig 1990 (Sinz ThTSt 9).
ders., „...den Heimatlosen Herberg' zu erflehen...". Spurensuche nach Edith Stein und ihrer solidarischen Spiritualität angesichts gegenwärtiger Szenarien, in: Geist und Leben 65/5 (Würzburg 1992), 329-350.
Titus Brandsma, Engagierte Mystik. Eingel. u. übers. v. E. Hense. Paderborn 1991.
Geisbauer, G. (Hg.), Titus Brandsma. Köln 1987.
Hörl, R. M. (Hg), Titus Brandsma. Bamberg 1986.

III. Zur Karmelitanischen Gemeinschaft

1. Die Kongregation der Marienschwestern vom Karmel (Sorores Mariae Carmeli SMC)

Reischl, R., „Ein junges Reis aus altem Stamm". 1964. Eigenverlag d. Kongregation der Marienschwestern vom Karmel; 93047 Regensburg, Landshuter Str. 32.

2. Die Schwestern Unserer Lieben Frau vom Berge Karmel in Luxemburg

Donckel, E., Die Tertiarkarmelitinnen in Junglinster, Luxemburg 1969.
Ronig, F. J., Mitten in der Welt, Trier 1991.

3. Die Karmelitinnen vom Göttlichen Herzen Jesu (Carmel DCJ)

Der Kirche dienen - Die Welt beschenken, Mutter Maria-Teresa - Anna Maria Tauscher, Leutesdorf 1988.
Die Dienerin Gottes Mutter Maria-Teresa vom hl. Josef, Stifterin der Karmelitinnen vom Göttlichen Herzen Jesu. Selbstbiographie, Kaldenkirchen 1954; 2. Aufl. Steyl 1977.
Uhl, Th.-B., Ich bin bei euch alle Tage. Geschichte der Karmelitinnen vom Göttlichen Herzen Jesu, München 1991.

4. Das Säkularinstitut „Notre Dame de Vie“
Feldmann, E., Institut Notre Dame de Vie, in: Christliche Innerlichkeit 23 (1988), 30ff.
Grialou, M.-E., Ich will Gott schauen, Fribourg 1993.
Regue, R., Père Marie-Eugène Grialou - Karmelit und Gründer eines Säkularinstituts, München 1982.

3. Die „Karmelitanische Gemeinschaft“ und die „Teresianische Karmel-Gemeinschaft“
Die Laiengemeinschaft des Teresianischen Karmel, hg. vom Nationalvorstand der Teresianischen Karmel-Gemeinschaft in Deutschland, München 1992.
Weilbächer, E., Werkheft zur Einführung in die Spiritualität und Lebensform der Teresianischen Karmel-Gemeinschaft, hg. vom Provinzialat OCD, München 1992.

IV. Bücher von Carlos Mesters OCarm

Sechs Tage in den Kellern der Menschheit. Ein Tagebuch der Hoffnung, Neukirchen-Vluyn 1982.
Die Botschaft des leidenden Volkes, Neukirchen-Vluyn 1982.
Vom Leben zur Bibel - von der Bibel zum Leben. Ein Bibelkurs aus Brasilien für uns, 2 Bde., Mainz-München 1983.
Das Wort Gottes in der Geschichte der Menschheit, Neukirchen-Vluyn 1984.
Abraham und Sara, Neukirchen-Vluyn 1984.
Maria, Mutter Jesu, Neukirchen-Vluyn/Düsseldorf 1985.
Der Fall Rut. Brot, Familie, Land: Biblische Gespräche aus Brasilien, Erlangen 1988.
Befreit - gebunden. Die 10 Gebote, das Bundesbuch, Erlangen 1989.
„Seht ich mache alles neu“. Bibel und Neuevangelisierung. Mit einer Einführung von Horst Goldstein, Stuttgarter Taschenbücher 6, Stuttgart 1991., 22-43.
„Hören, was der Geist den Gemeinden sagt“. Die Bibelauslegung des Volkes in Brasilien, in: *Concilium* 27 (Mainz 1991), 72-79.
In unserem Alltag finden wir dein Wort. Die Bibel: wie sie wurde - wie sie wirkt. Erlangen 1992.

V. Zeitschriften aus dem Karmel

Karmel-Kontakt. *Rundbrief für den Freundeskreis der Karmeliten;*
zu beziehen über: KARMEL-KONTAKT, Karmelitenplatz 1,D-96049 Bamberg

Karmel-Stimmen. *Monatszeitschrift für die Freunde des Karmel;*
zu beziehen über: Karmelitenkloster, Abteiplatz 13, 47475 Kamp-Lintfort.

Christliche Innerlichkeit. *Zweimonatsschrift für Gebet und gelebtes Christsein;*
zu beziehen über: Edith-Stein-Karmel, Neckarhalde 64, D-72070 Tübingen und Karmelitenkloster, Silbergasse 35, A-1190 Wien.

KARMEL*impulse*. Quartalsschrift zur Vertiefung des geistlichen Lebens;
zu beziehen über: Karmel St. Teresa, Schützenstr. 12, D-16547 Birkenwerder.